中國學術思想

研究輯刊

三十編

林慶彰 主編

第9冊

《呂氏春秋》學術思想體系研究（上）

俞林波 著

花木蘭文化事業有限公司

國家圖書館出版品預行編目資料

《呂氏春秋》學術思想體系研究（上）／俞林波 著 — 初版 —
新北市：花木蘭文化事業有限公司，2019〔民108〕
序6+ 目6+166 面；19×26 公分
（中國學術思想研究輯刊 三十編；第9冊）
ISBN 978-986-485-864-4（精裝）
1. 呂氏春秋　2. 研究考訂
030.8　　　　　　　　　　　　　　　　108011713

ISBN-978-986-485-864-4

9 789864 858644

中國學術思想研究輯刊
三十編　第 九 冊　　　　　　ISBN：978-986-485-864-4

《呂氏春秋》學術思想體系研究（上）

作　　者　俞林波
主　　編　林慶彰
總 編 輯　杜潔祥
副總編輯　楊嘉樂
編　　輯　許郁翎、王筑、張雅淋　美術編輯　陳逸婷
出　　版　花木蘭文化事業有限公司
發 行 人　高小娟
聯絡地址　235 新北市中和區中安街七二號十三樓
　　　　　電話：02-2923-1455／傳眞：02-2923-1452
網　　址　http://www.huamulan.tw 信箱 hml 810518@gmail.com
印　　刷　普羅文化出版廣告事業
封面設計　劉開工作室
初　　版　2019 年 9 月
全書字數　340360 字
定　　價　三十編 18 冊（精裝）新台幣 39,000 元　　版權所有・請勿翻印

《呂氏春秋》學術思想體系研究（上）

俞林波　著

作者簡介

俞林波，男，山東東明人，1982 年 2 月出生，博士，副教授，碩士研究生導師；研究方向爲先秦諸子、出土文獻和古典文學。現爲濟南大學文學院教學科研人員、濟南大學出土文獻與文學研究中心兼職研究員；先後在《東南大學學報》《中國典籍與文化》《文學遺產》《船山學刊》《寧夏大學學報》《福州大學學報》《中南民族大學學報》《南昌大學學報》《中國簡帛學刊》等刊物發表論文三十多篇，出版《元刊呂氏春秋校訂》《〈呂氏春秋〉學術思想體系研究》等學術專著多部，主持國家級、省部級課題多項。

提　要

　　《呂氏春秋》在吸收、改造、融合先秦諸子學術思想精華的基礎上進行創新最終形成了自己的學術思想體系。《呂氏春秋》的成書過程既然存在吸收、改造、融合、創新，就存在「源」與「流」、「舊」與「新」的問題。相對來說，先秦諸子的學術思想是「源」、是「舊」，《呂氏春秋》的學術思想是「流」、是「新」。「流」從「源」而來又不等同於「源」，從「源」到「流」是一個既繼承「舊」又增加「新」的過程。《呂氏春秋》繼承了哪些「舊」？創造了哪些「新」？「新」與「舊」有什麼不同？要探討這些問題，我們需要運用「探源尋流」並加以「比較」的方法。通過「探源尋流」並加以「比較」，我們理清《呂氏春秋》構建自己的學術思想體系所需要的「舊」與「新」，並探討這些「舊」與「新」怎樣構建了和構建了怎樣的學術思想體系？「探源尋流」並加以「比較」，是本書最重要的研究思路和方法。

　　《呂氏春秋》學術思想體系的構建是爲了探尋「治國之道」，《呂氏春秋》構建學術思想體系的過程就是構建治國理論體系的過程。簡單地說，「治國」無非就是人治理國家，其中涉及兩個關鍵的問題：一，什麼人來治國？說的是「治國主體」；二，「治國主體」怎樣來治國？說的是「治國方略」。「治國之道」即「治國主體」執行「治國方略」治理國家的理論。《呂氏春秋》構建的學術思想體系所探尋到的「治國之道」就是讓最優秀的「治國主體」執行最完善的「治國方略」來治理國家。

序言一

鄭傑文

　　「雜家」是先秦諸子「九流十家」之一，《漢書·藝文志·諸子略》著錄雜家著作 20 種、403 篇，其中完整流傳至今的先秦雜家著作僅《呂氏春秋》一部。作為一部「兼儒、墨，合名、法」、融匯百家學說之作，《呂氏春秋》的學術思想體系顯得十分龐雜而不易董理。因此，學術界對《呂氏春秋》一書的研究多集中於其內容的某一方面，而未能從整體上對其學術思想體系進行觀照與研究。

　　針對《呂氏春秋》研究界存在的上述問題，俞林波博士撰作了《〈呂氏春秋〉學術思想體系研究》一書。是書對《呂氏春秋》中所蘊含的儒家、道家、陰陽家、法家、墨家、兵家等諸家思想作了全面、系統的梳理，是一部既從整體上觀照《呂氏春秋》學術思想體系，又對先秦雜家與諸子百家的學術關係作出積極探索的學術著作。

　　先秦雜家的學術思想旨歸在於為國家治理提供指導思想，關於這一點，《漢書·藝文志》已經言明。《〈呂氏春秋〉學術思想體系研究》一書即圍繞國家治理問題來探討《呂氏春秋》的學術思想體系。簡言之，治理國家涉及兩個關鍵問題：（一）什麼人來治國？（二）怎樣來治國？前者說的是「治國主體」，後者說的是「治國方略」。「治國之道」即「治國主體」執行「治國方略」來治理國家的理論。《呂氏春秋》構建的學術思想體系所探尋的「治國之道」就是讓最優秀的「治國主體」執行最完善的「治國方略」。

　　該書作者在對《呂氏春秋》文獻本體進行梳理、分析的基礎上，圍繞「治國主體」和「治國方略」來探尋《呂氏春秋》的學術思想體系，並構擬出《呂氏春秋》效法天地、審驗人情的天地人一體的學術思想體系。正如該

書所論，這一學術思想體系，雖然在理論上具備合理性，但在治理國家的實踐中執行起來存在諸多困難。

如書中所言，《呂氏春秋》學術思想體系的構建緊緊圍繞「治國主體」和「治國方略」兩個方面展開。關於「治國主體」，《呂氏春秋》主張賢君、賢臣治國，賢人政治保證了「治國主體」的優秀；關於「治國方略」，《呂氏春秋》制定了「法天地」、「審之人」的天人合一治國策略。《〈呂氏春秋〉學術思想體系研究》既探尋勾勒出了《呂氏春秋》的學術思想體系，也證明了先秦雜家擁有自己的學術思想體系，足以作爲獨立一家而存在。是書在先秦雜家思想及《呂氏春秋》研究領域有所發現和創獲，對推動先秦學術思想史研究具有重要意義。

先秦雜家是先秦諸子的重要組成部分，《呂氏春秋》在編纂過程中吸收利用了其他諸子的學術思想。因此，《〈呂氏春秋〉學術思想體系研究》還從《呂氏春秋》與先秦諸子的關係入手，分析其學術思想源流，探討其對他家學術思想的吸收與改造，爲我們勾勒出《呂氏春秋》學術思想體系與其他先秦諸子關係的基本脈絡。

《〈呂氏春秋〉學術思想體系研究》挖掘先秦雜家自身的本質特徵，還先秦雜家一個獨立地位，有助於加深我們對先秦雜家的認識和對《漢書·藝文志·諸子略》獨立劃分「雜家」的理解，有助於我們把握先秦秦漢學術思想史的發展進程。同時，面對當前中國社會轉型期多種思想潮流的交鋒和碰撞，《呂氏春秋》在學術思想融合中所表現出來的開闊視野和平等、客觀地對待各家學術思想的寬容態度，以及根據時代主題而建構自己學術思想體系的自覺意識，均可爲我們提供有益借鑒和指導。

作爲一部成書於戰國末期的著作，《呂氏春秋》撰作過程中所依憑、借鑒的文獻多已不存，但這些文獻仍有佚文散見於他書，清以來亦多有輯本流傳。此外，20 世紀後半葉以來多有戰國諸子文獻出土，其中當不乏與《呂氏春秋》有關的內容。作者若能對古佚書及相關出土文獻加以利用，定可以進一步完善以《呂氏春秋》爲主體的先秦雜家學術思想體系。若能將研究對象置於更加開闊的學術發展潮流中加以觀照，並在理論觀念的凝練方面有所提升，定能取得更加出色的研究成果。

序言二

蔡先金

　　春日嘉事多，景象惹人欣。俞君林波博士傳來佳訊，其大作《〈呂氏春秋〉學術思想體系研究》即將在寶島臺灣付梓，甚以欣慰。現俞君籲求爲其作序，欣然應允，區區本意爲成人之美而非好爲人師，卻擔心結果可能是佛頭著糞而非錦上添花。

　　《孟子・萬章下》曰：「頌其詩，讀其書，不知其人可乎？是以論其世也。」俞君林波在攻讀古典文學專業博士學位期間，師從當代著名學人山東大學鄭傑文教授，可謂名門出高徒。2012 年區區忝爲其博士學位論文《〈呂氏春秋〉學術思想體系研究》評閱人，不敢馬虎，認眞對待。俞君當年順利完成博士論文答辯後，獲得濟南大學文學院教職，成爲敝人領銜的「出土文獻與文學研究團隊」成員，於是乎彼此相與共事，幸甚！幸甚！俞君性格含蓄內斂，溫文爾雅，內有清淨之心，外又不爭於世，孜孜以學，潛心研究，偶有論文刊發，定能令人驚羨其大作問世。此人乃是讀書種子，力爭不讓古人腹有詩書之氣度，表現在其博士論文寫作上則是抽繭剝絲，反覆打磨，意在形神兼備，然後呈現於世。

　　學人做研究選題，或從高難處下手，興奮於艱難的挑戰性；或從平易處著眼，享受於平中見奇之工夫。以《呂氏春秋》研究作爲博士論文選題，初看可能是易事，仔細一想卻又並非易事；初研可能是難事，眞正做起來卻又並非難事。這「是易又是難、非易又非難」的說法皆是從不同角度看待問題得出之結論，要麼是猶如盲人摸象，要麼就是闖入蘇軾「橫看成嶺側成峰，遠近高低各不同」之詩意境界。至於俞君作何感想，那肯定是「智與理冥，境與神會。如人飲水，冷暖自知」（《古尊宿語錄・佛眼和尙普說語錄》）。

　　《呂氏春秋》雖出自呂不韋門客，實爲呂氏主持編纂之功，不可小視。呂氏宏才大略，謀劃天下一統；運籌帷幄，擘畫縱橫捭闔；機心算盡，舞文弄墨有餘。司馬貞總結呂氏一生，寥寥數語，卻很是恰切：「不韋釣奇，委質子楚。華陽立嗣，邯鄲獻女。及封河南，乃號仲父。徙蜀懲謗，懸金作語。籌策既成，富貴斯取。」（《史記·呂不韋列傳》）此人編纂此書，定有其旨意，《呂氏春秋·季冬紀·序意》就有所披露：「良人請問十二紀。文信侯曰：嘗得學黃帝之所以誨顓頊矣，爰有大圜在上，大矩在下，汝能法之，爲民父母。蓋聞古之清世，是法天地。凡十二紀者，所以紀治亂存亡也，所以知壽夭吉凶也。上揆之天，下驗之地，中審之人，若此則是非、可不可無所遁矣。」其中「是非、可不可無所遁」顯然指向其編纂意圖，這裡的「是非」是講認識論，「可不可」是講方法論，任何事情皆是如此，無非是「怎麼看」與「怎麼辦」，即先要把事情看透，然後找出解決問題的辦法，否則，將失掉一切事物研究的意義。爲此，此書編纂嚴謹縝密，且贏得了「一字千金」之名聲，「布咸陽市門，懸千金其上，延諸侯遊士賓客有能增損一字者予千金」（《史記·呂不韋列傳》）。在先秦諸子著作中，《呂氏春秋》被列爲「雜家」，「兼儒墨，合名法」，實爲兼收並蓄，博而不雜，可謂當時學術思想領域的「百科全書式」著作，亦可貴爲執政者的「治國綱領」或「治國寶典」，故足以澤被後世。由此可見俞君選擇《呂氏春秋》學術思想體系作爲研究對象之眼光，以及這種研究的價值意義。

　　在佔有前人以及當代相關的大量文獻資料的基礎上，俞君在研究過程中首先明確了三個重要問題：一是《呂氏春秋》屬於「雜家」的流派問題。學術流派分類本來就具有主觀性，因爲根據不同的標準可以作出不同的分類。考慮到「雜家」是先秦學術史上確實存在的一個學派，而且戰國晚期的學術界、思想界確實存在一種以平等的態度來綜合各家學術思想的潮流，所以俞君贊同把《呂氏春秋》作爲「雜家」來研究的思路。二是呂不韋在其門客著述基礎之上再加工編排成書的問題。俞君指出：「《呂氏春秋》是呂不韋的門客先『人人著所聞』，然後經統一加工而成的。」「從各家的經典書籍到各家後學『著所聞』，再到《呂氏春秋》成書，這個過程是一個既繼承舊東西又增加新東西的過程。舊東西是各家經典書籍裏已有的，新東西是《呂氏春秋》的編撰者（包括各家後學和統一加工者）增加進去的。之所以要增加新東西、之所以要繼承舊東西，是因爲《呂氏春秋》需要在集眾家之長的基礎上

構建屬於自己的學術思想體系。」三是研究《呂氏春秋》學術思想體系的方法問題。俞君又指出：「通過『探源尋流』，找到《呂氏春秋》中的各家比原先的各家增加了什麼新東西、又怎樣繼承了舊東西，再由此來挖掘這些被增加的新東西和被繼承的舊東西是如何爲構建《呂氏春秋》學術思想體系服務的，進而來把握《呂氏春秋》的學術思想體系，我們認爲這是一條可行的途徑。」其次，在將《呂氏春秋》與先秦諸家包括儒、道、陰陽、法、墨、兵、農、名等學術思想對比之後，俞君發現諸家與《呂氏春秋》學術思想是「源」與「流」、「舊」與「新」的關係，然後提煉出呂不韋構建的學術思想體系就是治國理論體系，即讓最優秀的「治國主體」執行最完善的「治國方略」，這也就是呂氏探尋的「治國之道」。再次，俞君更加發現了《呂氏春秋》的學術思想體系具有三大支撐點：「賢人政治」思想、「君無爲而臣有爲」思想、「德治輔以法治」思想，三者緊密相連組成了一個嚴密的體系，可謂「雜而不雜」。總體來說，俞君對於《呂氏春秋》學術思想研究做出了應有的貢獻，既將《呂氏春秋》與先秦儒、道、陰陽、法、墨、兵、農、名諸家進行了較爲系統的「異」與「同」的比較，又對於《呂氏春秋》的學術思想進行較爲全面的梳理與挖掘以及較爲系統的闡釋與評價，還探討了《呂氏春秋》在構建自身學術思想體系的過程中的繼承與創新之關係。

難能可貴的是，俞君還提出了一些可以繼續探討與研究的問題，如《呂氏春秋》的學術思想體系的三個支撐點主要來自於儒家、道家與陰陽家的學術思想，而秦國的強大卻主要得益於法家、農家與兵家的學術思想，這之間爲何產生如此反差？陰陽家的「月令」思想並不是秦國本土的思想，《呂氏春秋》爲何存在如此濃厚的陰陽家思想？俞君既然能夠考慮到更多的問題，說明其一直在「思」之路上，也說明《呂氏春秋》猶如一座豐富的金礦，可供未來探究與挖掘，那就需要俞君在今後做更多的努力，尋找出一個個問題的答案。當然，哲學界有種說法，答案已經存在，需要的是提出問題。也就是說，提出問題對於研究者來說更是稀有資源。

俞君此大作符合學術規範，論據充分，分析嚴謹，邏輯縝密，論點及結論明確，表現出其較好的學術思想史學與文獻學功底，以及較強的科研能力。由於篇幅與時間的限制，俞君當然對於自己的論文能夠具有比較清醒的認識，由於《呂氏春秋》學術思想太過於豐富，在文獻與思想挖掘方面難以達到盡善盡美的程度，在與先秦諸子學術思想對比方面也難以做到周全完

備，在其學術思想評價方面更是難以把握標準，在其有些思想意圖方面同樣是難於推論的，這些都是俞君本人今後需要繼續關注與努力的方面，因此，期望其在後續性的研究中能夠繼續努力，爭攀學術高峰，在《呂氏春秋》以及諸子研究方面做出更大成績，爲諸子學做出更大貢獻。

在實現民族偉大復興中國夢的進程中，祝願俞君與廣大同道一起攜起手來，推動中華優秀傳統文化的創造性轉化與創新性發展，展現自己的才華，貢獻自己的智慧！中國傳統文化研究的春天已經來了，祝願俞君與廣大同道一起攜起手來，踏著這春的韻律，闊步行走在光明大道上，迎接前方的一片燦爛輝煌！

蔡先金匆草於山東聊城，崇爨書房

2019 年 3 月 12 日凌晨 2：15

目

次

緒　論

一、相關概述

　　要研究《呂氏春秋》的學術思想，「雜家」是一個繞不過去的問題。「雜家」作爲諸子「九流十家」的一家，其著述被著錄於《漢書・藝文志》。「雜家」之稱似乎多少帶有貶義，有學者認爲「雜家」之「雜」是駁雜之意，其實不成一家，畢沅《呂氏春秋新校正序》曰：「其著一書，專覬世名，又不成於一人，不能名一家者，實始於不韋，而《淮南內、外篇》次之。」〔註1〕有學者則認爲「雜家」之「雜」是會聚之意，劉文典《呂氏春秋集釋序》曰：「夫雜者會也，蓋先以道德爲標的，既定綱紀品式，乃博採九流，網羅百氏，納於檢格之中，實能綜合方術之長，以成道術，非徒以鈔內群言爲務者也。」〔註2〕可以看出劉文典認爲「雜家」可成一家。又呂思勉曰：「雜家則合眾說以爲說耳。雖集合眾說，亦可稱爲一家者。」〔註3〕

　　「雜家」是先秦學術史上確實存在的一個學派，還是班固對思想駁雜的子書著作的臨時稱呼？「雜家」一詞指稱一個學派，並非首見於《漢書・藝文志》，《史記・韓長孺列傳》曰：「御史大夫韓安國者，梁成安人也，後徙睢陽。嘗受《韓子》、雜家說於鄒田生所。」〔註4〕司馬遷把「雜家」與韓非並稱，則「雜家」之稱至遲在司馬遷的時候就已經存在了，並非班固對思想駁

〔註1〕　陳奇猷：《呂氏春秋新校釋》，上海：上海古籍出版社，2002 年，第 1868 頁。
〔註2〕　許維遹：《呂氏春秋集釋》，北京：中華書局，2009 年，第 3 頁。
〔註3〕　呂思勉：《先秦學術概論》，上海：中國大百科全書出版社，1985 年，第 158 頁。
〔註4〕　司馬遷：《史記》，北京：中華書局，1959 年，第 2857 頁。

雜的子書著作的臨時歸類，「雜家」是先秦學術史上獨立存在的一家。潘俊傑的博士學位論文《先秦雜家研究》（張豈之先生指導）將「雜家」作爲一個獨立的學派來研究先秦「雜家」，其「中文摘要」指出：「先秦雜家的學術宗旨是政治實用主義的『王治』，其理論方法是不主任何一家地兼攝諸子融合百家，其思想體系的構建是以陰陽五行和『天、地、人』一體的思想觀念和思維模式來完成的。」〔註5〕這樣的研究很有意義，有利於我們對先秦「雜家」學派的深入認識和瞭解。

按照班固的分類，《呂氏春秋》被分在「雜家」，《漢書·藝文志》曰：「雜家者流，蓋出於議官。兼儒、墨，合名、法，知國體之有此，見王治之無不貫，此其所長也。及盪者爲之，則漫羨而無所歸心。」〔註6〕「知國體之有此，見王治之無不貫」，是班固概括的「雜家」的特點，其中，「王治」是「雜家」探討的最主要內容和追求的最高目標。呂不韋主持編撰《呂氏春秋》的主要目的就是探討「王治」、爲即將統一的天下提供治理方案，《呂氏春秋·序意》載呂不韋曰：「嘗得學黃帝之所以誨顓頊矣，爰有大圜在上，大矩在下，汝能法之，爲民父母。蓋聞古之清世，是法天地。凡《十二紀》者，所以紀治亂存亡也，所以知壽夭吉凶也。上揆之天，下驗之地，中審之人，若此則是非可不可無所遁矣。」〔註7〕這個治國方案「法天地」，「上揆之天，下驗之地，中審之人」。像黃帝教誨顓頊那樣，教導秦王嬴政治理天下、爲秦王嬴政提供治國寶典是呂不韋主持編撰《呂氏春秋》的目的和動機，如田鳳臺所說：「至其著書動機，則元陳澔之語，余謂獨得其實。此何以見？不韋雖賈人，固有政治抱負與野心。觀其破家謀國之頃，即曰：『澤可遺世。』及至功成位顯，身居相國，目睹六國力削，一統勢成，而治國之道，經緯萬端，故其授意賓客，早爲綢繆，思欲集諸賓客之智，融眾家之說，成一最完美之治國寶典。今觀其書，十二紀條行政綱領，八覽六論，深究治道，元陳澔謂『將欲爲一代興王典禮』，非誣語也。雖其書出眾手，不能完美，然不韋之志，其著書動機，固非此莫屬也。」〔註8〕至於其他一些懷疑呂不韋著書動機的學說，我們認爲都站不住腳，如郭沫若先生所說：「他叫賓客著書，而不使他們涉及自己的私事，不正是他的大公無私的精神嗎？說者往往說他著書的動機僅是爲

〔註5〕 潘俊傑：《先秦雜家研究》，西北大學 2005 年博士學位論文。

〔註6〕 班固：《漢書》，北京：中華書局，1962 年，第 1742 頁。

〔註7〕 陳奇猷：《呂氏春秋新校釋》，上海：上海古籍出版社，2002 年，第 654 頁。

〔註8〕 田鳳臺：《呂氏春秋探微》，臺北：學生書局，1986 年，第 52 頁。

名，而對於他的書加以菲薄；又或者以爲他有私心，想纂取秦政的王位，這些都不免是受了蒙蔽的見解。好名何必要著這樣的書？要纂位，盡可以在始皇幼時奪取之於孤兒寡婦之手，何必要等他活到二十一歲，再來發表和他的思想、政見、氣質完全相反的著作呢？」〔註9〕

　　我們再簡單對本書中的一些表達與術語做一下說明和界定。首先，我們認爲《呂氏春秋》可以代表呂不韋的思想，如張智彥先生《呂不韋評傳》所說：「《呂氏春秋》雖然不是由呂不韋親自撰寫，但這部書既是由他主編，同時《序文》又冠以『文信侯曰』，可見《呂氏春秋》完全能代表呂不韋的思想。」〔註10〕我們贊同這一看法。因此，爲行文之便，本書會依據《呂氏春秋》所表達的意思使用「呂不韋認爲」、「呂不韋主張」等諸如此類的表達。其次，《呂氏春秋》吸收先秦諸子的思想是經過加工修改的，已經賦予各家思想學說以新的內容，是具有《呂氏春秋》特色的，是《呂氏春秋》的思想，所以，我們可以將其中的各家思想稱爲：《呂氏春秋》的儒家思想、《呂氏春秋》的道家思想、《呂氏春秋》的陰陽家思想、《呂氏春秋》的法家思想等等。最後，《呂氏春秋》的各家思想不是爲了彼此孤立、更不是爲了彼此對立而存在的〔註11〕，而是爲了構建《呂氏春秋》自己的學術思想體系而存在的。《呂氏春秋》的各家思想是經過統一編排的，雖然存在不能完全融合的情況，但這不是獨立的學派之間的分歧與對立，因爲它們都是《呂氏春秋》學術思想體系中的一分子，都是不可或缺的。這種不能完全融合或分歧是由他們在《呂氏春秋》學術思想體系中扮演不同的角色和發揮不同的作用所造成的。

二、研究對象

　　《呂氏春秋》是呂不韋使其門客「人人著所聞」〔註12〕編撰而成的。當

〔註 9〕　郭沫若：《呂不韋與秦王政的批判》，郭沫若《十批判書》，北京：東方出版社，1996 年，第 485 頁。

〔註 10〕　辛冠潔、李曦：《中國古代著名哲學家評傳》（第一卷），濟南：齊魯書社，1980年，第 586 頁。

〔註 11〕　從個性上來說，先秦諸子各家的思想自身都具有很強的獨立性，各家思想之間甚至存在對立性，如果說《呂氏春秋》吸收利用各家的思想是爲了保存、凸顯這種獨立性、對立性，那麼《呂氏春秋》完全沒有編撰的必要，因爲在秦始皇「焚書」之前先秦諸子的著作都還在，閱讀各家的著作就可以很好地達到這一目的。

〔註 12〕　《史記‧呂不韋列傳》，司馬遷：《史記》，北京：中華書局，1959 年，第 2510 頁。

然，《呂氏春秋》的成書過程絕不止於門客「人人著所聞」，更重要的是在門客「著所聞」之後呂不韋組織人員所進行的修改、加工、統一和編排，否則，《呂氏春秋》至少不會具有如今所見到的經過精心設計的外在形式〔註13〕。依據《呂氏春秋》來考察，呂不韋的門客至少包括班固《漢書・藝文志》所載的儒家、道家、陰陽家、法家、墨家、兵家、農家、名家等八家的後學〔註14〕。這樣複雜的創作群體，「人人著所聞」，《呂氏春秋》之「雜」可想而知，班固所謂「兼儒、墨，合名、法」並不能完全包括《呂氏春秋》之「雜」。《呂氏春秋》雖「雜」，但是，其「雜」是有頭緒可尋的。「雜」是由於各家的後學各「著所聞」，各家後學著述的「所聞」不是空穴來風，是源自於其本門的口頭傳授或者經典書籍。尋找「雜」的源頭，找到各家後學著述的「所聞」的來源，在此基礎上考察《呂氏春秋》中的各家學術思想與各家本源學術思想的「同」和「異」、「舊」和「新」，從而來探討呂不韋所組織的人員是如何對這些「舊」和「新」進行組織和編排的？經過他們的組織和編排，《呂氏春秋》是不是形成了自己的學術思想體系？如果是，那麼《呂氏春秋》的學術思想體系是怎樣的？這是本書需要回答並且試圖解決的問題。

　　《呂氏春秋》是由秦國宰相呂不韋主持編撰的，全書二十六卷，分為《十二紀》《八覽》《六論》。《十二紀》每紀五篇，加《序意》一篇，共六十一篇；《八覽》每覽當是八篇，除《有始覽》為七篇外，其餘皆為八篇，共六十三篇；《六論》每論六篇，共三十六篇，全書共一百六十篇。全書十二紀、八覽、六論的結構框架，每紀五篇、每覽八篇、每論六篇的篇目安排，顯然是經過精心設計而成。形式是內容的外在表現，《呂氏春秋》如此精心設計的形式應該是為了表現具有體系的思想內容。《呂氏春秋》這樣的結構形式背後是不是承載著具有體系的學術思想？這是本書需要回答的問題之一。如果答案是肯定的，那麼《呂氏春秋》的學術思想體系是怎樣的？這是本書研究的重要內容。

〔註13〕 這個精心設計的形式是：《呂氏春秋》全書十二紀、八覽、六論的結構框架和每紀五篇、每覽八篇、每論六篇的篇目安排。

〔註14〕 劉元彥先生指出《呂氏春秋》「對縱橫家、小說家，只採用其某些資料」，（劉元彥：《〈呂氏春秋〉：兼容並蓄的雜家》，北京：生活・讀書・新知三聯書店，2008年，第211頁。）我們贊同這樣的觀點。《呂氏春秋》只是採用了縱橫家、小說家的一些材料，這些材料不足以表現二家思想學說的特點，對於《呂氏春秋》學術思想體系的構建作用不大，所以，本書不對縱橫家、小說家進行探討。

　　《呂氏春秋・序意》載：「良人請問《十二紀》。文信侯曰：『嘗得學黃帝之所以誨顓頊矣，爰有大圜在上，大矩在下，汝能法之，爲民父母。蓋聞古之清世，是法天地。凡《十二紀》者，所以紀治亂存亡也，所以知壽夭吉凶也。上揆之天，下驗之地，中審之人，若此則是非可不可無所遁矣。』」〔註15〕《序意》是《呂氏春秋》全書的總序，記載的是其主持者呂不韋對全書的概括。《序意》篇雖有殘缺，但是據今存部分可以瞭解呂不韋主持編撰《呂氏春秋》的大致思路。呂不韋主持編撰《呂氏春秋》旨在建立一個涵蓋天、地、人的「是非可不可無所遁」的學術思想體系。這個體系效法天地，「上揆之天，下驗之地，中審之人」，包括國家的治亂存亡，也包括君民的壽夭吉凶。依據《序意》篇，我們可以看出呂不韋有建立這樣一個學術思想體系的理想和自信。《呂氏春秋》的編撰者是不是幫助呂不韋實現了這一理想？《呂氏春秋》是不是建立了呂不韋理想中的學術思想體系？《呂氏春秋》是不是存在自己的學術思想體系？這是需要經過認眞考察才能回答的問題，這也正是本書需要回答的問題。如果答案是肯定的，那麼《呂氏春秋》的學術思想體系又是怎樣的？這也是本書研究的重要內容。

三、研究概況

　　《呂氏春秋》獨特的編撰風格，使其具有特殊的研究史。《呂氏春秋》會聚各家學術思想的風格，確實給人一種「雜」的感覺，所以，從《漢書・藝文志》開始中國歷代傳統的目錄書都將其列爲「雜家」，因爲是「雜家」，所以在古代不被重視。因爲「雜」，所以《呂氏春秋》的學術思想不易掌握，這多少阻礙了人們對其學術思想的研究。另外，《呂氏春秋》的主持者呂不韋在古代擁有惡劣的名聲，這也在一定程度上妨礙了人們對此書的研究。由於以上各種原因，《呂氏春秋》研究起步較晚，與其他傳世先秦子書的研究相比顯得不夠深入，其中學術思想體系方面的研究就是一個薄弱的環節。

　　《呂氏春秋》學術思想研究，首先面臨的一個問題是《呂氏春秋》有沒有自己的學術思想？即《呂氏春秋》是僅僅只保留了儒家、道家、陰陽家、法家、墨家、兵家、農家、名家等八家的學術思想史料，還是在融匯諸子的基礎上形成了自己的學術思想？對此問題的討論，古代可以高誘、畢沅爲代表。二者皆曾校注《呂氏春秋》，東漢高誘《呂氏春秋序》指出《呂氏春秋》

〔註15〕陳奇猷：《呂氏春秋新校釋》，上海：上海古籍出版社，2002年，第654頁。

「大出諸子之右」﹝註16﹞，顯然，高誘認爲《呂氏春秋》有自己的學術思想，並且不在諸子之下。畢沅《呂氏春秋新校正序》指出《呂氏春秋》「匯儒墨之旨，合名法之源」，然「不能名一家」﹝註17﹞，畢沅認爲《呂氏春秋》只是匯合了儒墨名法各家的學術思想，沒有形成自己的學術思想。近代，馮友蘭寫於 1935 年的《呂氏春秋集釋序》認爲《呂氏春秋》「思想上不成一家」﹝註18﹞，傅斯年《戰國子家敘論》認爲《呂氏春秋》一書「在思想上全沒有一點創作」﹝註19﹞。因爲《呂氏春秋》被認爲沒有自己的學術思想，所以，當時的哲學史、思想史著作都不對《呂氏春秋》進行單獨討論。20 世紀中期開始，中國的哲學史、思想史著作開始對《呂氏春秋》的學術思想有所關注，侯外盧等著《中國思想通史》第一卷，把《呂氏春秋》列爲一節放在全書之末，但仍然批評它「沒有創造精神」﹝註20﹞。此後，《呂氏春秋》的學術思想價值逐漸得到認可和重視，時至今日，認爲《呂氏春秋》沒有自己的學術思想的學者已經極爲罕見。

《呂氏春秋》有自己的學術思想，並不意味著這些學術思想已經形成體系。在確定《呂氏春秋》擁有自己的學術思想之後，研究者又面臨新的問題：《呂氏春秋》有沒有主導學術思想？《呂氏春秋》的主導學術思想是屬於哪一家？《呂氏春秋》的學術思想是否已經形成體系？《呂氏春秋》有沒有自己的學術思想體系？《呂氏春秋》的學術思想體系是怎樣的？研究者對這些問題進行了積極的思考。

有的學者認爲《呂氏春秋》沒有主導學術思想，1981 年方詩銘、劉修明發表文章指出：「以數量來說，儒家似乎是《呂氏春秋》的主要部分。以組成的骨幹爲依據，陰陽家又可說是《呂氏春秋》的主要組成部分。如以反映呂不韋本人的思想的篇章爲依據，那麼，《序意》又似乎是以道家爲主導思想。因此，很難說《呂氏春秋》偏重哪一家。他就是原來意義上的『雜家』，而非傾向於哪一家的雜家。」﹝註21﹞支持此說的學者比較少見，但是，從某種意

﹝註16﹞ 陳奇猷：《呂氏春秋新校釋》，上海：上海古籍出版社，2002 年，第 2 頁。

﹝註17﹞ 陳奇猷：《呂氏春秋新校釋》，上海：上海古籍出版社，2002 年，第 1868 頁。

﹝註18﹞ 許維遹：《呂氏春秋集釋》，北京：中華書局，2009 年，第 1 頁。

﹝註19﹞ 傅斯年：《傅斯年全集》（第二卷），長沙：湖南教育出版社，2000 年，第 302 頁。

﹝註20﹞ 侯外盧、趙紀彬、杜國庠：《中國思想通史》（第一卷），北京：人民出版社，1957 年，第 658 頁。

﹝註21﹞ 方詩銘、劉修明：《論〈呂氏春秋〉──兼論雜家的出現》，《社會科學》1981

義上說，此說並不是完全沒有道理〔註22〕。

　　《呂氏春秋》的主導學術思想屬於哪一家？關於《呂氏春秋》屬於哪一家的討論從古代就開始了。高誘《呂氏春秋序》曰：「此書所尚，以道德爲標的，以無爲爲綱紀，以忠義爲品式，以公方爲檢格。」〔註23〕高誘認爲《呂氏春秋》的主導學術思想是道家。《四庫全書總目》認爲《呂氏春秋》的主導學術思想是儒家，指出：「大抵以儒爲主，而參以道家、墨家。」〔註24〕清代盧文弨曰：「《呂氏春秋》一書，大約宗墨氏之學，而緣飾以儒術。」〔註25〕盧文弨認爲《呂氏春秋》的主導學術思想是墨家。古代主要存在這樣三種看法，其中盧文弨的「墨家說」後世積極響應者少。現代，關於《呂氏春秋》主導學術思想的問題的討論也主要存在三種看法：陰陽家說、道家說、儒家說。1979 年陳奇猷發表《呂氏春秋成書的年代與書名的確立》一文，認爲《呂氏春秋》的主導學術思想是陰陽家，指出：「陰陽家的學說是全書的重點」，「呂不韋的主導思想是陰陽家之學。」陳奇猷在 1982 年的《補論》中重申了這一觀點，2002 年修訂再版的《呂氏春秋新校釋》仍然堅持這一觀點〔註26〕。陳奇猷此說很少有積極響應者。道家說，主要以熊鐵基、牟鍾鑒爲代表。1981 年熊鐵基發表《從〈呂氏春秋〉到〈淮南子〉——論秦漢之際的新道家》一文，指出：「《呂氏春秋》不是所謂『雜家』之始，而是『新道家』（黃老學派）的最早代表作。」2001 年出版的熊鐵基《秦漢新道家》一書仍然堅持這一觀點〔註27〕。1984 年牟鍾鑒發表《〈呂氏春秋〉與〈淮南子〉的比較分析——兼論秦漢之際的學術思潮》一文，指出：「《呂氏春秋》便是秦漢間形成的道家的肇始者。」1987 年出版的牟鍾鑒《〈呂氏春秋〉與〈淮南子〉思想研究》一

　　　　年第 1 期。

〔註22〕《呂氏春秋》之中的各家學術思想已經不完全是各家學術思想的原貌，而是經過統一的編排被納入了《呂氏春秋》自己的學術思想體系之中。《呂氏春秋》是「雜家」，其他任何一家都不能完全概括《呂氏春秋》的學術思想，我們認爲還是把《呂氏春秋》作爲「雜家」來研究爲宜。

〔註23〕陳奇猷：《呂氏春秋新校釋》，上海：上海古籍出版社，2002 年，第 2 頁。

〔註24〕永瑢：《四庫全書總目》，北京：中華書局，1965 年，第 1009 頁。

〔註25〕盧文弨：《抱經堂文集》，上海：商務印書館，1935 年，第 149 頁。

〔註26〕陳奇猷：《呂氏春秋新校釋》，上海：上海古籍出版社，2002 年，第 1885～1891 頁。

〔註27〕熊鐵基：《從〈呂氏春秋〉到〈淮南子〉——論秦漢之際的新道家》，《文史哲》1981 年第 2 期。熊鐵基：《秦漢新道家》，上海：上海人民出版社，2001 年。

書仍然認爲《呂氏春秋》是秦漢之際的道家著作〔註 28〕。道家說，積極響應者眾。1993 年出版的王范之《呂氏春秋研究》一書認爲《呂氏春秋》「輯合百家九流之說，在原則上是兼收並蓄，以道家爲主」〔註 29〕。劉慕方在其博士學位論文《〈呂氏春秋〉思想研究》的「內容提要」中指出：「《呂氏春秋》是先秦黃老學的代表作。」〔註 30〕2001 年陳鼓應發表《從〈呂氏春秋〉看秦道家思想特點》一文，指出：「《呂氏春秋》集先秦道家之大成，是秦道家的代表作」，「以《呂氏春秋》爲代表的秦代新道家之說是能夠成立的。」〔註 31〕儒家說，1982 年金春峰發表《論〈呂氏春秋〉的儒家思想傾向》一文，指出：「《呂氏春秋》是雜家，但主導思想是儒家。」〔註 32〕1989 年修建軍發表《〈呂氏春秋〉是一部以儒家思想爲主體的「雜家」著作》一文，認爲《呂氏春秋》是一部以儒家思想爲主體的「雜家」著作。1991 年修建軍又發表《博採眾長獨傾儒——從〈呂氏春秋〉的孔子觀談起》一文，指出：「通過對《呂氏春秋》的分析可以發現，該書的思想傾向性是很明顯的，是有一個思想主體存在的，這個主體便是儒家思想。」〔註 33〕三者之中，道家說的影響最大。另外，還有學者認爲《呂氏春秋》的主導學術思想是儒家和道家，郭沫若於 1943 年寫成的《呂不韋與秦王政的批判》一文指出：「它對於各家雖然兼收並蓄，但卻有一定的標準，主要的是對於儒家、道家採取儘量攝取的態度。」〔註 34〕劉元彥支持這一看法，其出版於 1992 年的《雜家帝王學——〈呂氏春秋〉》一書指出：「《呂氏春秋》吸取的思想學說，以道家、儒家爲主。」2008 年此書再版改名爲《〈呂氏春秋〉：兼容並蓄的雜家》，仍然堅持這一觀點。〔註 35〕申

〔註 28〕 牟鍾鑒：《〈呂氏春秋〉與〈淮南子〉的比較分析——兼論秦漢之際的學術思潮》，《哲學研究》1984 年第 1 期。牟鍾鑒：《〈呂氏春秋〉與〈淮南子〉思想研究》，濟南：齊魯書社，1987 年。

〔註 29〕 王范之：《呂氏春秋研究》，呼和浩特：內蒙古大學出版社，1993 年，第 3 頁。

〔註 30〕 劉慕方：《〈呂氏春秋〉思想研究》，復旦大學 1997 年博士學位論文。

〔註 31〕 陳鼓應：《從〈呂氏春秋〉看秦道家思想特點》，《中國哲學史》2001 年第 1 期。

〔註 32〕 金春峰：《論〈呂氏春秋〉的儒家思想傾向》，《哲學研究》1982 年第 12 期。

〔註 33〕 修建軍：《〈呂氏春秋〉是一部以儒家思想爲主體的「雜家」著作》，《中國哲學史研究》1989 年第 4 期。修建軍：《博採眾長獨傾儒——從〈呂氏春秋〉的孔子觀談起》，《齊魯學刊》1991 年第 4 期。

〔註 34〕 郭沫若：《十批判書》，北京：東方出版社，1996 年，第 423 頁。

〔註 35〕 劉元彥：《雜家帝王學——〈呂氏春秋〉》，北京：生活·讀書·新知三聯書店，1992 年，第 213 頁。劉元彥：《〈呂氏春秋〉：兼容並蓄的雜家》，北京：生活·

鎮植在其博士學位論文《〈呂氏春秋〉思想研究》的「研究的主要內容」中指出：「《呂氏春秋》一書是以道家、儒家思想爲主的。」〔註36〕《呂氏春秋》的主導學術思想屬於哪一家？至今學界的意見還沒有取得一致，仍然具有繼續探討的價值。

　　有的學者認爲《呂氏春秋》的學術思想沒有形成體系。傅斯年認爲《呂氏春秋》的學術思想不成系統，其《戰國子家敘論》指出「因呂氏究竟不融化，尚不成一種系統論」〔註37〕。侯外廬等人認爲《呂氏春秋》沒有形成自己的學術思想體系，侯外廬等著《中國思想通史》第一卷指出：「《呂氏春秋》因爲它是『諸子之說兼有之』，即調和折衷的緣故，所以任何一說都沒有徹底，不能創立一個體系。」〔註38〕方詩銘、劉修明認爲：「《呂氏春秋》的骨架和論文之間的聯繫只是形式上的聯繫，沒有思想上的聯繫，並無嚴格的歸納分類。因此，無法找到它內在的思想體系」，「《呂氏春秋》只是雜合諸子學說，沒有形成自己的思想體系，最後只成爲一部『備天地萬物古今之事』的彙編。」〔註39〕

　　有的學者認爲《呂氏春秋》形成了自己的學術思想體系，但又認爲這個體系並不完整。胡適早在1930年就在其《讀〈呂氏春秋〉》一文中指出「《呂氏春秋》雖是賓客合纂的書，然其中頗有特別注重的中心思想。組織雖不嚴密，條理雖不很分明，然而我們細讀此書，不能不承認他代表一個有意綜合的思想系統」，並認爲「貴生之道」、「安寧之道」、「聽言之道」是《呂氏春秋》總匯古代思想的「三大綱」〔註40〕。熊鐵基認爲：「從一個新的學派發展來看，《呂氏春秋》還在形成階段，所以它表現得雜，組織得不夠嚴密，重複，條理也不很清楚，思想體系不是很完整的。」〔註41〕牟鍾鑒認爲：「《呂

　　讀書・新知三聯書店，2008年，第211頁。
〔註36〕申鎮植：《〈呂氏春秋〉思想研究》，北京大學2005年博士學位論文，第3頁。
〔註37〕傅斯年：《傅斯年全集》（第二卷），長沙：湖南教育出版社，2000年，第302頁。
〔註38〕侯外廬、趙紀彬、杜國庠：《中國思想通史》（第一卷），北京：人民出版社，1957年，第660頁。
〔註39〕方詩銘、劉修明：《論〈呂氏春秋〉——兼論雜家的出現》，《社會科學》1981年第1期。
〔註40〕胡適：《胡適文存三集》，《民國叢書》第一編第95冊，上海：上海書店，1990年，第354～355頁。
〔註41〕熊鐵基：《從〈呂氏春秋〉到〈淮南子〉——論秦漢之際的新道家》，《文史哲》1981年第2期。

氏春秋》這一新的理論體系，儘管不夠完善，有其蕪雜和矛盾的地方，但各主要部分之間基本上是協調的。」〔註42〕牟鍾鑒還進一步概括了《呂氏春秋》理論體系的特點：「老莊哲學為《呂氏春秋》提供的是理論原則，陰陽、儒、墨提供的多是具體內容。如果說在哲學上《呂氏春秋》最得力於老莊學說，那麼在社會歷史、政治、道德、軍事、教育等具體領域裏，《呂氏春秋》則較多地採納了陰陽、儒、墨、法各家的學說。這是《呂氏春秋》理論體系的特點。」〔註43〕龐慧認為「《呂氏春秋》的思想應該說已形成了『體系』。儘管這個思想體系在形式上是粗陋的，在方法上是拙劣的」，並指出「陰陽、道、儒三家之說，在《呂氏春秋》思想體系的構成中起到了最大的作用，共同支撐起這一體系的基幹。《呂氏春秋》用以囊括諸說的宇宙論框架，主要是陰陽家的；它用來闡說其主張的理論工具，主要是道家的（包括道家養生一派和道法家言）；它所努力構建的和諧有序的社會秩序，最接近儒家的理想」〔註44〕。

有的學者認為《呂氏春秋》形成了自己完整的學術思想體系。孫以楷、劉慕方認為：「《呂氏春秋》則不同，它以道家的法天地為原則，以黃老學派的精氣說為基礎，以月令圖式為中心，按照陰陽五行法則構建了貫通天地人三者的和諧的有機系統。在自然（天地）部分，它主要吸收了老莊道家、黃老學派和陰陽五行學說。在社會（人）部分，它主要吸收了儒、墨、法、兵、農各派學說。在認識論部分，它主要吸收了黃老學、名家的學說。可以說，先秦諸子說無一不被組織在一個有機的和諧的體系中。」〔註45〕洪家義指出：「《呂氏春秋》的資料來源雖然很雜，但經過提煉、加工、處理，卻構成了一個相當純粹的體系。『眾狐之白』造成了一件『粹白之裘』。那麼，《呂氏春秋》用什麼方法構成自己獨特體系的呢？我以為是自然主義思想。它用自然主義思想把百家學說貫穿起來，形成了全書的一貫性。」〔註46〕陳宏敬

〔註42〕 牟鍾鑒：《〈呂氏春秋〉與〈淮南子〉的比較分析——兼論秦漢之際的學術思潮》，《哲學研究》1984年第1期。

〔註43〕 牟鍾鑒：《〈呂氏春秋〉與〈淮南子〉思想研究》，濟南：齊魯書社，1987年，第34頁。

〔註44〕 龐慧：《〈呂氏春秋〉對社會秩序的理解與構建》，北京：中國社會科學出版社，2009年，第240頁。

〔註45〕 孫以楷、劉慕方：《〈呂氏春秋〉——先秦諸子的集大成》，《學術界》1992年第6期。

〔註46〕 洪家義：《呂不韋評傳》，南京：南京大學出版社，1995年，第106頁。

在其博士學位論文《〈呂氏春秋〉哲學思想研究》的「內容提要」中指出：「《呂氏春秋》是一部綜合性著作。它將春秋戰國以來諸子百家的不同思想學說和文化傳統融鑄成一個形式統一、結構完整的思想體系。」〔註 47〕申鎮植在其博士學位論文《〈呂氏春秋〉思想研究》的「中文提要」中指出：「呂書的主導宗旨是法天地，或具體說是揆天、驗地、審人的思想。這主導思想直接，或間接或明或暗地灌注於全書各部分，並創構出了一個豐富多彩而具相當系統的理論體系。《呂氏春秋》的體系的完整，是先秦諸家所不及的。」〔註 48〕他們雖然認爲《呂氏春秋》形成了自己的學術思想體系，但是都只是隻言片語的概括，缺乏深入細緻的研究。

　　田鳳臺製有《〈呂氏春秋〉思想體系表》〔註 49〕，概言之，《呂氏春秋》的思想體系包括兩方面，一是「八覽六論之所詳」的「國家之治道」；一是「十二紀所詳」的「國家之政綱」，二者一起構成了君主「順天法天而施政」的內容。這就是田鳳臺構建的《呂氏春秋》思想體系，這一體系，人爲地將《十二紀》與《八覽》《六論》割裂，破壞了《呂氏春秋》的整體性，且其體系蕪雜而前後不一，難以令人信服。李家驤認爲《呂氏春秋》「建構了一個爲行將實現的一統天下的封建帝國作多方面準備的完備系統的理論體系」〔註 50〕，並從哲學思想、政治思想、軍事思想、農業思想、教育思想、美學思想、文藝思想七個方面探討了「呂書的理論系統」〔註 51〕。這一研究運用現代學科分類將《呂氏春秋》的學術思想體系進行分割，同樣破壞了其整體性，也難以令人信服。

　　綜上，可以看出研究者對《呂氏春秋》學術思想、學術思想體系的積極探討，同時也可以看出研究者意見的不一致，前者爲後來的研究者提供了寶貴的進一步研究的基礎、方法和經驗，後者則爲研究者留下了進一步研究的空間。

四、研究思路與方法

　　前人對《呂氏春秋》學術思想體系的探討，有相當一部分是基於其對《呂

〔註 47〕陳宏敬：《〈呂氏春秋〉哲學思想研究》，中山大學 2001 年博士學位論文。
〔註 48〕申鎮植：《〈呂氏春秋〉思想研究》，北京大學 2005 年博士學位論文。
〔註 49〕田鳳臺：《呂氏春秋探微》，臺北：學生書局，1986 年，第 159 頁。
〔註 50〕李家驤：《呂氏春秋通論》，長沙：嶽麓書社，1995 年，第 175 頁。
〔註 51〕李家驤：《呂氏春秋通論》，長沙：嶽麓書社，1995 年，第 39～45 頁。

氏春秋》一書性質的判定，即基於對《呂氏春秋》主導學術思想的判定。熊鐵基、牟鍾鑒等以《呂氏春秋》為「道家」的學者是在「道家」這一大前提下來探討《呂氏春秋》的學術思想體系的。他們認為身為「道家」的《呂氏春秋》的學術思想體系是一個在道家思想統領下的體系，如牟鍾鑒總結《呂氏春秋》理論體系的特點說：「老莊哲學為《呂氏春秋》提供的是理論原則，陰陽、儒、墨提供的多是具體內容。」〔註52〕同樣的，金春峰、修建軍等以《呂氏春秋》為「儒家」的學者則認為《呂氏春秋》的學術思想體系是一個在儒家思想統領下的體系，如金春峰指出：「《呂氏春秋》思想體系是屬於儒家的。」〔註53〕以《呂氏春秋》的主導學術思想為「陰陽家」的陳奇猷則認為《呂氏春秋》的學術思想體系是一個在陰陽家思想統領下的體系，指出：「《十二紀》每《紀》的首篇就是陰陽家說，《八覽》的首《覽》首篇《有始》、《六論》的首《論》首篇《開春》也是陰陽家說。」〔註54〕這樣的探討方法基於對《呂氏春秋》一書性質的判定，由於某些學者的判定並不能完全令人信服，所以他們以此為基礎來研究《呂氏春秋》學術思想體系的方法也就自然不能完全令人信服。

劉元彥對上述「新道家」、「新儒家」的研究方法有所批判：「近年來某些研究《呂氏春秋》的文章，有的偏重於論述它繼承儒家，而稱之為『新儒家』；有的偏重於論述它繼承道家，而稱之為『新道家』。就思想淵源看，《呂氏春秋》對各家的攝取有多有少，這是可以而且應該深入研究的。但它攝取各家思想，已經融合而成新的一家──雜家。各家思想在新的體系裏，已經成為它的組成部分，有一定程度的變化。如果我們稱之為『新儒家』或『新道家』，即使可能在繼承淵源上有一定的道理，但從總體上說，反而模糊或沖淡《呂氏春秋》雜家的特點，亦即平等地看待各家，綜合各家而自成體系的特點。因此，我覺得還是沿用雜家這個概念更好。」〔註55〕劉元彥認為「雜家」自成體系，把《呂氏春秋》看作「新道家」、「新儒家」來研究將會抹殺《呂氏春秋》「雜家」的特點。我們贊同這樣的看法，《呂氏春秋》是「雜家」，我們

〔註52〕牟鍾鑒：《〈呂氏春秋〉與〈淮南子〉思想研究》，濟南：齊魯書社，1987年，第34頁。

〔註53〕金春峰：《論〈呂氏春秋〉的儒家思想傾向》，《哲學研究》1982年第12期。

〔註54〕陳奇猷：《呂氏春秋新校釋》，上海：上海古籍出版社，2002年，第1886頁。

〔註55〕劉元彥：《〈呂氏春秋〉：兼容並蓄的雜家》，北京：生活・讀書・新知三聯書店，2008年，第220頁。

要把《呂氏春秋》作爲「雜家」來研究。

　　班固《漢書・藝文志》將先秦諸子的學術思想劃分爲「九流十家」，「雜家」是其中的一家，是先秦獨立存在的一個學派。司馬遷已經使用「雜家」來指稱一個學派〔註56〕，這說明「雜家」學派在司馬遷之前就早已存在，所以，班固《漢書・藝文志》所謂的「雜家」並非對「無所歸心」的子書著作的臨時歸類。班固所謂的「無所歸心」者是專指「雜家」中的「蕩者」而言的〔註57〕。

　　戰國晚期的學術界、思想界確實存在一種以平等的態度來綜合各家學術思想的潮流。稷下學宮時期，各家的學者之間有的不僅僅是學術思想的爭鳴，也有學術思想的交融。稷下先生淳于髠「博聞強記，學無所主」〔註58〕，是一種博取各家學術思想之長處的氣魄，已經表現出「雜家」化趨勢。同樣，被認爲是「稷下叢書」的《管子》〔註59〕，也表現出「雜家」化的趨勢。前人的「法家說」、「道家說」都不能完全概括《管子》龐大複雜的內容，然而，這個龐大複雜的內容是爲了一個目的，即「王治」，這是「雜家」的追求。呂思勉說：「《管子》，《漢志》隸之道家，《隋志》隸之法家，然實成於無意中之雜家也。」〔註60〕此說極爲精到，概括出了《管子》成書於戰國晚期那種試圖以平等的態度綜合各家學術思想的潮流中的情況。成書於戰國晚期的《莊子・天下》篇以一種平等客觀的態度總結了各家學術思想的優點和缺點，指出「百家眾技也，皆有所長，時有所用」，倡導一種綜合眾家之長的學術思想，批評「得一察焉以自好」者爲「一曲之士」。〔註61〕《呂氏春秋》編撰之時，秦國一統天下的趨勢已經十分明顯，秦國需要一個能夠綜合各家學說之長的學術思想來爲統一天下後的「王治」做準備。可以說，呂不韋主持編撰《呂

〔註56〕　《史記・韓長孺列傳》曰：「御史大夫韓安國者，梁成安人也，後徙睢陽。嘗受《韓子》、雜家說於騶田生所。」（司馬遷：《史記》，北京：中華書局，1959年，第2857頁。）

〔註57〕　《漢書・藝文志》曰：「雜家者流，蓋出於議官……及蕩者爲之，則漫羨而無所歸心。」（班固：《漢書》，北京：中華書局，1962年，第1742頁。）

〔註58〕　《史記・孟子荀卿列傳》，司馬遷：《史記》，北京：中華書局，1959年，第2347頁。

〔註59〕　顧頡剛：《「周公制禮」的傳說和〈周官〉一書的出現》，《文史》第六輯，北京：中華書局，1979年，第16頁。

〔註60〕　呂思勉：《先秦學術概論》，上海：中國大百科全書出版社，1985年，第47頁。

〔註61〕　郭慶藩：《莊子集釋》，北京：中華書局，1961年，第1069頁。

氏春秋》，既順應了戰國晚期要求綜合各家學術思想的潮流，又順應了秦國統一天下在學術思想上的要求，並以高質量的編撰水平使《呂氏春秋》成為了「雜家」的代表作。

我們贊同把《呂氏春秋》作為「雜家」來研究的思路，因為首先「雜家」是先秦學術中確實獨立存在的一家，我們要按照學術自身發展的內部規律來研究《呂氏春秋》的學術思想，其次無論道家、儒家或者其他任何一家都不能完全包容《呂氏春秋》的學術思想，最後在認定了任何某一家為主導學術思想的前提下來研究《呂氏春秋》的學術思想體系都將限制對其他各家學術思想的研究和整個學術思想體系的把握。田鳳臺說：「若呂氏春秋之書，言孔言墨，標道標名，皆難盡呂書之旨。亦有兼標數家以稱呂書者，然余謂如兼標數家以稱呂書，是呂氏之書，仍為雜家之學，若謂某家之旨多於某家，此銖兩計較之說，難必為呂書定論也。」〔註62〕田氏總結了三類研究《呂氏春秋》學術思想的方法所存在的弊端：第一類，「言孔言墨，標道標名」，即把《呂氏春秋》當作別的一家來研究，如以《呂氏春秋》為道家、儒家、陰陽家，這一類的弊端是所標的任何一家「皆難盡呂書之旨」；第二類，「兼標數家」，即把《呂氏春秋》當作別的幾家來研究，如以《呂氏春秋》為道家、儒家和墨家或者陰陽家、道家和儒家，這一類的弊端是「兼標數家」和「不標一家」一樣，「呂氏之書，仍為雜家之學」；第三類，「謂某家之旨多於某家」，即通過考察各家所佔的比重來研究，如通過統計各家所佔篇數來證明某家更重要，這一類的弊端是「難必為呂書定論」。我們對《呂氏春秋》的研究要儘量避免這些弊端。另外，學術界還存在依據現代學科分類來研究《呂氏春秋》的學術思想的做法。這類方法是依據現代學科分類把思想分為哲學、政治、經濟、軍事、農業、教育等幾大類，通過逐項研究這幾大類的思想來探討《呂氏春秋》的學術思想體系。這類方法相對來說簡便易行，在當下頗為流行，但是，這種機械劃分的方法割裂了《呂氏春秋》內在的關聯和整體性，因而單純地使用這類方法也很難真正把握《呂氏春秋》的學術思想體系。

總體看來，要研究《呂氏春秋》的學術思想及其體系，從《呂氏春秋》與諸子百家的關係入手依然是一種比較穩妥的途徑。《呂氏春秋》融匯、綜合諸子而成，二者來說，諸子是「源」，《呂氏春秋》是「流」。然而，這個由「源」至「流」的過程不是一成不變的而是有所變化的，「流」從「源」而來而又不

〔註62〕田鳳臺：《呂氏春秋探微》，臺北：學生書局，1986年，第120頁。

完全同於「源」，這是學術發展的規律。梁啓超說：「後起之學派對於其先焉者必有所學，而所受恒不限於一家。並時之學派，彼此交光互影，有其相異之部分，則亦必有其相同之部分。」〔註63〕范文瀾說：「無論什麼學術思想和文學種種，一定有個來源，起始是很簡單的，很平常的，到後來因有適宜的條件，它才發達起來。自 A 變 B，自 B 變 C，……每變一次，對於舊者要保留一部分，新的方面則增加一部分。跟著變下去，離本來面目愈遠，甚而至於完全不像，然其起源卻不能完全抹殺。」〔註64〕

　　《呂氏春秋》是呂不韋的門客先「人人著所聞」，然後經統一加工而成的。這些門客是先秦諸子百家的後學，各家後學「所聞」的來源是其本家的口頭傳授或經典書籍〔註65〕。從各家的經典書籍到各家後學「著所聞」，再到《呂氏春秋》成書，這個過程是一個既繼承舊東西又增加新東西的過程。舊東西是各家經典書籍裏已有的，新東西是《呂氏春秋》的編撰者（包括各家後學和統一加工者）增加進去的。之所以要增加新東西、之所以要繼承舊東西，是因為《呂氏春秋》需要在集眾家之長的基礎上構建屬於自己的學術思想體系。呂不韋需要的不是各家已有的學術思想體系，而是一個集眾家之長的新的學術思想體系。如果呂不韋需要的是各家已有的學術思想體系，那麼當時秦始皇還沒有「焚書」，各家的經典書籍皆在，作為宰相的呂不韋想要得到它們絕非難事，又何必大費周折地編撰《呂氏春秋》？可以說，這個增加新東西、繼承舊東西的過程其實就是一個構建《呂氏春秋》自己學術思想體系的過程。通過「探源尋流」，找到《呂氏春秋》中的各家比原先的各家增加了什麼新東西、又怎樣繼承了舊東西，再由此來挖掘這些被增加的新東西和被繼承的舊東西是如何為構建《呂氏春秋》學術思想體系服務的，進而來把握《呂氏春秋》的學術思想體系，我們認為這是一條可行的途徑，也是本書準備嘗試的。

　　新、舊是相對而言的，新、舊是交融在一起而不是絕對孤立的，「新」可以從「舊」中來，綜合別家之「舊」可以成為自家之「新」，加工「舊」可以

〔註63〕轉引自余明光《黃帝四經與黃老思想》，哈爾濱：黑龍江人民出版社，1989年，第 167 頁。

〔註64〕范文瀾：《與顧頡剛論五行說的起源》，顧頡剛主編《古史辨》第五冊，上海：上海古籍出版社，1982 年，第 648 頁。

〔註65〕我們今天研究所能找到的「來源」只能是現存各家的經典書籍以及相關出土文獻。

創造「新」。何謂「新」？何謂「舊」？新、舊如何辨別？要辨別新、舊，比較的方法可以說是不可缺少。梁啓超說：「凡天下事必比較然後見其真，無比較則非惟不能知己之所短，並不能知己之所長。」〔註66〕我們可以說不比較不可以知各家之「舊」，不比較不可以知《呂氏春秋》之「新」。比較的方法是我們辨別新、舊的重要方法。

不「探源」無以知其「舊」，不「比較」無以知其「新」。「探源尋流」並加以「比較」，是本書的研究思路和方法。

〔註66〕梁啓超：《論中國學術思想變遷之大勢》，上海：上海古籍出版社，2001年，第5頁。

第一章 《呂氏春秋》的儒家思想

第一節 《呂氏春秋》的民本思想

一、思想探源

　　以民爲本在中國是一種傳統，由來已久。《尚書》已經提出「重民」、「民本」的思想，《尚書‧盤庚》曰：「重我民，無盡劉。」〔註1〕又《尚書‧五子之歌》曰：「民惟邦本，本固邦寧。」〔註2〕此後，這一思想得到繼承和發展。《春秋左傳》桓公六年（前706）載季梁曰：「夫民，神之主也，是以聖王先成民而後致力於神。」〔註3〕季梁提出「民，神之主」的理論，認爲民爲先，聖王應該「先成民而後致力於神」。《春秋穀梁傳》桓公十四年（前698）傳曰：「民者，君之本也。」〔註4〕《管子》也有對「重民」、「民本」思想的論述，《管子‧權脩》曰：「欲爲天下者，必重用其國。欲爲其國者，必重用其民。欲爲其民者，必重盡其民力。」〔註5〕《管子‧霸形》載：「桓公變躬遷席，拱手而問曰：『敢問何謂其本？』管子對曰：『齊國百姓，公之本也。』」〔註6〕

〔註1〕 孔穎達：《尚書正義》，《十三經注疏》，北京：中華書局，1980年，第168頁。
〔註2〕 孔穎達：《尚書正義》，《十三經注疏》，北京：中華書局，1980年，第156頁。
〔註3〕 孔穎達：《春秋左傳正義》，《十三經注疏》，北京：中華書局，1980年，第1750頁。
〔註4〕 楊士勳：《春秋穀梁傳注疏》，《十三經注疏》，北京：中華書局，1980年，第2378頁。
〔註5〕 黎翔鳳：《管子校注》，北京：中華書局，2004年，第49頁。
〔註6〕 黎翔鳳：《管子校注》，北京：中華書局，2004年，第453頁。

《管子‧霸言》：「夫霸王之所始也，以人爲本。本理則國固，本亂則國危。」
〔註7〕又《晏子春秋》載：「叔向問晏子曰：『世亂不遵道，上辟不用義；正行
則民遺，曲行則道廢。正行而遺民乎？與持民而遺道乎？此二者之於行何
如？』晏子對曰：『嬰聞之，卑而不失尊，曲而不失正者，以民爲本也。苟持
民矣，安有遺道！苟遺民矣，安有正行焉！』」又載：「叔向問晏子曰：『意孰
爲高？行孰爲厚？』對曰：『意莫高於愛民，行莫厚於樂民。』又問曰：『意
孰爲下？行孰爲賊？』對曰：『意莫下於刻民，行莫賤於害身也。』」〔註8〕這
些都是中國古代提倡「以民爲本」的主張。

　　孟子將民本思想推向了一個新的高度。《孟子‧盡心下》曰：「民爲貴，
社稷次之，君爲輕。是故得乎丘民而爲天子；得乎天子爲諸侯；得乎諸侯爲
大夫。諸侯危社稷，則變置。犧牲既成，粢盛既絜，祭祀以時，然而旱乾水
溢，則變置社稷。」〔註9〕《孟子正義》曰：「『孟子曰』至『則變置社稷』者，
孟子言民之爲貴，不可賤之者也，社稷次之於民，而君比於民，猶以爲輕者。
如此者也，如此故得乎四邑之民以樂其政，則爲天子，以有天下；得乎天子
之心，則爲諸侯，以有其國；得乎諸侯之心，以爲大夫，有其家。如諸侯不
能保安其社稷而以危之，則變更立置其賢君，是社稷有重於君也；犧牲既成
以肥腯，粢盛既成以精絜，祭祀又及春秋祈報之時，然而其國尙有旱乾水溢
之災，則社稷無功以及民，亦在所更立有功於民者爲之也，是民又有貴於社
稷也。此孟子所以自解『民爲貴，社稷次之，君爲輕』之敘也。」〔註10〕「民
爲貴，社稷次之，君爲輕」，孟子對民、社稷、君的輕重進行了排序，其中「民
爲貴」，將「民」排在首位，最重，其次是社稷，其次是君。孟子豐富發展了
民本思想，將「民」提高到至高無上的地位。民貴君輕，「得乎丘民而爲天子」，
即能否得到眾民的擁戴是能否成爲天子的決定性因素，孟子「把君權源於天
意說變成了君權取決於民意說」〔註11〕。

　　孟子將民本思想推向了一個新的高度，並且賦予民本思想豐富的內涵。

〔註7〕黎翔鳳：《管子校注》，北京：中華書局，2004 年，第 472 頁。

〔註8〕吳則虞：《晏子春秋集釋》，北京：中華書局，1982 年，第 281～282、282 頁。

〔註9〕舊題孫奭：《孟子注疏》，《十三經注疏》，北京：中華書局，1980 年，第 2774
　　　頁。(《十三經注疏》中的《孟子注疏》並非北宋孫奭所作，這一點早已被朱
　　　熹指出，筆者從朱熹之說，故《孟子注疏》的作者前加「舊題」二字。)

〔註10〕舊題孫奭：《孟子注疏》，《十三經注疏》，北京：中華書局，1980 年，第 2774
　　　頁。

〔註11〕王引淑：《略論孟子民本思想的當代價值》，《政法論壇》2000 年第 2 期。

首先，在物質層面，孟子主張為民制恆產，使民富裕。《孟子·梁惠王上》曰：「無恆產而有恒心者，惟士為能。若民則無恆產，因無恒心。苟無恒心，放辟邪侈，無不為已。及陷於罪，然後從而刑之，是罔民也。焉有仁人在位，罔民而可為也？是故明君制民之產，必使仰足以事父母，俯足以畜妻子；樂歲終身飽，凶年免於死亡；然後驅而之善，故民之從之也輕。今也制民之產，仰不足以事父母，俯不足以畜妻子；樂歲終身苦，凶年不免於死亡；此惟救死而恐不贍，奚暇治禮義哉？王欲行之，則盍反其本矣。五畝之宅，樹之以桑，五十者可以衣帛矣。雞豚狗彘之畜，無失其時，七十者可以食肉矣。百畝之田，勿奪其時，八口之家可以無饑矣。謹庠序之教，申之以孝悌之義，頒白者不負戴於道路矣。老者衣帛食肉，黎民不饑不寒，然而不王者，未之有也。」〔註12〕又《孟子·滕文公上》曰：「民之為道也，有恆產者有恒心，無恆產者無恒心。苟無恒心，放僻邪侈，無不為已。」〔註13〕孟子指出民無恆產則飢寒交迫，飢寒交迫則不能常守其為善之心，不守善心則「放僻邪侈」，唯利是圖，作奸犯科，無所不為，危害社會，所以孟子主張「制民之產，必使仰足以事父母，俯足以畜妻子；樂歲終身飽，凶年免於死亡；然後驅而之善，故民之從之也輕」。孟子為民制恆產的主張與《管子·牧民》所云「倉廩實則知禮節，衣食足則知榮辱」〔註14〕的思想一脈相承，即旨在使民衣食富足，最終實現「王」。制民之產的具體措施是「五畝之宅，樹之以桑，五十者可以衣帛矣。雞豚狗彘之畜，無失其時，七十者可以食肉矣。百畝之田，勿奪其時，八口之家可以無饑矣」。制民之產，「老者衣帛食肉，黎民不饑不寒，然而不王者，未之有也」。

又《孟子·盡心上》曰：「易其田疇，薄其稅斂，民可使富也。食之以時，用之以禮，財不可勝用也。民非水火不生活，昏暮叩人之門戶，求水火，無弗與者，至足矣。聖人治天下，使有菽粟如水火。菽粟如水火，而民焉有不仁者乎？」〔註15〕《孟子正義》曰：「此章言教民之道，富而節用，蓄

〔註12〕舊題孫奭：《孟子注疏》，《十三經注疏》，北京：中華書局，1980年，第2671頁。

〔註13〕舊題孫奭：《孟子注疏》，《十三經注疏》，北京：中華書局，1980年，第2702頁。

〔註14〕黎翔鳳：《管子校注》，北京：中華書局，2004年，第2頁。

〔註15〕舊題孫奭：《孟子注疏》，《十三經注疏》，北京：中華書局，1980年，第2768頁。

積有餘，焉有不仁，故曰倉廩實知禮節也。『孟子曰易其田疇』至『不可勝用也』，孟子言如使在下者易治其田疇而不難耕作，則地無遺其利；又在上者又薄其賦斂而無橫賦，則民皆可令其富足也；又食之以時而其用不屈，用之以禮而其欲不窮，則財用有餘而不可勝用也。」〔註16〕孟子富民舉措從兩個方面來說，一個是民在下辛勤勞作治其田疇，使「地無遺其利」；一個是統治者在上輕稅薄賦，不橫征暴斂。這樣可以使民富足，「財用有餘而不可勝用」。

其次，在精神層面，孟子主張施教育民，行仁樂民。孟子很重視教育的作用，《孟子‧滕文公上》曰：「后稷教民稼穡，樹藝五穀，五穀熟而民人育。人之有道也，飽食暖衣，逸居而無教，則近於禽獸。聖人有憂之，使契爲司徒，教以人倫：父子有親，君臣有義，夫婦有別，長幼有敘，朋友有信。」〔註17〕孟子認爲人如果在實現了飽食、暖衣、逸居之後，「而無教，則近於禽獸」。孟子認爲教育的作用非常巨大，施教育民可以使民區別於禽獸，實現父子有親、君臣有義、夫婦有別、長幼有序、朋友有信的和諧人類社會。所以，在實現衣食富足的基礎上，孟子又強調施教育民，即《孟子‧梁惠王上》所云「謹庠序之教，申之以孝悌之義」〔註18〕。《孟子‧滕文公上》曰：「設爲庠序學校以教之。庠者，養也。校者，教也。序者，射也。夏曰校，殷曰序，周曰庠，學則三代共之，皆所以明人倫也。人倫明於上，小民親於下。有王者起，必來取法，是爲王者師也。」〔註19〕孟子認爲夏、商、周三代都重視學校，重視對民的教育，「皆所以明人倫也」。孟子又將「善教」與「善政」進行了對比，《孟子‧盡心上》曰：「仁言，不如仁聲之入人深也。善政，不如善教之得民也。善政民畏之；善教民愛之。善政得民財；善教得民心。」〔註20〕孟子認爲「善教」比「善政」更能得民，「善政」，民畏之，得民財；「善

〔註16〕 舊題孫奭：《孟子注疏》，《十三經注疏》，北京：中華書局，1980 年，第 2768 頁。

〔註17〕 舊題孫奭：《孟子注疏》，《十三經注疏》，北京：中華書局，1980 年，第 2705 頁。

〔註18〕 舊題孫奭：《孟子注疏》，《十三經注疏》，北京：中華書局，1980 年，第 2671 頁。

〔註19〕 舊題孫奭：《孟子注疏》，《十三經注疏》，北京：中華書局，1980 年，第 2702 頁。

〔註20〕 舊題孫奭：《孟子注疏》，《十三經注疏》，北京：中華書局，1980 年，第 2765 頁。

教」，民愛之，得民心，所以，孟子主張施教育民。

　　孟子的民本思想與其仁政思想緊密聯繫，孟子將民置於社稷和君主之上，民的問題也就是其實行仁政的根本問題，民本思想是其仁政思想的核心思想，如李秋華所說：「如果一個統治者不把人民看作國家的根本，當然就不會有合於人的善性的仁政措施，更談不上王天下。」〔註21〕《孟子‧離婁上》曰：「桀紂之失天下也，失其民也。失其民者，失其心也。得天下有道：得其民斯得天下矣。得其民有道：得其心斯得民矣。得其心有道：所欲，與之聚之；所惡，勿施爾也。民之歸仁也，猶水之就下，獸之走壙也。故為淵驅魚者，獺也；為叢驅爵者，鸇也；為湯、武驅民者，桀與紂也。今天下之君有好仁者，則諸侯皆為之驅矣；雖欲無王，不可得已。今之欲王者，猶七年之病求三年之艾也。苟為不畜，終身不得。苟不志於仁，終身憂辱，以陷於死亡。《詩》云：『其何能淑？載胥及溺。』此之謂也。」〔註22〕桀、紂失天下的關鍵在於失去民心，得民心者得天下，得民心的關鍵在於對民實行仁政，民之所欲則「與之聚之」，民之所惡則「勿施爾也」。實行仁政，則民歸之，諸侯皆為之驅使，「雖欲無王，不可得已」。

　　實行仁政與民同樂是孟子民本思想的重要內容。《孟子‧梁惠王上》載孟子言「樂」曰：「文王以民力為臺為沼，而民歡樂之，謂其臺曰靈臺，謂其沼曰靈沼，樂其有麋鹿魚鱉。古之人與民偕樂，故能樂也。」〔註23〕文王能夠與其民共享其麋鹿魚鱉，所以民樂；文王能夠「與民偕樂」，所以文王樂。又《孟子‧梁惠王下》載孟子為齊王言「樂」曰：「臣請為王言樂：今王鼓樂於此，百姓聞王鐘鼓之聲、管籥之音，舉疾首蹙頞而相告曰：『吾王之好鼓樂，夫何使我至於此極也？父子不相見，兄弟妻子離散。』今王田獵於此，百姓聞王車馬之音，見羽旄之美，舉疾首蹙頞而相告曰：『吾王之好田獵，夫何使我至於此極也？父子不相見，兄弟妻子離散。』此無他，不與民同樂也。今王鼓樂於此，百姓聞王鐘鼓之聲、管籥之音，舉欣欣然有喜色而相告曰：『吾王庶幾無疾病與？何以能鼓樂也？』今王田獵於此，百姓聞王車馬之音，見羽旄之美，舉欣欣然有喜色而相告曰：『吾王庶幾無疾病與？何以能田獵

〔註21〕 李秋華：《孟子仁政思想初探》，《浙江學刊》2002年第5期。
〔註22〕 舊題孫奭：《孟子注疏》，《十三經注疏》，北京：中華書局，1980年，第2721頁。
〔註23〕 舊題孫奭：《孟子注疏》，《十三經注疏》，北京：中華書局，1980年，第2665～2666頁。

也？』此無他，與民同樂也。今王與百姓同樂，則王矣。」〔註24〕同樣是鼓樂，同樣是田獵，不與民同樂，則民舉疾首蹙頞而憂愁，相告曰「夫何使我至於此極也？父子不相見，兄弟妻子離散」；與民同樂，則民舉欣欣然而有喜色，相告曰「吾王庶幾無疾病與」？同樣的舉動，截然相反的結果，關鍵在於能否與民同樂，所以孟子勸齊王「今王與百姓同樂，則王矣」。又《孟子・梁惠王下》載：「齊宣王見孟子於雪宮。王曰：『賢者亦有此樂乎？』孟子對曰：『有。人不得則非其上矣。不得而非其上者非也，為民上而不與民同樂者亦非也。樂民之樂者，民亦樂其樂；憂民之憂者，民亦憂其憂。樂以天下，憂以天下，然而不王者，未之有也。』」〔註25〕君能樂民之樂，則民也樂君之樂；君能憂民之憂，則民也憂君之憂，君與民共享歡樂、共享憂愁，則可以為王。這是孟子民本思想的重要內容，「其中深深地蘊涵了民與君共享權利的思想」〔註26〕，是一種進步的思想。

《呂氏春秋》的民本思想有繼承，又有創造。

二、以民為本，「天下為公」的執著追求

大同社會，以民為本。《禮記・禮運》載孔子曰：「大道之行也，天下為公。選賢與能，講信修睦，故人不獨親其親，不獨子其子，使老有所終，壯有所用，幼有所長，矜寡孤獨廢疾者，皆有所養。男有分，女有歸。貨惡其棄於地也，不必藏於己。力惡其不出於身也，不必為己。是故謀閉而不興，盜竊亂賊而不作，故外戶而不閉，是謂大同。」〔註27〕天下為公的「大同」世界是孔子理想中的完美社會，也成為後世仁人志士的孜孜追求。「天下為公」、「選賢與能」是「大同」社會最基本的特點，也是保證實現「大同」社會最基本的方法和途徑。

而「天下為公」、「選賢與能」是以民為本的。「天下為公」的實質是以民為本，如郭沫若先生所說：「既認『天下為公』，自然就是把天下國家的主體

〔註24〕舊題孫奭：《孟子注疏》，《十三經注疏》，北京：中華書局，1980年，第2673～2674頁。

〔註25〕舊題孫奭：《孟子注疏》，《十三經注疏》，北京：中華書局，1980年，第2675頁。

〔註26〕王引淑：《略論孟子民本思想的當代價值》，《政法論壇》2000年第2期。

〔註27〕孔穎達：《禮記正義》，《十三經注疏》，北京：中華書局，1980年，第1414頁。

移到了人民身上來。」〔註28〕又王波先生說:「民本思想是作爲『天下爲公』這一政治理想在現實政治中的最大落實而存在的,其與『天下爲公』生生相息,並且恒長持久地從中吸納積極的理論質素以求發揚光大。」〔註29〕「天下爲公」作爲一個理想社會模式落實到現實之中就是把廣大民眾作爲天下國家的主體,即「以民爲本」,如王范之先生所說:「『本』——『公』,表現在實際的治道上說,它的根本的具體內容,就是在於爲『民』。」〔註30〕與「天下爲公」緊密相關的「選賢與能」也是以民爲本的。「公天下」的「選賢與能」要求實行禪讓制,主張賢能掌管天下,爲天下之「民」謀福利;與此相反,「家天下」的世襲制則是謀天子一「家」之福利。

　　「公天下」的「大同」社會或許在堯、舜、禹的時代存在過,但是自從禹的兒子啓奪得帝位,古代中國就進入了「天下爲家」的「家天下」世襲社會。「公天下」的「大同」社會確實太難實現了,孔子感到它似乎遙不可及,從而認爲能夠實現「小康」社會就已經很好了〔註31〕。但是,呂不韋相信「公天下」的「大同」社會是可以實現的,如徐復觀先生所說:「孔子天下爲公的思想,經戰國而更爲明朗,在《呂氏春秋》中得到大力的提倡。」〔註32〕許富宏先生也說:「連孔子都不相信能夠實現的大同夢想,呂不韋卻相信。」〔註33〕

　　《呂氏春秋·貴公》曰:「昔先聖王之治天下也,必先公,公則天下平矣。平得於公。嘗試觀於上志,有得天下者眾矣,其得之以公,其失之必以偏。凡主之立也,生於公。故《鴻範》曰:『無偏無黨,王道蕩蕩;無偏無頗,遵王之義;無或作好,遵王之道;無或作惡,遵王之路。』天下非一人之天下也,天下之天下也。陰陽之和,不長一類;甘露時雨,不私一物;萬民之

〔註28〕 郭沫若:《呂不韋與秦王政的批判》,郭沫若《十批判書》,北京:東方出版社,1996 年,第 437 頁。

〔註29〕 王波:《人性本善、天下爲公、暴力戰爭——儒家民本思想發生發展之三維依託》,《船山學刊》2006 年第 3 期。

〔註30〕 王范之:《呂氏春秋研究》,呼和浩特:內蒙古大學出版社,1993 年,第 235 頁。

〔註31〕 《禮記·禮運》,《禮記正義》,《十三經注疏》,北京:中華書局,1980 年,第 1414 頁。

〔註32〕 徐復觀:《兩漢思想史》(第二卷),上海:華東師範大學出版社,2001 年,第 281 頁。

〔註33〕 許富宏:《呂氏春秋:四季的演講》,上海:上海古籍出版社,2009 年,第 4 頁。

主，不阿一人。」〔註34〕「天下非一人之天下也，天下之天下也」，這是《呂氏春秋》在二千多年前喊出的響亮口號，表現的是對「公天下」理想的堅信和追求。「昔先聖王之治天下也，必先公，公則天下平矣」，天下爲公，君王治理天下要把「公」作爲第一位，即把「民」放在第一位，要以萬民爲本，所謂「萬民之主，不阿一人」。以民爲本，天下爲公，《呂氏春秋》「貴公」「去私」，《去私》曰：「誅暴而不私，以封天下之賢者，故可以爲王伯；若使王伯之君誅暴而私之，則亦不可以爲王伯矣。」〔註35〕君王要心繫天下，不能爲一己之私，只有「去私」才可以當君王。

又《呂氏春秋・恃君》曰：「此四方之無君者也。其民麋鹿禽獸，少者使長，長者畏壯，有力者賢，暴傲者尊，日夜相殘，無時休息，以盡其類。聖人深見此患也，故爲天下長慮，莫如置天子也；爲一國長慮，莫如置君也。置君非以阿君也，置天子非以阿天子也，置官長非以阿官長也。德衰世亂，然後天子利天下，國君利國，官長利官。」〔註36〕《呂氏春秋》指出「天子」、「國君」是聖人分別爲了天下、國家的長遠考慮所設置的職位，不是「天子」、「國君」一人、一家的私有。這包含了二層深意：一，天子、國君的地位不是「上天」賦予的，不是天命，不是天經地義的必然，而是爲了便於治理天下和國家由聖人設置的職位；二，如果在位的天子和國君不能以民爲本、不能以天下爲公，不便於天下和國家的治理，那麼這樣的天子和國君是不能佔據天子和國君的職位的，是要被替代的。

《呂氏春秋・懷寵》曰：「子之在上無道，据傲荒怠，貪戾虐眾，恣睢自用也，辟遠聖製，警醜先王，排訾舊典，上不順天，下不惠民，徵斂無期，求索無厭，罪殺不辜，慶賞不當。若此者，天之所誅也，人之所讎也，不當爲君。今兵之來也，將以誅不當爲君者也，以除民之讎而順天之道也。」〔註37〕「在上者」如果無道，那麼這樣的「在上者」是「不當爲君」的。「義兵」必定要誅伐「不當爲君者」，從而改立「當爲君者」。《呂氏春秋・恃君》又曰：「自上世以來，天下亡國多矣，而君道不廢者，天下之利也。故廢其非君，而立其行君道者。」〔註38〕「廢其非君，而立其行君道者」，表現的是《呂

〔註34〕陳奇猷：《呂氏春秋新校釋》，上海：上海古籍出版社，2002 年，第 45 頁。
〔註35〕陳奇猷：《呂氏春秋新校釋》，上海：上海古籍出版社，2002 年，第 57 頁。
〔註36〕陳奇猷：《呂氏春秋新校釋》，上海：上海古籍出版社，2002 年，第 1331 頁。
〔註37〕陳奇猷：《呂氏春秋新校釋》，上海：上海古籍出版社，2002 年，第 417 頁。
〔註38〕陳奇猷：《呂氏春秋新校釋》，上海：上海古籍出版社，2002 年，第 1330 頁。

氏春秋》對「公天下」制度的執著和對「家天下」制度的否定。

　　從今天看來，呂不韋所提倡的「公天下」在當時是不能實行的，但作爲一種理想來說，無疑這個理想是崇高的，如牟鍾鑒先生所說：「天子與國君要法天地之公，去私貴公，以天下國家利益爲重，不能實行家天下和君主獨裁。這一條是《呂氏春秋》獨家發明，是它天眞的地方，也正是它可貴的地方。」〔註39〕

三、以民爲本，「選賢與能」的賢人政治

　　古代中國的「盛世」幾乎都是賢君、賢臣在一起努力創造的，而「亂世」的出現也往往是因爲缺乏賢君、賢臣，所以，「賢人政治」是渴望勵精圖治的有志之士的理想政治模式。呂不韋及其身邊的仁人志士就提倡這樣的「賢人政治」。《呂氏春秋‧先識》曰：「地從於城，城從於民，民從於賢。故賢主得賢者而民得，民得而城得，城得而地得。」〔註40〕在得賢、得民、得城、得地之中，「得賢」是第一位的，只要賢人治國，就可以很輕鬆地得民、得城、得地，即只要實行「賢人政治」，忠誠的百姓、牢固的城池、遼闊的土地就會隨之而來、應有盡有。「賢人政治」要求「君」爲賢君、「臣」爲賢臣。怎樣才能保證「君」爲賢君、「臣」爲賢臣呢？呂不韋、《呂氏春秋》進行了思考，給出了自己的答案。

（一）「君」爲賢君的制度保證——禪讓制度

　　孔子曰「天下爲公，選賢與能」，爲了避免出現「非君」的情況、保證君行其道，天下爲公的「大同」社會要求賢者爲君，要求君主實行禪讓制。據古書郭店楚簡《唐虞之道》記載〔註41〕，堯、舜時代是實行禪讓制的。《唐虞之道》曰：「唐虞之道，禪而不傳。堯舜之王，利天下而弗利也。禪而不傳，聖之盛也。利天下而弗利也，仁之至也。故昔賢仁聖者如此。身窮不貪，沒而弗利，窮仁矣。必正其身，然後正世，聖道備矣。故唐虞之〔道，禪〕也。」

〔註39〕牟鍾鑒：《〈呂氏春秋〉與〈淮南子〉思想研究》，濟南：齊魯書社，1987年，第60頁。

〔註40〕陳奇猷：《呂氏春秋新校釋》，上海：上海古籍出版社，2002年，第955頁。

〔註41〕李學勤、裘錫圭、李伯謙、彭浩、劉祖信等先生一致認爲「郭店一號墓約下葬於公元前四世紀末期」（王博：《美國達慕思大學郭店〈老子〉國際學術討論會紀要》，陳鼓應主編《道家文化研究》第17輯，北京：生活‧讀書‧新知三聯書店，1999年，第2頁。），則《唐虞之道》成書於此前。

〔註42〕又曰：「堯舜之行，愛親尊賢。愛親故孝，尊賢故禪。孝之施，愛天下之民。禪之傳，世亡隱德。孝，仁之冕也。禪，義之至也。六帝興於古，皆由此也。愛親忘賢，仁而未義也。尊賢遺親，義而未仁也。古者虞舜篤事瞽瞍，乃戴其孝；忠事帝堯，乃戴其臣。愛親尊賢，虞舜其人也。」〔註43〕「唐虞之道」是指什麼？「唐虞之道，禪也」，即禪讓。何謂「禪讓」？《唐虞之道》曰：「禪也者，上德授賢之謂也。上德則天下有君而世明，授賢則民舉效而化乎道。不禪而能化民者，自生民未之有也，如此也。」〔註44〕「禪讓」就是「上德授賢」，即天子之位禪讓給賢能之人。堯、舜禪讓賢能而不傳位於自己的子孫，所以，堯、舜時代「世明」、「民化」，是後世嚮往的「盛世」。同時，禪讓制也成爲後世有志之士的不懈追求。

《呂氏春秋》主張君主實行禪讓制，《去私》曰：「堯有子十人，不與其子而授舜；舜有子九人，不與其子而授禹；至公也。」〔註45〕堯不把帝位傳其子而禪讓給舜，舜也不把帝位傳其子而禪讓給禹，堯、舜傳位的原則是傳「賢」不傳「私」。《呂氏春秋》對堯、舜這種禪讓君位的做法是大爲讚賞的，稱他們是「至公」。又《呂氏春秋‧圜道》曰：「堯、舜，賢主也，皆以賢者爲後，不肯與其子孫，猶若立官必使之方。今世之人主，皆欲世勿失矣，而與其子孫，立官不能使之方，以私欲亂之也。」〔註46〕《呂氏春秋‧士容》曰：「知人情，不能自遣，以此爲君，雖有天下何益？故敗莫大於愚。愚之患，在必自用。自用則戀陋之人從而賀之。有國若此，不若無有。古之與賢，從此生矣。非惡其子孫也，非徼而矜其名也，反其實也。」〔註47〕因爲賢君的子孫不一定「賢」，而中國的皇權世襲歷史證明賢君少、庸君多。愚者爲君，遠賢人親佞臣，禍國殃民。避免出現愚者爲君的情況，這就是「古之與賢」、實行禪讓的原因。然而，「今世之人主」都想自家的天下傳之萬世而把君位傳給自己的子孫後代，無論這些子孫是白癡還是傻蛋。禪讓制，是

〔註42〕李零：《郭店楚簡校讀記》（增訂本），北京：中國人民大學出版社，2007年，第123頁。

〔註43〕李零：《郭店楚簡校讀記》（增訂本），北京：中國人民大學出版社，2007年，第123～124頁。

〔註44〕李零：《郭店楚簡校讀記》（增訂本），北京：中國人民大學出版社，2007年，第125頁。

〔註45〕陳奇猷：《呂氏春秋新校釋》，上海：上海古籍出版社，2002年，第56頁。

〔註46〕陳奇猷：《呂氏春秋新校釋》，上海：上海古籍出版社，2002年，第175頁。

〔註47〕陳奇猷：《呂氏春秋新校釋》，上海：上海古籍出版社，2002年，第1698頁。

以天下爲公，爲的是全天下的民眾；世襲制，是以天下爲家，爲的是君主的一家之私。

理論上來說，傳「賢」的禪讓制是要好於傳「子」的世襲制，但是，自從夏朝就開始實行的皇朝內部的世襲制是很難改變的，禪讓制是很難恢復的。戰國中葉，燕國就上演了一齣禪讓的鬧劇。《史記‧燕召公世家》載燕王噲立，「鹿毛壽謂燕王：『不如以國讓相子之。人之謂堯賢者，以其讓天下於許由，許由不受，有讓天下之名而實不失天下。今王以國讓於子之，子之必不敢受，是王與堯同行也。』燕王因屬國於子之，子之大重。或曰：『禹薦益，已而以啓人爲吏。及老，而以啓人爲不足任乎天下，傳之於益。已而啓與交黨攻益，奪之。天下謂禹名傳天下於益，已而實令啓自取之。今王言屬國於子之，而吏無非太子人者，是名屬子之而實太子用事也。』王因收印自三百石吏已上而傚之子之。子之南面行王事，而噲老不聽政，顧爲臣，國事皆決於子之。三年，國大亂，百姓恫恐」〔註 48〕。燕王噲的禪讓仿傚了遠古的兩位聖賢：一是堯讓天下於許由，許由不受，堯有讓天下之名而不失天下之實；一是禹讓天下於益又令啓奪之，禹有讓天下之名而不失天下之實。燕王噲讓位於子之，只是爲了獲得賢名而不想失去天下，並不是眞正的禪讓，最終以國家大亂而收場。

《呂氏春秋》也記載了通過禪讓來沽名釣譽的醜事，《不屈》載：「魏惠王謂惠子曰：『上世之有國，必賢者也。今寡人實不若先生，願得傳國。』惠子辭。王又固請曰：『寡人莫有之國於此者也，而傳之賢者，民之貪爭之心止矣。欲先生之以此聽寡人也。』惠子曰：『若王之言，則施不可而聽矣。王固萬乘之主也，以國與人猶尚可。今施，布衣也，可以有萬乘之國而辭之，此其止貪爭之心愈甚也。』惠王謂惠子曰：『古之有國者，必賢者也。』夫受而賢者舜也，是欲惠子之爲舜也；夫辭而賢者許由也，是惠子欲爲許由也；傳而賢者堯也，是惠王欲爲堯也。堯、舜、許由之作，非獨傳舜而由辭也，他行稱此。今無其他，而欲爲堯、舜、許由，故惠王布冠而拘於鄲，齊威王幾弗受，惠子易衣變冠，乘輿而走，幾不出乎魏境。凡自行不可以幸，爲必誠。」〔註 49〕魏惠王想要把君王的位子讓給惠施，惠施拒絕了。《呂氏春秋》指出如

〔註 48〕 司馬遷：《史記》，北京：中華書局，1959 年，第 1555～1556 頁。
〔註 49〕 陳奇猷：《呂氏春秋新校釋》，上海：上海古籍出版社，2002 年，第 1205～1206 頁。

果惠施接受君位那是惠王想讓惠施有舜之賢名，如果惠施不接受君位那是惠施想有許由之賢名，不管惠施接不接受君位，魏惠王都贏得了像堯禪讓那樣的賢名。《呂氏春秋》指出「堯、舜、許由之作，非獨傳舜而由辭也，他行稱此」，陳奇猷先生解釋說：「此文之意，蓋謂堯、舜、許由之所爲，非獨堯能以天下傳人、舜能受堯之天下、許由能辭天下而已，他行亦當能與此所爲相稱然後可謂之聖賢也。」〔註50〕魏惠王、惠施不具備與禪讓相稱的「他行」而想要成爲堯、舜、許由，《呂氏春秋》批評他們是名不符實、虛情假意。《呂氏春秋》提倡的是名符其實、眞心眞意的「禪讓」。

甚至秦始皇也虛情假意地宣稱自己要實行「官天下」的「禪賢」，《說苑·至公》曰：「秦始皇帝既吞天下，乃召群臣而議曰：『古者五帝禪賢，三王世繼，孰是？將爲之。』博士七十人未對。鮑白令之對曰：『天下官，則禪賢是也；天下家，則世繼是也。故五帝以天下爲官，三王以天下爲家。』秦始皇帝仰天而歎曰：『吾德出於五帝，吾將官天下，誰可使代我後者？』鮑白令之對曰：『陛下行桀、紂之道，欲爲五帝之禪，非陛下所能行也。』秦始皇帝大怒曰：『令之前！若何以言我行桀、紂之道也？趣說之，不解則死。』令之對曰：『臣請說之。陛下築臺千雲，宮殿五里，建千石之鐘，立萬石之虞，婦女連百，倡優累千。興作驪山宮室，至雍相繼不絕。所以自奉者，殫天下，竭民力。偏駁自私，不能以及人。陛下所謂自營僅存之主也。何暇比德五帝，欲官天下哉？』始皇闇然無以應之，面有慚色，久之，曰：『令之之言，乃令眾醜我。』遂罷謀，無禪意也。」〔註51〕秦始皇宣稱自己要學習五帝「官天下」而「禪讓」，鮑白令之當場揭穿了他的虛情假意。

美國學者艾蘭很好地概括了戰國時期這種禪讓詭計，艾蘭說：「唐虞時期，接受王位的統治者常把王位讓給其他人，以緩和有違道德和原本無權接替但實際上已接替了王位的不好名聲。以這種方式謝絕王位的禮制作用是明

〔註50〕　《呂氏春秋·不屈》注〔一五〕，陳奇猷《呂氏春秋新校釋》，上海：上海古籍出版社，2002 年，第 1210 頁。

〔註51〕　向宗魯：《說苑校證》，北京：中華書局，1987 年，第 347～348 頁。有人懷疑《說苑》所保留的先秦文獻的眞實性，而出土文獻證明了其眞實性，如楊義先生所說：「劉向在漢成帝河平三年（公元前 26 年）以光祿大夫之職受詔校經傳諸子詩賦，遍覽皇室藏書，所著《說苑》保存了大量先秦史料。1973 年河北定縣 40 號漢墓出土了一批竹簡，其中有先秦古籍《儒家者言》，許多內容見於《說苑》，足以說明《說苑》之眞實可信。」（楊義：《老子還原》，北京：中華書局，2011 年，第 122～123 頁。）

顯的，是戰國時期眾所周知的詭計，即說客勸諫統治者把王位讓給大臣，以博取一種堯禪讓舜的好名聲，他們完全知道大臣會拒絕並因此獲得一種許由的名聲。」〔註52〕

由此看來，以民本思想為實質內容的「天下為公」所要求的禪讓制度在唐虞之後的古代中國是很難再現了。呂不韋相信天下為公的「大同」社會能夠實現，提倡君主實行「天下為公」所要求的禪讓制度。無疑「天下為公」、「禪讓制」作為一種理想追求是崇高的，作為一種社會藍圖是完美的，儘管從當時的社會現實看來，這些都是不易實現的。但是，這就是呂不韋設計的完美的社會藍圖和完善的選「君」制度。

（二）「臣」為賢臣的方法途徑──擇賢方法

「君」為賢君，賢君還需要賢臣輔佐來成就功名。《呂氏春秋》十分重視選任「賢人」，設有《下賢》《察賢》《期賢》《求人》《贊能》《論人》等專篇來探討選任「賢臣」的問題。「賢臣」對於國家的治理非常重要，《呂氏春秋‧察賢》曰「立功名亦然，要在得賢」〔註53〕，《期賢》曰「凡國不徒安，名不徒顯，必得賢士」〔註54〕，《求人》曰「身定，國安，天下治，必賢人。古之有天下也者，七十一聖。觀於《春秋》，自魯隱公以至哀公十有二世，其所以得之，所以失之，其術一也。得賢人，國無不安，名無不榮；失賢人，國無不危，名無不辱。先王之索賢人無不以也，極卑極賤，極遠極勞」〔註55〕。

《呂氏春秋‧下賢》曰：「堯不以帝見善綣，北面而問焉。堯，天子也；善綣，布衣也。何故禮之若此其甚也？善綣得道之士也，得道之人，不可驕也。堯論其德行達智而弗若，故北面而問焉，此之謂至公。非至公其孰能禮賢？」〔註56〕堯禮待賢人，不以帝的身份召見得道之士，「北面而問焉」！在此，《呂氏春秋》將堯「禮賢」的舉動稱謂「至公」；在上，《呂氏春秋》已將堯、舜「禪讓」的舉動稱謂「至公」，《呂氏春秋‧去私》曰：「堯有子十人，

〔註52〕〔美〕艾蘭著，孫心菲、周言譯：《世襲與禪讓：古代中國的王朝更替傳說》，北京：北京大學出版社，2002年，第30頁。

〔註53〕陳奇猷：《呂氏春秋新校釋》，上海：上海古籍出版社，2002年，第1451頁。

〔註54〕陳奇猷：《呂氏春秋新校釋》，上海：上海古籍出版社，2002年，第1457頁。

〔註55〕陳奇猷：《呂氏春秋新校釋》，上海：上海古籍出版社，2002年，第1523～1524頁。

〔註56〕陳奇猷：《呂氏春秋新校釋》，上海：上海古籍出版社，2002年，第886頁。

不與其子而授舜；舜有子九人，不與其子而授禹；至公也。」〔註57〕只有「至公」之人、只有以「天下爲公」的人、只有以民爲本的人，才能做到眞正的禪讓、禮賢。《呂氏春秋》曰：「非至公其孰能禮賢？」同樣的，「非至公其孰能禪讓」？

　　「君」「擇賢」的標準是什麼？「士」，尤其是「有道之士」是「君」選任賢人的一個重要標杆。「士志於道」，具備成爲「賢臣」的基本素質，《呂氏春秋・士節》曰：「士之爲人，當理不避其難，臨患忘利，遺生行義，視死如歸。有如此者，國君不得而友，天子不得而臣。大者定天下，其次定一國，必由如此人者也。故人主之欲大立功名者，不可不務求此人也。賢主勞於求人，而佚於治事。」〔註58〕「士」具有「當理不避其難，臨患忘利，遺生行義，視死如歸」等素質，是安國家、定天下不可缺少的人才，所以，《呂氏春秋》指出「人主之欲大立功名者，不可不務求此人」。「有道之士」是「士」中的佼佼者，更是「賢君」選擇「賢臣」的首先考慮對象。《呂氏春秋・本味》曰：「賢主之求有道之士，無不以也；有道之士求賢主，無不行也；相得然後樂。不謀而親，不約而信，相爲殫智竭力，犯危行苦，志懽樂之，此功名所以大成也。」〔註59〕可以說，「賢君」得「有道之士」作爲「臣」就實現了「賢君」與「賢臣」的完美組合，二者「不謀而親，不約而信，相爲殫智竭力，犯危行苦，志歡樂之」，最終必將成就偉大的功業。

　　《呂氏春秋》還有選任賢人的「論人」之法。《呂氏春秋・論人》曰：「凡論人，通則觀其所禮，貴則觀其所進，富則觀其所養，聽則觀其所行，止則觀其所好，習則觀其所言，窮則觀其所不受，賤則觀其所不爲，喜之以驗其守，樂之以驗其僻，怒之以驗其節，懼之以驗其特，哀之以驗其人，苦之以驗其志，八觀六驗，此賢主之所以論人也。論人者，又必以六戚四隱。何謂六戚？父母兄弟妻子。何謂四隱？交友故舊邑里門郭。內則用六戚四隱，外則用八觀六驗，人之情僞貪鄙美惡無所失矣，譬之若逃雨，污無之而非是。此聖王之所以知人也。」〔註60〕「賢主」、「聖王」識別人的方法是「八觀六驗」、「六戚四隱」。通過這樣的方法識別人才，則「人之情僞貪鄙美惡無所

〔註57〕陳奇猷：《呂氏春秋新校釋》，上海：上海古籍出版社，2002年，第56頁。

〔註58〕陳奇猷：《呂氏春秋新校釋》，上海：上海古籍出版社，2002年，第629頁。

〔註59〕陳奇猷：《呂氏春秋新校釋》，上海：上海古籍出版社，2002年，第744頁。

〔註60〕陳奇猷：《呂氏春秋新校釋》，上海：上海古籍出版社，2002年，第162～163頁。

失」，賢與不肖一看便知，賢君就能很容易地挑選「賢人」爲「臣」。

四、「德治輔以法治」的治民策略

（一）施行仁政

《呂氏春秋・簡選》曰：「殷湯良車七十乘，必死六千人，以戊子戰於郕，遂禽推移、大犧，登自鳴條，乃入巢門，遂有夏。桀既奔走，於是行大仁慈，以恤黔首；反桀之事，遂其賢良，順民所喜；遠近歸之，故王天下。」〔註61〕湯伐桀取得勝利之後，大行仁政，撫恤民眾，從民所欲，順民所喜，遠近歸附，得王天下。《呂氏春秋・適威》曰：「古之君民者，仁義以治之，愛利以安之，忠信以導之，務除其災，思致其福。故民之於上也，若璽之於塗也，抑之以方則方，抑之以圜則圜；若五種之於地也，必應其類，而蕃息於百倍；此五帝三王之所以無敵也。」〔註62〕這段話講了君與民的融洽關係，君之於民，君對民實行仁政，用仁、義治理民眾，用愛、利安撫民眾，用忠、信教導民眾，務除民眾之災，思致民眾之福；民之於君，因爲君對民實行仁政，所以，民眾之於君上，就好比印章和封泥的關係，用方印則爲方形，用圓印則爲圓形，也好比種子與土地的關係，種什麼收什麼，而且可以獲利百倍。這種君民融洽的關係是五帝、三王無敵的原因，所以，《呂氏春秋》主張治民要對民實行仁政。

《呂氏春秋》的仁政之「仁」來源於孟子。《孟子・離婁下》孟子曰：「君子所以異於人者，以其存心也。君子以仁存心，以禮存心。仁者愛人，有禮者敬人。愛人者，人常愛之；敬人者，人常敬之。」〔註63〕「仁者愛人」是孟子之「仁」的高度概括，「仁」就是愛人。孟子的「仁」有親疏、遠近之別，有差別性。《孟子・盡心上》曰：「君子之於物也，愛之而弗仁；於民也，仁之而弗親。親親而仁民，仁民而愛物。」〔註64〕孟子的「仁」分爲三個層次：親、仁、愛，即孟子的「愛人」是有區別的。「親親而仁民，仁民而

〔註61〕 陳奇猷：《呂氏春秋新校釋》，上海：上海古籍出版社，2002年，第445～446頁。

〔註62〕 陳奇猷：《呂氏春秋新校釋》，上海：上海古籍出版社，2002年，第1290頁。

〔註63〕 舊題孫奭：《孟子注疏》，《十三經注疏》，北京：中華書局，1980年，第2730頁。

〔註64〕 舊題孫奭：《孟子注疏》，《十三經注疏》，北京：中華書局，1980年，第2771頁。

愛物」,「親親」、「仁民」、「愛物」是一個有先後、有差別的過程。「親親」,
愛自己的父母雙親,是第一位的,《孟子・離婁上》曰:「仁之實,事親是
也。」〔註65〕《孟子・告子下》曰:「親親,仁也。」〔註66〕在「親親」的基
礎上來「仁民」,《孟子・梁惠王上》曰:「老吾老以及人之老,幼吾幼以及人
之幼。」〔註67〕說的就是這種由親及疏,由近及遠的「仁民」過程。在「仁
民」的基礎上再來「愛物」,「愛屋及烏」。孟子的「仁」具有差別性,愛人講
究親疏、遠近,所以孟子批判墨家的「兼愛」思想,《孟子・滕文公下》曰:
「天下之言,不歸楊則歸墨。楊氏為我,是無君也;墨氏兼愛,是無父也。
無父無君,是禽獸也。」〔註68〕孟子批判墨家的兼愛消除了「父」與其他人
的區別。

　　《呂氏春秋》之「仁」與孟子有所不同。《呂氏春秋・愛類》曰:「仁於
他物,不仁於人,不得為仁;不仁於他物,獨仁於人,猶若為仁。仁也者,
仁乎其類者也。故仁人之於民也,可以便之,無不行也。」〔註69〕「仁也者,
仁乎其類者也」,《呂氏春秋》的「仁」是「仁乎其類」,即愛人類,愛所有的
人。與孟子的「親親」、「仁民」、「愛物」講究差別的「仁」不同的是,《呂氏
春秋》的「仁」在於愛其同類,不講差別,是一種博愛,這一點近似於墨家
的「兼愛」。《墨子・兼愛中》曰:「兼相愛、交相利之法將奈何哉?子墨子言:
視人之國若視其國,視人之家若視其家,視人之身若視其身。是故諸侯相愛
則不野戰,家主相愛則不相篡,人與人相愛則不相賊,君臣相愛則惠忠,父
子相愛則慈孝,兄弟相愛則和調。天下之人皆相愛,強不執弱,眾不劫寡,
富不侮貧,貴不敖賤,詐不欺愚。凡天下禍篡怨恨可使毋起者,以相愛生也,
是以仁者譽之。」〔註70〕墨家「兼愛」主張視人之國若視己國,視人之家若
視己家,視人之身若視己身,即一視同仁,同等對待,毫無差別。《呂氏春秋》

〔註65〕 舊題孫奭:《孟子注疏》,《十三經注疏》,北京:中華書局,1980年,第2723
　　　　頁。
〔註66〕 舊題孫奭:《孟子注疏》,《十三經注疏》,北京:中華書局,1980年,第2756
　　　　頁。
〔註67〕 舊題孫奭:《孟子注疏》,《十三經注疏》,北京:中華書局,1980年,第2670
　　　　頁。
〔註68〕 舊題孫奭:《孟子注疏》,《十三經注疏》,北京:中華書局,1980年,第2714
　　　　頁。
〔註69〕 陳奇猷:《呂氏春秋新校釋》,上海:上海古籍出版社,2002年,第1472頁。
〔註70〕 孫詒讓:《墨子閒詁》,北京:中華書局,2001年,第103頁。

的「仁乎其類」與此近似。

　　趙簡子殺白騾醫治胥渠之疾的做法宣揚的正是《呂氏春秋》所提倡的「仁乎其類」之「仁」。《呂氏春秋・愛士》曰：「趙簡子有兩白騾而甚愛之。陽城胥渠處廣門之官，夜款門而謁曰：『主君之臣胥渠有疾，醫教之曰：「得白騾之肝病則止，不得則死。」』謁者入通。董安于御於側，慍曰：『嘻！胥渠也，期吾君騾，請即刑焉。』簡子曰：『夫殺人以活畜，不亦不仁乎？殺畜以活人，不亦仁乎？』於是召庖人殺白騾，取肝以與陽城胥渠。處無幾何，趙興兵而攻翟。廣門之官，左七百人，右七百人，皆先登而獲甲首。」〔註71〕「夫殺人以活畜，不亦不仁乎？殺畜以活人，不亦仁乎？」牲畜非人之同類，殺人以活牲畜，是為不仁，殺牲畜以活人，才是仁。這正是對「仁於他物，不仁於人，不得為仁；不仁於他物，獨仁於人，猶若為仁」的極好闡釋。

（二）德治輔以法治

　　《呂氏春秋・上德》曰：「為天下及國，莫如以德，莫如行義。以德以義，不賞而民勸，不罰而邪止，此神農、黃帝之政也。以德以義，則四海之大，江河之水，不能亢矣；太華之高，會稽之險，不能障矣；闔廬之教，孫、吳之兵，不能當矣。故古之王者，德回乎天地，澹乎四海，東西南北，極日月之所燭，天覆地載，愛惡不臧，虛素以公，小民皆之其之敵而不知其所以然，此之謂順天；教變容改俗而莫得其所受之，此之謂順情。故古之人，身隱而功著，形息而名彰，說通而化奮，利行乎天下而民不識，豈必以嚴罰厚賞哉？嚴罰厚賞，此衰世之政也。」〔註72〕「為天下及國，莫如以德，莫如行義」，《呂氏春秋》主張以德義來治理國家。以德以義來治理國家具有巨大的威力，大水不能相抗，高山不能相障，神兵不能相擋。因為施行德治上順天性，下順民情，所以具有如此巨大的威力，故而，《呂氏春秋》主張以德治國，以德治民，而不「必以嚴罰厚賞」。《呂氏春秋》認為嚴罰厚賞乃是「衰世之政」，「盛世之主」一定要以德治民，《呂氏春秋・愛士》曰：「人主其胡可以無務行德愛人乎？行德愛人則民親其上，民親其上則皆樂為其君死矣。」〔註73〕人主能夠以德治其民，「行德愛人」，則其民皆親其上，樂為君死。

〔註71〕　陳奇猷：《呂氏春秋新校釋》，上海：上海古籍出版社，2002年，第465頁。
〔註72〕　陳奇猷：《呂氏春秋新校釋》，上海：上海古籍出版社，2002年，第1264～1265頁。
〔註73〕　陳奇猷：《呂氏春秋新校釋》，上海：上海古籍出版社，2002年，第464頁。

　　《呂氏春秋》的德治思想來自於儒家，《呂氏春秋·精通》曰：「德也者，萬民之宰也。」〔註74〕這是對《論語·爲政》所謂「爲政以德」思想的發展。《呂氏春秋》在首倡德治的同時，也不放棄法治，《用民》曰：「凡用民，太上以義，其次以賞罰。其義則不足死，賞罰則不足去就，若是而能用其民者，古今無有。民無常用也，無常不用也，唯得其道爲可。」〔註75〕「用民，太上以義，其次以賞罰」，《呂氏春秋》認爲用民首先要以德義，以德治民，但是，同時也不放棄法治，輔之以賞罰。德義與賞罰二者相輔相成，如果德義不足以令民眾效死，那麼賞罰就不足以令民眾去惡就善。用民之道在於首以德治並輔之以賞罰。賞罰如果得當，則民眾就會盡其力爲主所用，如《呂氏春秋·當賞》所云：「人臣亦無道知主，人臣以賞罰爵祿之所加知主。主之賞罰爵祿之所加者宜，則親疏遠近賢不肖皆盡其力而以爲用矣。」〔註76〕

　　如何賞罰？《呂氏春秋·用民》曰：「民之用也有故，得其故，民無所不用。用民有紀有綱，壹引其紀，萬目皆起，壹引其綱，萬目皆張。爲民紀綱者何也？欲也惡也。何欲何惡？欲榮利，惡辱害。辱害所以爲罰充也，榮利所以爲賞實也。賞罰皆有充實，則民無不用矣。」〔註77〕人生而有欲望，欲榮利，惡辱害是人之天性，是合乎情理之事。順應民眾的欲、惡之心來賞罰，賞罰自然易於施行。民眾的欲、惡之心是用民之紀綱，也是賞罰得以施行的心理依據。

　　《呂氏春秋·當賞》曰：「凡賞非以愛之也，罰非以惡之也，用觀歸也。所歸善，雖惡之賞；所歸不善，雖愛之罰；此先王之所以治亂安危也。」〔註78〕賞罰的準則不能以個人的愛惡，而是要看事情的最終結果，結果好的，雖然厭惡此人必賞之；結果是壞的，雖然喜愛此人必罰之。又《呂氏春秋·義賞》曰：「賞罰之柄，此上之所以使也。其所以加者義；則忠信親愛之道彰。久彰而愈長，民之安之若性，此之謂教成。教成則雖有厚賞嚴威弗能禁。故善教者，不以賞罰而教成，教成而賞罰弗能禁。用賞罰不當亦然。」〔註79〕賞罰

〔註74〕陳奇猷：《呂氏春秋新校釋》，上海：上海古籍出版社，2002 年，第 513 頁。
〔註75〕陳奇猷：《呂氏春秋新校釋》，上海：上海古籍出版社，2002 年，第 1279 頁。
〔註76〕陳奇猷：《呂氏春秋新校釋》，上海：上海古籍出版社，2002 年，第 1619 頁。
〔註77〕陳奇猷：《呂氏春秋新校釋》，上海：上海古籍出版社，2002 年，第 1279～1280 頁。
〔註78〕陳奇猷：《呂氏春秋新校釋》，上海：上海古籍出版社，2002 年，第 1620 頁。
〔註79〕陳奇猷：《呂氏春秋新校釋》，上海：上海古籍出版社，2002 年，第 786 頁。

是君上治理民眾所使用的工具，如果賞罰符合德義，那麼忠信親愛之道就會得到彰顯，久之，民眾就會形成忠信親愛之性，則教成。在此，《呂氏春秋》主張賞罰要符合德義。

《呂氏春秋》雖然以賞罰來輔助德治，但是《呂氏春秋》反對濫施淫威、反對嚴刑厚賞而主張「適威」。《呂氏春秋·適威》曰：「亂國之使其民，不論人之性，不反人之情，煩爲教而過不識，數爲令而非不從，巨爲危而罪不敢，重爲任而罰不勝。民進則欲其賞，退則畏其罪。知其能力之不足也，則以爲繼矣。以爲繼知，則上又從而罪之，是以罪召罪，上下之相讎也，由是起矣。故禮煩則不莊，業煩則無功，令苛則不聽，禁多則不行。」〔註80〕亂國之主不審民之性情，頻繁地頒佈教令而怪罪民眾之不識、不從，製造巨大的危難而罪責民眾不敢赴難而死，加重民眾的負擔而懲罰民眾不能勝任，這些都是統治者在濫施淫威。濫施淫威的後果十分嚴重，民眾進則欲賞，退則畏罪，弄虛作假，以罪召罪，最終導致上下成爲仇敵，走向滅亡。「令苛則不聽，禁多則不行」，嚴刑峻法，民眾不聽、不行，所以，《呂氏春秋》主張「適威」。

又《呂氏春秋·用民》曰：「不得其道，而徒多其威。威愈多，民愈不用。亡國之主，多以多威使其民矣。故威不可無有，而不足專恃。譬之若鹽之於味，凡鹽之用，有所託也，不適則敗託而不可食。威亦然，必有所託，然後可行。惡乎託？託於愛利。愛利之心諭，威乃可行。威太甚則愛利之心息，愛利之心息而徒疾行威，身必咎矣，此殷、夏之所以絕也。」〔註81〕用民之時，不得其道而濫施淫威，只能適得其反。《呂氏春秋》對「威」的態度是「威不可無有，而不足專恃」，認爲「威」有所託，然後才可以實行。「威」何所託？託於「愛利」。「愛利」，即是施行德治，「威」要輔助德治方才可行，德治爲根本，嚴威爲輔助。所以，《呂氏春秋》認爲嚴罰厚賞是「衰世之政」、「上世之若客」，如《上德》所云「故古之人，身隱而功著，形息而名彰，說通而化奮，利行乎天下而民不識，豈必以嚴罰厚賞哉？嚴罰厚賞，此衰世之政也」〔註82〕，「嚴罰厚賞，不足以致此。今世之言治，多以嚴罰厚賞，此上世之若

〔註80〕 陳奇猷：《呂氏春秋新校釋》，上海：上海古籍出版社，2002年，第1290～1291頁。

〔註81〕 陳奇猷：《呂氏春秋新校釋》，上海：上海古籍出版社，2002年，第1280～1281頁。

〔註82〕 陳奇猷：《呂氏春秋新校釋》，上海：上海古籍出版社，2002年，第1264～1265頁。

客也」〔註83〕。

田鳳臺《呂氏春秋探微》曰:「呂書與儒家不同者,儒家言德治,呂書亦言德治,儒家言德治本於仁義,呂書言德治本於愛利,本於仁義者鮮及利,本於愛利者則以利爲愛矣。今舉呂書中數言以證之:功名篇曰:『善釣者,出魚十仞之下,餌香也;善弋者,下鳥百仞之上,弓良也;善爲君者,蠻夷反舌,殊俗異習皆服之,德厚也。』此明以『德』爲釣民之餌,以『德』爲獲民之弓,與儒家大異其趣也。」〔註84〕田鳳臺認爲「儒家言德治本於仁義,呂書言德治本於愛利」,有一定道理。

《呂氏春秋‧適威》曰:「古之君民者,仁義以治之,愛利以安之,忠信以導之,務除其災,思致其福。」〔註85〕《呂氏春秋》的德治將儒家的仁義和墨家的愛利融合在一起,《呂氏春秋》的治民具有「用民」的功利目的,也算是爲了「利」,從這個意義上,也可以說《呂氏春秋》言「德治」本於「愛利」。

五、以民爲本的「用民」目的

《呂氏春秋‧順民》曰:「先王先順民心,故功名成。夫以德得民心以立大功名者,上世多有之矣。失民心而立功名者,未之曾有也。得民必有道,萬乘之國,百戶之邑,民無有不說。取民之所說而民取矣,民之所說豈衆哉?此取民之要也。」〔註86〕「先王先順民心,故功名成」,一個「先」字道出了《呂氏春秋》順應民心的眞實目的。「先」就不是最終目的,即順民心不是爲民,順民心的目的是爲了「功名」。《呂氏春秋》的民本思想其實已經與孟子的民本思想拉開了距離。緊接其後,又說得民心以立功名者上世多有,失民心而立功名者上世無有,正是對《呂氏春秋》「順民心爲立功名」思想的闡釋。

《呂氏春秋》的以民爲本具有「用民」的功利性目的。《呂氏春秋‧用衆》曰:「夫取於衆,此三皇、五帝之所以大立功名也。凡君之所以立,出乎衆也。立已定而捨其衆,是得其末而失其本。得其末而失其本,不聞安居。

〔註83〕陳奇猷:《呂氏春秋新校釋》,上海:上海古籍出版社,2002年,第1266頁。
〔註84〕田鳳臺:《呂氏春秋探微》,臺北:學生書局,1986年,第125頁。
〔註85〕陳奇猷:《呂氏春秋新校釋》,上海:上海古籍出版社,2002年,第1290頁。
〔註86〕陳奇猷:《呂氏春秋新校釋》,上海:上海古籍出版社,2002年,第484~485頁。

故以眾勇無畏乎孟賁矣，以眾力無畏乎烏獲矣，以眾視無畏乎離婁矣，以眾知無畏乎堯、舜矣。夫以眾者，此君人之大寶也。」〔註87〕君之立出於眾，君立而捨眾是為舍本，這是《呂氏春秋》的民本思想。但是，《呂氏春秋》的以民為本又具有「用民」的目的性，三皇、五帝能立功名的原因在於「取於眾」，在於利用民眾。《呂氏春秋》認為「以眾者，此君人之大寶也」，所以，以眾勇無畏乎孟賁，以眾力無畏乎烏獲，以眾視無畏乎離婁，以眾知無畏乎堯、舜。

如何「用民」？《呂氏春秋》認為「用民」要用民之欲。《呂氏春秋》認為人天生而有欲，《情慾》曰：「天生人而使有貪有欲。欲有情，情有節。聖人修節以止欲，故不過行其情也。故耳之欲五聲，目之欲五色，口之欲五味，情也。此三者，貴賤愚智賢不肖欲之若一，雖神農、黃帝其與桀、紂同。」〔註88〕《呂氏春秋》認為無論賢愚貴賤皆生而有欲望。《慎大》載武王伐紂成功之後，武王立即徵求民意，「命周公旦進殷之遺老，而問殷之亡故，又問眾之所說、民之所欲。殷之遺老對曰：『欲復盤庚之政。』武王於是復盤庚之政」〔註89〕。武王能夠順應民眾的欲望，所以能得天下。

《呂氏春秋‧為欲》曰：「使民無欲，上雖賢猶不能用。夫無欲者，其視為天子也與為輿隸同，其視有天下也與無立錐之地同，其視為彭祖也與為殤子同。天子至貴也，天下至富也，彭祖至壽也，誠無欲則是三者不足以勸。輿隸至賤也，無立錐之地至貧也，殤子至夭也，誠無欲則是三者不足以禁。」〔註90〕《呂氏春秋》認為如果民眾沒有欲望，就不能被統治者所用。因為無欲之人將貴、賤、貧、富、壽、夭等同視之，正所謂「壁立千仞，無欲則剛」，自然不能被統治者所用。統治者不希望其民眾「無欲則剛」，而希望其民眾皆有欲望，而且欲望越多越好。又《為欲》曰：「人之欲多者，其可得用亦多；人之欲少者，其得用亦少；無欲者，不可得用也。人之欲雖多，而上無以令之，人雖得其欲，人猶不可用也。令人得欲之道，不可不審矣。」〔註91〕民眾的欲望越多越好，欲望越多，可被利用的也就越多；欲望越少，可被利用

〔註87〕陳奇猷：《呂氏春秋新校釋》，上海：上海古籍出版社，2002 年，第 236 頁。

〔註88〕陳奇猷：《呂氏春秋新校釋》，上海：上海古籍出版社，2002 年，第 86 頁。

〔註89〕陳奇猷：《呂氏春秋新校釋》，上海：上海古籍出版社，2002 年，第 851 頁。

〔註90〕陳奇猷：《呂氏春秋新校釋》，上海：上海古籍出版社，2002 年，第 1302 頁。

〔註91〕陳奇猷：《呂氏春秋新校釋》，上海：上海古籍出版社，2002 年，第 1302～1303 頁。

的也就越少；沒有欲望的人，是不可被利用的，如李家驤先生所說：「人民有欲望對於統治非但無害，反而有利，這是役使人民的基礎。」〔註92〕

民眾的欲望雖多，但是如果統治者不能「令之」，也是無濟於事，所以，《呂氏春秋》又提出「令人得欲之道」。《爲欲》曰：「善爲上者，能令人得欲無窮，故人之可得用亦無窮也。蠻夷反舌殊俗異習之國，其衣服冠帶，宮室居處，舟車器械，聲色滋味皆異，其爲欲使一也。三王不能革，不能革而功成者，順其天也；桀、紂不能離，不能離而國亡者，逆其天也。逆而不知其逆也，湛於俗也。久湛而不去則若性。性異非性，不可不熟。不聞道者，何以去非性哉？無以去非性，則欲未嘗正矣。欲不正，以治身則夭，以治國則亡。故古之聖王，審順其天而以行欲，則民無不令矣，功無不立矣。聖王執一，四夷皆至者，其此之謂也。」〔註93〕《呂氏春秋》提出「令人得欲之道」在於「審順其天而以行欲」，即順應民之天性來滿足民眾的欲望。這樣，民眾就不會不聽號令，功業自然也就建立了。「審順其天而以行欲」是聖王用民之法寶，聖王執此一術，能使天下之民皆爲其所用，能使四方蠻夷皆來歸附。

民之欲望能夠上達於君，則君順民之天性來滿足民之欲望，則民爲君用，則國治；民欲不達，則國亂，周厲王就是一例，《呂氏春秋·達鬱》載：「周厲王虐民，國人皆謗。召公以告曰：『民不堪命矣。』王使衛巫監謗者，得則殺之。國莫敢言，道路以目。王喜，以告召公曰：『吾能弭謗矣。』召公曰：『是障之也，非弭之也。防民之口，甚於防川；川壅而潰，敗人必多。夫民猶是也。是故治川者決之使導，治民者宣之使言。是故天子聽政，使公卿列士正諫，好學博聞獻詩，矇箴師誦，庶人傳語，近臣盡規，親戚補察，而後王斟酌焉。是以下無遺善，上無過舉。今王塞下之口，而遂上之過，恐爲社稷憂。』王弗聽也。三年，國人流王於彘。此鬱之敗也。」〔註94〕周厲王殘暴虐待民眾，民眾互相訴苦，表達自己的意願，周厲王以爲是在譭謗自己，於是派人監督民眾的言行，致使民眾不敢自由言論，只得道路以目。召公告誡周厲王「防民之口」是在阻止民眾意願的表達，民眾的欲望得不到表達就不能上達於王，王者不知道民眾的欲望後果是很嚴重的，「甚於防川」。

〔註92〕 李家驤：《呂氏春秋通論》，長沙：嶽麓書社，1995年，第325頁。
〔註93〕 陳奇猷：《呂氏春秋新校釋》，上海：上海古籍出版社，2002年，第1303頁。
〔註94〕 陳奇猷：《呂氏春秋新校釋》，上海：上海古籍出版社，2002年，第1382頁。

召公還告訴周厲王天子聽政，應該「使公卿列士正諫，好學博聞獻詩，矇
箴師誦，庶人傳語，近臣盡規，親戚補察，而後王斟酌焉」，即廣開言路收集
民眾的心聲。周厲王不能聽召公之諫，「三年，國人流王於彘」，《呂氏春秋》
認為這是「鬱之敗」。《呂氏春秋・達鬱》曰：「主德不通，民欲不達，此國
之鬱也。」〔註95〕「民欲不達」，民欲不能上達於君王，是「國之鬱」，「鬱之
敗」，後果不堪設想，所以，《呂氏春秋》重視民欲之上達，用民強調用民
之欲。

綜上，我們可以對本節做一小結。以民本思想為實質內容的「大同」社
會是呂不韋的理想追求。呂不韋嚮往「大同」世界，執著地追求「天下為
公」的目標，提倡「選賢任能」的「賢人政治」。要實現「賢人政治」，《呂氏
春秋》提出「君」要實行禪讓制，以保證「君」為賢君；「君」要選任「賢
人」，以保證「臣」為賢臣。以民為本，《呂氏春秋》提出「德治輔以法治」
的治民政策，要對民實行仁政，要以德義來教化民眾，但同時也不放棄使用
「法治」手段。同時我們也應該看到《呂氏春秋》的民本思想具有「用民」
的功利目的。

我們會發現，《呂氏春秋》的民本思想與孟子的民本思想相比有諸多新變
化，首先，《呂氏春秋》用一種很隱蔽的方式改變了孟子「民貴君輕」的次序，
重新確立了君貴民輕的次序。其次，孟子的以民為本主張從物質、精神兩個
層面為民謀福利，物質上，孟子主張為民制恆產，使民富裕；精神上，孟子
主張施教育民，行仁樂民。《呂氏春秋》的民本思想沒有孟子的民本思想那樣
崇高，《呂氏春秋》的民本思想具有「用民」的功利目的。

《呂氏春秋・務本》曰：「安危榮辱之本在於主，主之本在於宗廟，宗廟
之本在於民，民之治亂在於有司。」〔註96〕《呂氏春秋》認為「安危榮辱之
本在於主，主之本在於宗廟，宗廟之本在於民」，即民是安危榮辱、主、宗廟
之根本，是以民為本，這是《呂氏春秋》的民本思想。但是，《呂氏春秋》的
民本思想並不止於此，與孟子的民本思想不同的是，《呂氏春秋》在「宗廟之
本在於民」之後，又加了一句「民之治亂在於有司」。

孟子曰「民為貴，社稷次之，君為輕」，孟子的民本思想是把民放在第一

〔註95〕陳奇猷：《呂氏春秋新校釋》，上海：上海古籍出版社，2002 年，第 1382 頁。
〔註96〕陳奇猷：《呂氏春秋新校釋》，上海：上海古籍出版社，2002 年，第 719 頁。

位的，君的廢立取決於民、受制於民。《呂氏春秋》在強調民本的同時，又指出「民之治亂在於有司」，即民得接受政府的管轄。《呂氏春秋》的民本思想改變了民的位置，民不是處於第一位的，不是君節制於民而是民節制於君。這樣，《呂氏春秋》其實已經以一種十分隱蔽的手法將孟子民本思想所確立的民貴君輕的次序翻轉了過來，重新確立了君貴民輕的次序。

《呂氏春秋·功名》曰：「大寒既至，民暖是利；大熱在上，民清是走。是故民無常處，見利之聚，無之去。欲爲天子，民之所走，不可不察。今之世，至寒矣，至熱矣，而民無走者，取則行鈞也。欲爲天子，所以示民，不可不異也。行不異，亂雖信今，民猶無走。民無走，則王者廢矣，暴君幸矣，民絕望矣。故當今之世，有仁人在焉，不可而不此務，有賢主不可而不此事。」〔註97〕「大寒既致，民暖是利；大熱在上，民清是走。是故民無常處，見利之聚，無之去」，《呂氏春秋》認爲「民無常處，見利之聚，無之去」，即認爲民無常處，唯「利」是圖。又《呂氏春秋·節喪》曰：「民之於利也，犯流矢，蹈白刃，涉血抽肝以求之。」〔註98〕這與孟子所謂「民爲貴」將民置於至高無上的地位的思想相差甚遠。《孟子·告子上》曰：「惻隱之心，人皆有之；羞惡之心，人皆有之；恭敬之心，人皆有之；是非之心，人皆有之。惻隱之心，仁也；羞惡之心，義也；恭敬之心，禮也；是非之心，智也。仁義禮智，非由外鑠我也，我固有之也，弗思耳矣。故曰：求則得之，捨則失之。或相倍蓰而無算者，不能盡其才者也。《詩》曰：『天生蒸民，有物有則。民之秉彝，好是懿德。』」〔註99〕孟子認爲人（民）生而固有惻隱之心、羞惡之心、恭敬之心、是非之心四種善良之心。因爲固有此「四心」，所以人也相應地固有了仁、義、禮、智四種美德，如《詩》所云「天生蒸民，有物有則。民之秉彝，好是懿德」。孟子認爲民生而固有四種善良之心、四種美德，這是孟子民本思想的題中之義。然而，《呂氏春秋》則謂「民無常處，見利之聚，無之去」，在這裡，民是一個唯利是圖的形象，孟子所說的仁、義、禮、智四種美德皆被剝去只剩下一個「利」字，民的形象和地位大打折扣。

《呂氏春秋》的這一觀點與孟子不同，倒是與《管子》頗爲接近。《管子·

〔註97〕 陳奇猷：《呂氏春秋新校釋》，上海：上海古籍出版社，2002年，第113頁。
〔註98〕 陳奇猷：《呂氏春秋新校釋》，上海：上海古籍出版社，2002年，第532頁。
〔註99〕 舊題孫奭：《孟子注疏》，《十三經注疏》，北京：中華書局，1980年，第2749頁。

侈靡》曰：「百姓無寶，以利爲首。一上一下，唯利所處。」〔註100〕又《管子·
形勢解》曰：「民之從利也，如水之走下，於四方無擇也。」〔註101〕《管子》
認爲百姓是「以利爲首」、「唯利所處」。《呂氏春秋》所謂「民無常處，見利
之聚，無之去」的思想與《管子》如出一轍。白奚先生說：「《管子》的人性
理論實質上是一種性惡論或性私論，它否認先天的善性，同孟子的性善論正
好是對立的。」〔註102〕《呂氏春秋》所認爲的「民」唯利是圖的思想同樣是
基於性惡論，這與孟子的性善論是格格不入的。

　　《呂氏春秋·恃君》曰：「群之可聚也，相與利之也。利之出於群也，君
道立也。」〔註103〕王范之先生說：「《恃君》說：君道生於群利，故應民爲貴
也。說『利』也云云，似非孟軻所能言，因爲孟子主仁義而不說利；觀《梁惠
王章》可知。」〔註104〕王說是。《呂氏春秋》之所以主張「民爲貴」，是因爲
從「民」身上有利可圖，《呂氏春秋》的民本思想與「利」緊密相連，這與孟子
的民本思想不同。劉元彥先生說：「《呂氏春秋》的民本思想，雖然以民眾爲治
國的基礎，但這個基礎只是消極的，被動的基礎。這同民主政體，要求民眾
主動積極地參與政治，有著本質的區別。正因爲它不認爲、也不希望民眾能夠
主動積極地參與政治，所以，它力圖使民眾淳樸、老實，以便易於驅使。這是
時代造成的局限，我們不能把它的民本思想估價過高。」〔註105〕劉元彥先生
的說法有其道理，《呂氏春秋》的民本思想在爲民謀福利的精神境界上遠不及孟
子的民本思想，我們確實不能把《呂氏春秋》的民本思想估計得過高。

第二節　《呂氏春秋》的樂治思想

一、思想探源

　　禮樂治國，源遠流長。中國文化自古重視禮樂，「禮樂」思想傳自久遠。

〔註100〕黎翔鳳：《管子校注》，北京：中華書局，2004年，第677頁。

〔註101〕黎翔鳳：《管子校注》，北京：中華書局，2004年，第1175頁。

〔註102〕白奚：《稷下學研究：中國古代的思想自由與百家爭鳴》，北京：生活·讀書·
　　　　新知三聯書店，1998年，第171頁。

〔註103〕陳奇猷：《呂氏春秋新校釋》，上海：上海古籍出版社，2002年，第1330頁。

〔註104〕王范之：《呂氏春秋研究》，呼和浩特：內蒙古大學出版社，1993年，第107
　　　　頁。

〔註105〕劉元彥：《〈呂氏春秋〉：兼容並蓄的雜家》，北京：生活·讀書·新知三聯書
　　　　店，2008年，第97頁。

《左傳》襄公二十九年載:「吳公子札來聘……請觀於周樂。使工為之歌《周南》、《召南》。曰:『美哉!始基之矣。猶未也,然勤而不怨矣。』為之歌《邶》、《鄘》、《衛》。曰:『美哉淵乎!憂而不困者也。吾聞衛康叔、武公之德如是,是其衛風乎!』為之歌《王》。曰:『美哉!思而不懼,其周之東乎!』為之歌《鄭》。曰:『美哉!其細已甚,民弗堪也。是其先亡乎!』為之歌《齊》。曰:『美哉!泱泱乎大風也哉!表東海者,其大公乎!國未可量也。』為之歌《豳》。曰:『美哉蕩乎!樂而不淫,其周公之東乎!』為之歌《秦》。曰:『此之謂夏聲。夫能夏則大,大之至也。其周之舊乎!』為之歌《魏》。曰:『美哉,渢渢乎!大而婉,險而易行。以德輔此,則明主也。』為之歌《唐》。曰:『思深哉!其有陶唐氏之遺民乎!不然,何其憂之遠也?非令德之後,誰能若是?』為之歌《陳》。曰:『國無主,其能久乎?』自《鄶》以下,無譏焉。為之歌《小雅》。曰:『美哉!思而不貳,怨而不言,其周德之衰乎?猶有先王之遺民焉。』為之歌《大雅》。曰:『廣哉,熙熙乎!曲而有直體,其文王之德乎!』為之歌《頌》。曰:『至矣哉!直而不倨,曲而不屈,邇而不逼,遠而不攜,遷而不淫,復而不厭,哀而不愁,樂而不荒,用而不匱,廣而不宣,施而不費,取而不貪,處而不底,行而不流。五聲和,八風平,節有度,守有序,盛德之所同也。』」〔註106〕

魯襄公二十九年(前 544),吳季札訪問魯國,觀周樂於魯,這一段就是對吳季札觀周樂的記載。樂工依次演唱了「詩三百」的風、雅、頌各部分,吳季札一一進行了點評。吳季札是站在社會和政治的角度,通過聽取各國的音樂來對各國的社會風俗和政治盛衰做出評論,將音樂看作社會和政治的反映。後世《禮記·樂記》所謂「審樂以知政」〔註107〕、《詩大序》所謂「治世之音安以樂,其政和。亂世之音怨以怒,其政乖。亡國之音哀以思,其民困」〔註108〕等思想在吳季札的評論中已經初見端倪。

吳季札論「樂」特別強調「和」,吳季札評價《周南》《召南》「勤而不怨」,《邶風》《鄘風》《衛風》「憂而不困」,《王風》「思而不懼」,《豳風》「樂而不淫」,《小雅》「思而不貳,怨而不言」,《頌》「直而不倨,曲而不屈,邇而不

〔註106〕 孔穎達:《春秋左傳正義》,《十三經注疏》,北京:中華書局,1980 年,第 2006～2007 頁。

〔註107〕 孔穎達:《禮記正義》,《十三經注疏》,北京:中華書局,1980 年,第 1528 頁。

〔註108〕 孔穎達:《毛詩正義》,《十三經注疏》,北京:中華書局,1980 年,第 270 頁。

逼，遠而不攜，遷而不淫，復而不厭，哀而不愁，樂而不荒，用而不匱，廣而不宣，施而不費，取而不貪，處而不底，行而不流」，這些詞都體現了「和」的特點。最後，吳季札所云「五聲和，八風平，節有度，守有序，盛德之所同也」正是對「樂」要講究中和之美的總結。

《國語・晉語八》載：「平公說新聲，師曠曰：『公室其將卑乎！君之萌兆衰矣。夫樂以開山川之風，以耀德於廣遠也。風德以廣之，風山川以遠之，風物以聽之，修詩以詠之，修禮以節之。夫德廣遠而有時節，是以遠服而邇不遷。』」〔註109〕師曠是晉平公（在位時間為前557～前532）的樂師。晉平公喜歡新的音樂，師曠告訴他這是衰世之兆。師曠認為音樂可以「開風耀德」，具有開通風化、宣揚德行的教化作用，但是，「樂」需要「禮」的節制。

儒家思想重視禮樂，儒家創始人孔子重視禮樂，英國學者葛瑞漢說：「對孔子而言，作為周文化核心的制度是禮樂。『禮』這個詞包括所有禮儀、風俗、習慣與傳習，從祖先祭祀到社會規範的細微末節都涵括其中。社會交往中的禮很大程度上相當於西方的 good manners（禮貌）這個概念；儒家君子可以在確定的習俗框架內從容應對，人們的行為中充滿了對他人的關愛和尊重。樂，包括了舞，最初指神聖典禮中的音樂和舞蹈，相應地，禮伴有音樂在類似於精彩表演風格的指揮下徐徐展開。禮與西方禮貌概念的首要區別在於，對孔子而言，聖典的功效無所不在，它是一種改善人際關係的功效，與宗教儀式所明確渲染的神力無關。」〔註110〕英國漢學家葛瑞漢（1919～1991）作為一個「清」的旁觀者對中國的「禮」、「樂」和孔子的「禮樂」思想進行了簡要的概括。

孔子認為「樂」和「禮」一樣對人具有重要的教化作用。《論語・憲問》曰：「子路問成人。子曰：『若臧武仲之知，公綽之不欲，卞莊子之勇，冉求之藝，文之以禮樂，亦可以為成人矣。』」〔註111〕又《論語・泰伯》孔子曰：「興於《詩》，立於禮，成於樂。」〔註112〕孔子認為「知」、「不欲」、「勇」、「藝」對於「成人」都很重要，但更為重要的是「文之以禮樂」，「立於禮」，「成於樂」。孔子認為在教化方面，「禮」和「樂」相輔相成，「樂」作為「禮」

〔註109〕徐元誥：《國語集解》，北京：中華書局，2002年，第426～427頁。
〔註110〕〔英〕葛瑞漢著，張海晏譯：《論道者：中國古代哲學論辯》，北京：中國社會科學出版社，2003年，第13～14頁。
〔註111〕邢昺：《論語注疏》，《十三經注疏》，北京：中華書局，1980年，第2511頁。
〔註112〕邢昺：《論語注疏》，《十三經注疏》，北京：中華書局，1980年，第2487頁。

的輔助同樣重要。同時，孔子還認為禮樂具有重要的社會政治作用。《論語・子路》載：「子路曰：『衛君待子而為政，子將奚先？』子曰：『必也正名乎！』子路曰：『有是哉，子之迂也！奚其正？』子曰：『野哉，由也！君子於其所不知，蓋闕如也。名不正，則言不順；言不順，則事不成；事不成，則禮樂不興；禮樂不興，則刑罰不中；刑罰不中，則民無所錯手足。故君子名之必可言也，言之必可行也。君子於其言，無所苟而已矣！』」〔註113〕孔子認為為政要做的第一件事是正名，名正則政事成、禮樂興，禮樂興則刑罰中、民知「措手足」。孔子認為搞好禮樂是中正刑罰、治理民眾的前提，具有重要的社會政治作用。

《論語・顏淵》曰：「顏淵問仁，子曰：『克己復禮為仁。一日克己復禮，天下歸仁焉。為仁由己，而由人乎哉？』顏淵曰：『請問其目。』子曰：『非禮勿視，非禮勿聽，非禮勿言，非禮勿動。』」〔註114〕與西周的「禮樂」思想不同的是，孔子的「禮樂」思想增加了「仁」。「仁」是孔子思想體系的核心，禮樂要以「仁」為依據，《論語・八佾》載孔子曰：「人而不仁，如禮何？人而不仁，如樂何？」〔註115〕

從屬於「禮」的「樂」為什麼具有教化的作用？因為「樂」能淨化人的心靈，給人以美的享受。《論語・述而》曰：「子在齊聞《韶》，三月不知肉味。曰：『不圖為樂之至於斯也！』」〔註116〕孔子在齊國聽到《韶》樂，驚詫於音樂的美妙，「三月不知肉味」。《論語・八佾》曰：「子謂《韶》：『盡美矣，又盡善也。』謂《武》：『盡美矣，未盡善也。』」〔註117〕孔子認為「樂」可以盡善盡美，能達到感染人的效果，所以具有教化的作用。

孔子之後，孟子強調「仁」，荀子強調「禮」，如葛瑞漢所說：「孟子和荀子在人性學說上的衝突導致他們對孔子的兩個主要關切點『禮』與『仁』抱有不同的態度，『仁』正在向仁慈界定的過程中。孟子強調從人性的善自然流出的仁。而荀子則把禮看成在給混亂的人欲設置秩序方面係對刑罰的替代。」〔註118〕

〔註113〕邢昺：《論語注疏》，《十三經注疏》，北京：中華書局，1980年，第2506頁。
〔註114〕邢昺：《論語注疏》，《十三經注疏》，北京：中華書局，1980年，第2502頁。
〔註115〕邢昺：《論語注疏》，《十三經注疏》，北京：中華書局，1980年，第2466頁。
〔註116〕邢昺：《論語注疏》，《十三經注疏》，北京：中華書局，1980年，第2482頁。
〔註117〕邢昺：《論語注疏》，《十三經注疏》，北京：中華書局，1980年，第2469頁。
〔註118〕〔英〕葛瑞漢著，張海晏譯：《論道者：中國古代哲學論辯》，北京：中國社

荀子重視禮，也重視樂。荀子批判墨子的「非樂」思想，《荀子·富國》曰：「我以墨子之『非樂』也則使天下亂。」〔註119〕荀子批判墨子的「非樂」將使天下大亂，認爲人是不能缺少「樂」的。《荀子·樂論》曰：「夫樂者，樂也，人情之所必不免也，故人不能無樂。樂則必發於聲音，形於動靜，而人之道，聲音、動靜、性術之變盡是矣。故人不能不樂，樂則不能無形，形而不爲道，則不能無亂。先王惡其亂也，故制《雅》、《頌》之聲以道之，使其聲足以樂而不流，使其文足以辨而不諰，使其曲直、繁省、廉肉、節奏足以感動人之善心，使夫邪污之氣無由得接焉。是先王立樂之方也，而墨子非之，奈何！」〔註120〕荀子認爲「樂者，樂也」，音樂就是人的喜樂，如章詩同所說：「人之所以爲人，發之於外的聲音動靜，積之於內的思想感情變化，都表現在音樂之中。」〔註121〕人內心的喜樂行諸音樂（「發於聲音」）、舞蹈（「形於動靜」），如果得不到正確的引導，就會出亂子，所以，先王就制定《雅》《頌》的標準來引導、來規範，使樂之聲音令人快樂而不放縱，使樂之辭章通達而無邪念，使音樂無論曲折還是平直、複雜還是簡單、清音還是濁音，其節奏都能夠感動人之善心而遠離「邪污之氣」。這是先王的立樂之道，墨子「非樂」，所以，荀子批判墨子的「非樂」將使天下亂。

又《荀子·樂論》曰：「夫聲樂之入人也深，其化人也速，故先王謹爲之文。樂中平則民和而不流，樂肅莊則民齊而不亂。民和齊則兵勁城固，敵國不敢嬰也。如是，則百姓莫不安其處，樂其鄉，以至足其上矣。然後名聲於是白，光輝於是大，四海之民莫不願得以爲師。是王者之始也。樂姚冶以險，則民流僈鄙賤矣。流僈則亂，鄙賤則爭。亂爭則兵弱城犯，敵國危之。如是，則百姓不安其處，不樂其鄉，不足其上矣。故禮樂廢而邪音起者，危削侮辱之本也。故先王貴禮樂而賤邪音。」〔註122〕荀子認爲音樂可以深入地影響人心，具有教化的作用，所以，先王謹慎地對其進行規範。音樂中正平和則民眾和睦相處而不四處流竄，音樂肅靜莊重則民眾齊心向上而不犯上作亂。民眾和睦相處、齊心向上則「兵勁城固」，敵國不敢侵犯。如是，則百姓安居樂

會科學出版社，2003年，第295頁。
〔註119〕王先謙：《荀子集解》，北京：中華書局，1988年，第185頁。
〔註120〕王先謙：《荀子集解》，北京：中華書局，1988年，第379頁。
〔註121〕章詩同：《荀子·樂論》注④，章詩同《荀子簡注》，上海：上海人民出版社，1974年，第221頁。
〔註122〕工先謙：《荀子集解》，北京：中華書局，1988年，第380～381頁。

業，足以使其上成就功業，是「王者之始」。荀子認為音樂教化非常重要，是王者成就功業的開端，所以，先王十分重視中正平和、肅靜莊重的「禮樂」而輕視「邪音」。否則，「禮樂廢而邪音起」。

荀子重視禮樂，認為「樂」能輔助「禮」來完成教化作用，二者不可分割、相輔相成是一體的。《荀子·樂論》曰：「樂行而志清，禮修而行成，耳目聰明，血氣和平，移風易俗，天下皆寧，美善相樂」，「且樂也者，和之不可變者也；禮也者，理之不可易者也。樂合同，禮別異。禮樂之統，管乎人心矣。窮本極變，樂之情也；著誠去偽，禮之經也。」〔註123〕樂、禮可以移風易俗，二者相輔相成，可以使人耳聰目明，血氣和平，從而達到「天下皆寧，美善相樂」的境界。「樂合同，禮別異」，道出了樂、禮的不同作用，「所謂『樂合同，禮別異』，禮的作用在於嚴肅等級，樂則能使不同等級的人之間關係和諧融洽」〔註124〕。同時，禮、樂二者又相輔相成，即所謂「禮樂之統，管乎人心矣」。

《禮記·樂記》也是專門研究音樂理論的，其成書時間學術界至今有不同意見。王鍔指出：「《樂記》與《荀子·樂論》、《呂氏春秋·適音》等有相同文字，郭沫若、楊公驥、沈文倬、李學勤等已經做過對比，認為是《荀子》、《呂氏春秋》等抄襲《樂記》，言之有據。」〔註125〕雖然我們不能確定《禮記·樂記》的具體成書時間，但是《呂氏春秋》與《禮記·樂記》確實有相同的文字，所以，我們也對《禮記·樂記》的音樂理論作一簡要考察。

《禮記·樂記》曰：「音之起，由人心生也。人心之動，物使之然也。感於物而動，故形於聲。聲相應，故生變；變成方，謂之音。比音而樂之，及干戚羽旄，謂之樂。樂者，音之所由生也。其本在人心之感於物也。是故其哀心感者，其聲噍以殺；其樂心感者，其聲嘽以緩；其喜心感者，其聲發以散；其怒心感者，其聲粗以厲；其敬心感者，其聲直以廉；其愛心感者，其聲和以柔。六者，非性也，感於物而後動。是故先王慎所以感之者。故禮以道其志，樂以和其聲，政以一其行，刑以防其奸。禮樂刑政，其極一也，所以同民心而出治道也。凡音者，生人心者也。情動於中，故形於聲；聲成文，

〔註123〕王先謙：《荀子集解》，北京：中華書局，1988 年，第 382 頁。

〔註124〕王運熙、顧易生主編：《中國文學批評史新編》（上冊），上海，復旦大學出版社，2007 年，第 25 頁。

〔註125〕王鍔：《〈禮記〉成書考》，西北師範大學 2004 年博士論文，第 53 頁。

謂之音。是故治世之音安以樂，其政和；亂世之音怨以怒，其政乖；亡國之音哀以思，其民困。聲音之道與政通矣。」〔註126〕關於音樂的產生，《樂記》提出了「物感說」，認為音由心生，而心又是受到了外物的感發，即所謂「樂者，音之所由生也。其本在人心之感於物也」。《樂記》也強調禮、樂的相輔相成，「禮樂刑政，其極一也，所以同民心而出治道也」，又曰：「禮節民心，樂和民聲，政以行之，刑以防之，禮樂刑政，四達而不悖，則王道備矣。樂者為同，禮者為異。同則相親，異則相敬，樂勝則流，禮勝則離。合情飾貌者，禮樂之事也。」〔註127〕《樂記》認為音樂是人心受了外界事物的感發而產生的，所以，《樂記》也重視音樂與社會、政治的關係，認為「治世之音安以樂，其政和；亂世之音怨以怒，其政乖；亡國之音哀以思，其民困。聲音之道與政通矣」。

《呂氏春秋》的「樂」思想繼承儒家而來，但是，又與儒家的「樂」思想有所不同，具有自己的「新」特色。

二、重視「樂治」而輕視「禮治」

《呂氏春秋》提倡「德治」，重視音樂的教化功能，所以《呂氏春秋》重視「樂治」。《呂氏春秋》認為音樂能輔助「德治」，《音初》曰「君子反道以修德，正德以出樂，和樂以成順。樂和而民鄉方矣」〔註128〕，即音樂能夠潛移默化地教化「民」，從而來輔助「德治」。

《呂氏春秋》有 8 個專篇講「樂」：《大樂》《侈樂》《適音》《古樂》《音律》《音初》《制樂》《明理》。《呂氏春秋》的《十二月紀》把「樂」作為與天子相關的重要事宜，《孟春》曰「是月也，命樂正入學習舞」〔註129〕；《仲春》曰「上丁，命樂正，入舞舍采，天子乃率三公九卿諸侯親往視之。中丁，又命樂正，入學習樂」〔註130〕；《季春》曰「是月之末，擇吉日，大合樂，天子乃率三公九卿諸侯大夫親往視之」〔註131〕；《孟夏》曰「乃命樂師習合禮

〔註126〕孔穎達：《禮記正義》，《十三經注疏》，北京：中華書局，1980 年，第 1527 頁。
〔註127〕孔穎達：《禮記正義》，《十三經注疏》，北京：中華書局，1980 年，第 1529 頁。
〔註128〕陳奇猷：《呂氏春秋新校釋》，上海：上海古籍出版社，2002 年，第 339 頁。
〔註129〕陳奇猷：《呂氏春秋新校釋》，上海：上海古籍出版社，2002 年，第 2 頁。
〔註130〕陳奇猷：《呂氏春秋新校釋》，上海：上海古籍出版社，2002 年，第 65 頁。
〔註131〕陳奇猷：《呂氏春秋新校釋》，上海：上海古籍出版社，2002 年，第 124 頁。

樂」,「是月也,天子飲酎,用禮樂」〔註132〕;《仲夏》曰「是月也,命樂師,
修鞀鞞鼓,均琴瑟管簫,執干戚戈羽,調竽笙塤篪,飭鍾磬柷敔。命有司,
為民祈祀山川百原,大雩帝,用盛樂」〔註133〕;《季冬》曰「命樂師,大合吹
而罷」〔註134〕。

　　《呂氏春秋・大樂》曰:「凡樂,天地之和,陰陽之調也。始生人者天也,
人無事焉。天使人有欲,人弗得不求。天使人有惡,人弗得不辟。欲與惡所
受於天也,人不得興焉,不可變,不可易。世之學者,有非樂者矣,安由出
哉?」〔註135〕《呂氏春秋》認為音樂乃是人天生的情感欲望的自然表達,是
天地、陰陽的調和,「不可變,不可易」,然墨子「非樂」,故《呂氏春秋》批
判之。

　　《呂氏春秋・適音》曰:「治世之音安以樂,其政平也;亂世之音怨以怒,
其政乖也;亡國之音悲以哀,其政險也。凡音樂通乎政而移風平俗者也,俗
定而音樂化之矣。故有道之世,觀其音而知其俗矣,觀其政而知其主矣。故
先王必託於音樂以論其教。」〔註136〕《呂氏春秋》也很重視音樂與社會、政
治的關係,認為「治世之音安以樂,其政平也;亂世之音怨以怒,其政乖
也;亡國之音悲以哀,其政險也」。這與《禮記・樂記》所謂「治世之音安以
樂,其政和;亂世之音怨以怒,其政乖;亡國之音哀以思,其民困」表達的
是一個意思。《呂氏春秋》認為音樂通於政治、風俗,所以,通過考察音樂可
以得到很多重要信息,《呂氏春秋・音初》曰:「凡音者,產乎人心者也。感
於心則蕩乎音,音成於外而化乎內,是故聞其聲而知其風,察其風而知其
志,觀其志而知其德。盛衰、賢不肖、君子小人皆形於樂,不可隱匿,故曰
樂之為觀也深矣。」〔註137〕「樂之為觀也深」,所以,「先王必託於音樂以論
其教」。

　　「樂」作為「禮」的輔助工具,儒家孔子、荀子和《禮記・樂記》都是
將禮、樂結合在一起,認為禮、樂相輔相成,是個整體。與它們不同的是,《呂

〔註132〕陳奇猷:《呂氏春秋新校釋》,上海:上海古籍出版社,2002 年,第 188、189
　　　　頁。
〔註133〕陳奇猷:《呂氏春秋新校釋》,上海:上海古籍出版社,2002 年,第 244 頁。
〔註134〕陳奇猷:《呂氏春秋新校釋》,上海:上海古籍出版社,2002 年,第 622 頁。
〔註135〕陳奇猷:《呂氏春秋新校釋》,上海:上海古籍出版社,2002 年,第 259 頁。
〔註136〕陳奇猷:《呂氏春秋新校釋》,上海:上海古籍出版社,2002 年,第 276 頁。
〔註137〕陳奇猷:《呂氏春秋新校釋》,上海:上海古籍出版社,2002 年,第 338 頁。

氏春秋》將「樂」與「禮」分開來，強調「樂」的重要性而輕視「禮」。

　　《呂氏春秋》用 8 個專篇來論「樂」，卻沒有 1 篇專論「禮」。《呂氏春秋》雖然也出現了「禮」字，但是，如張富祥先生所說：「書中的『禮』字，大都是『禮賢』、『禮士』的『禮』；偶有『先王之制禮樂也，非以歡耳目、極口腹之欲也，將以教民平好惡、行理義也』（《適音》），以及『禮者，履此者也』（《孝行覽》）、『不失君臣之禮』（《義賞》）、『寡禮安得無疵』（《悔過》）等言論，也都沒有展開。此外則不乏反對『煩禮』之文，如《義賞》篇就引有咎犯的話：『繁禮之君不足於文。』《適威》篇也說：『禮煩則不莊。』」〔註138〕又《音初》曰：「世濁則禮煩而樂淫。」〔註139〕《呂氏春秋》將「禮煩」作爲「世濁」的一個重要表現。

　　《呂氏春秋》爲什麼要輕視「禮治」？我們認爲這與秦國的歷史文化傳統有重要關係。

　　第一，秦國重法。秦孝公（在位時間爲前 361～前 338）重用商鞅實行改革，《戰國策·秦策一》：「衛鞅亡魏入秦，孝公以爲相，封之於商，號曰商君。商君治秦，法令至行，公平無私，罰不諱強大，賞不私親近。法及太子，黥劓其傅。期年之後，道不拾遺，民不妄取，兵革大強，諸侯畏懼。然刻深寡恩，特以強服之耳。」〔註140〕商鞅以法治理秦國，大用嚴刑峻法，「刻深寡恩」，用強力來服人而不用「禮」，如劉向《校戰國策書錄》所云：「至秦孝公捐禮讓而貴戰爭，棄仁義而用詐譎，苟以取強而已矣。」〔註141〕秦孝公死後，商鞅被殺，但是商鞅之法卻在秦國保留了下來，用嚴刑峻法來治理國家成了秦國的傳統。

　　秦國重「法」，商鞅之法認爲「禮」無用，《商君書·農戰》曰：「《詩》、《書》、禮、樂、善、修、仁、廉、辯、慧，國有十者，上無使戰守。國以十者治，敵至必削，不至必貧。」〔註142〕周王孫滿看出了秦國「輕禮」的「弊病」。《呂氏春秋·悔過》曰：「（秦）師行過周，王孫滿要門而窺之，曰：『嗚呼！是師必有疵。若無疵，吾不復言道矣。夫秦非他，周室之建國也。過天

〔註138〕張富祥《王政全書：〈呂氏春秋〉與中國文化》，開封：河南大學出版社，2001年，第 80 頁。

〔註139〕陳奇猷：《呂氏春秋新校釋》，上海：上海古籍出版社，2002 年，第 339 頁。

〔註140〕諸祖耿：《戰國策集注匯考》，南京：鳳凰出版社，2008 年，第 114 頁。

〔註141〕諸祖耿：《戰國策集注匯考》，南京：鳳凰出版社，2008 年，第 1796 頁。

〔註142〕蔣禮鴻：《商君書錐指》，北京：中華書局，1986 年，第 23 頁。

子之城，宜櫜甲束兵，左右皆下，以爲天子禮。今袀服回建，左不軾，而右之超乘者五百乘，力則多矣，然而寡禮，安得無疵？』」〔註143〕王孫滿批評指出秦國「力多」而「寡禮」。

第二，秦國用墨。《呂氏春秋・去宥》曰：「東方之墨者謝子將西見秦惠王。惠王問秦之墨者唐姑果。唐姑果恐王之親謝子賢於己也，對曰：『謝子，東方之辯士也，其爲人甚險，將奮於說以取少主也。』王因藏怒以待之。謝子至，說王，王弗聽。謝子不說，遂辭而行。」〔註144〕這段說的是東方之墨者與秦之墨者之間的鬥爭，也反映出墨者在秦惠王（在位時間爲前 337～前 311）時候曾受到重用，具有重要的影響。其實，戰國後期，墨者在秦國聲勢浩大，具有重大影響〔註145〕。

墨子「非禮」，《淮南子・泛論訓》曰：「夫絃歌鼓舞以爲樂，盤旋揖讓以修禮，厚葬久喪以送死，孔子之所立也，而墨子非之。」〔註146〕孔子所創立的儒家重禮、樂，墨子非之。又《淮南子・要略》曰：「墨子學儒者之業，受孔子之術，以爲其禮煩擾而不說，厚葬靡財而貧民，〔久〕服傷生而害事，故背周道而用夏政。」〔註147〕墨子學孔子之術，但是墨子嫌儒家的「禮煩擾」，加上其他的一些原因，最終「背周道而用夏政」，創立了墨家學派。

第三，秦國無儒〔註148〕。《荀子・強國》曰：「佚而治，約而詳，不煩而功，治之至也。秦類之矣。雖然，則有其諰矣。兼是數具者而盡有之，然而縣之以王者之功名，則倜倜然其不及遠矣！是何也？則其殆無儒邪！故曰：粹而王，駁而霸，無一焉而亡。此亦秦之所短也。」〔註149〕秦昭王（在位時間爲公元前306～前251）以「儒無益於人之國」〔註150〕，所以，儒學大師荀子入見秦昭王而受挫，荀子不得不感歎秦國「無儒」〔註151〕。其實，秦國

〔註143〕陳奇猷：《呂氏春秋新校釋》，上海：上海古籍出版社，2002 年，第 989 頁。
〔註144〕陳奇猷：《呂氏春秋新校釋》，上海：上海古籍出版社，2002 年，第 1023 頁。
〔註145〕鄭傑文：《中國墨學通史》，北京：人民出版社，2006 年，第 69～72 頁。
〔註146〕劉文典：《淮南鴻烈集解》，北京：中華書局，1989 年，第 436 頁。
〔註147〕劉文典：《淮南鴻烈集解》，北京：中華書局，1989 年，第 709 頁。
〔註148〕此「儒」專指推行「禮治」的儒者，如荀子一派，荀子感歎秦國「無儒」當指秦國缺少推行「禮治」之儒。其實秦國「有儒」，否則，《呂氏春秋》也不會具有這麼多的儒家思想。
〔註149〕王先謙：《荀子集解》，北京：中華書局，1988 年，第 303～304 頁。
〔註150〕《荀子・儒效》，王先謙《荀子集解》，北京：中華書局，1988 年，第 117 頁。
〔註151〕荀子所謂的「秦國無儒」，馬銀琴女士的說法可作參考，馬銀琴說：「只是儒者一直未能躋身秦國的統治階層，未能在秦的政治統治中發揮作用，荀子

「有儒」，秦國只是缺少推行「禮治」的儒者，所以，沒有人主張推行儒家的「禮」。

秦國重「法」，用嚴刑厚賞來治理國家，獎勵耕戰，所以，統治者不重視繁瑣之「禮」；秦國用「墨」，墨者「非禮」，所以，秦國不用「禮」。秦國無「儒」，缺少推行「禮治」的儒者，所以，儒家的「禮」得不到推行。因爲這些原因，作爲秦國宰相呂不韋的門客在創作《呂氏春秋》時輕視「禮治」也就不難理解了。

另外，我們還可以從《呂氏春秋》本身尋找到一些線索。呂不韋試圖改變秦國以「法」治國的傳統，所以《呂氏春秋》主張以「德」治國。主張以「德」治國本應該重視「禮」的教化作用，但是，《呂氏春秋》卻排斥「禮治」。從本文來看，《呂氏春秋》主要指斥「禮」爲「煩禮」，如《音初》曰「世濁則禮煩而樂淫」〔註152〕，《義賞》曰「繁禮之君，不足於文」〔註153〕，《適威》曰「禮煩則不莊」〔註154〕，即指責「禮」太煩瑣、太繁縟。這也當是一個重要原因。

三、以樂治國，順時施政

《呂氏春秋》將音律分爲十二律，並將十二音律與十二月配合在一起。《音律》曰：「大聖至理之世，天地之氣，合而生風，日至則月鐘其風，以生十二律。仲冬日短至，則生黃鐘。季冬生大呂。孟春生太蔟。仲春生夾鐘。季春生姑洗。孟夏生仲呂。仲夏日長至，則生蕤賓。季夏生林鐘。孟秋生夷則。仲秋生南呂。季秋生無射。孟冬生應鐘。天地之風氣正，則十二律定矣。黃鐘之月，土事無作，愼無發蓋，以固天閉地，陽氣且泄。大呂之月，數將幾終，歲且更起，而農民，無有所使。太蔟之月，陽氣始生，草木繁動，令農發土，無或失時。夾鐘之月，寬裕和平，行德去刑，無或作事，以害群生。姑洗之月，達道通路，溝瀆修利，申之此令，嘉氣趣至。仲呂之月，無聚大眾，巡勸農事，草木方長，無攜民心。蕤賓之月，陽氣在上，安

才以『無儒』概括入秦所見。這裡的『無儒』是政治意義上的無儒，不能因此認爲秦國沒有儒者。」（馬銀琴：《周秦時代秦國儒學的生存空間——兼論〈詩〉在秦國的傳播》，《文學遺產》2011年第4期。）

〔註152〕陳奇猷：《呂氏春秋新校釋》，上海：上海古籍出版社，2002年，第339頁。
〔註153〕陳奇猷：《呂氏春秋新校釋》，上海：上海古籍出版社，2002年，第786頁。
〔註154〕陳奇猷：《呂氏春秋新校釋》，上海：上海古籍出版社，2002年，第1291頁。

壯養俠，本朝不靜，草木早槁。林鐘之月，草木盛滿，陰將始刑，無發大事，以將陽氣。夷則之月，修法飭刑，選士厲兵，詰誅不義，以懷遠方。南呂之月，蟄蟲入穴，趣農收聚，無敢懈怠，以多為務。無射之月，疾斷有罪，當法勿赦，無留獄訟，以亟以故。應鐘之月，陰陽不通，閉而為冬，修別喪紀，審民所終。」〔註155〕

「大聖至理之世，天地之氣，合而生風，日至則月鐘其風，以生十二律」，隨著日月的運行，天地之氣所生之風產生了十二律，「天地之風氣正，則十二律定矣」，指出十二律與時曆有重大的關係。以十一月為歲首，《呂氏春秋》將十二月與十二律相配：黃鐘之月是十一月，大呂之月是十二月，太蔟之月是一月，夾鐘之月是二月，姑洗之月是三月，仲呂之月是四月，蕤賓之月是五月，林鐘之月是六月，夷則之月是七月，南呂之月是八月，無射之月是九月，應鐘之月是十月。

《呂氏春秋》主張以樂治國，順時施政。與音律相配的十二個月，每個月都規定了治國施政應該做的事和不能做的事，可以看作《呂氏春秋·十二紀》「月令」的縮略版。每個月事宜的安排大致是按照春生、夏長、秋收、冬藏的意思來闡發，春季，即太蔟之月、夾鐘之月、姑洗之月，「陽氣始生，草木繁動」，所以，開始勸農耕作，勿誤農時，「行德去刑」，凡是妨害「群生」的事都不要做；夏季，即仲呂之月、蕤賓之月、林鐘之月，「陽氣在上」，「草木方長」，所以，勸告農民勤於農事，培養壯丁俠士，「無發大事，以將陽氣」；秋季，即夷則之月、南呂之月、無射之月，陰氣用刑，「蟄蟲入穴」，所以，「趣農收聚」，開始用兵誅伐不義，開始用刑清理獄訟；冬季，即應鐘之月、黃鐘之月、大呂之月，「陰陽不通，閉而為冬」，所以，適宜做的事情不外「閉藏」之意。

《呂氏春秋》對「以樂治國」理論這樣的闡發又吸收了陰陽家的思想在裏面。

四、音樂之源

《呂氏春秋》重視以樂治國，為求樂治之詳盡具體，不得不探討一些與樂治相關的其他音樂問題，諸如音樂之起源、音高之計算、發展之歷史等等。

〔註155〕陳奇猷：《呂氏春秋新校釋》，上海：上海古籍出版社，2002年，第328～329頁。

　　關於「樂」之起源，《荀子‧樂論》曰「夫樂者，樂也，人情之所必不免也，故人不能無樂。樂則必發於聲音，形於動靜」，荀子把音樂看作人內心情感的抒發；《禮記‧樂記》曰「樂者，音之所由生也。其本在人心之感於物也」，認為音樂產生於外界事物對人心的感發。

　　《呂氏春秋》與二者不同，《呂氏春秋‧大樂》曰：「音樂之所由來者遠矣，生於度量，本於太一。太一出兩儀，兩儀出陰陽。陰陽變化，一上一下，合而成章。渾渾沌沌，離則復合，合則復離，是謂天常。天地車輪，終則復始，極則復反，莫不咸當。日月星辰，或疾或徐，日月不同，以盡其行。四時代興，或暑或寒，或短或長。或柔或剛。萬物所出，造於太一，化於陰陽。」〔註156〕《呂氏春秋》認為音樂「生於度量，本於太一」。何為「太一」？《莊子‧天下》曰：「古之道術有在於是者。關尹老聃聞其風而悅之，建之以常無有，主之以太一。」〔註157〕道家鼻祖關尹、老聃思想的核心是「道」，《莊子‧天下》認為關尹、老聃「主之以太一」，「太一」就是「道」。《呂氏春秋‧大樂》曰：「道也者，視之不見，聽之不聞，不可為狀。有知不見之見、不聞之聞、無狀之狀者，則幾於知之矣。道也者，至精也，不可為形，不可為名，強為之謂之太一。」〔註158〕《呂氏春秋》認為「太一」是給「道」的命名，就是「道」，是宇宙原始的一種狀態。《呂氏春秋》用道家最核心的概念「道」、「太一」來探討音樂的起源，這與《荀子‧樂論》《禮記‧樂記》對音樂起源的探討有著很大的區別。

　　「生於度量」，即「和適之聲」，田鳳臺說：「太一生陰陽，陰陽和而成萬物，萬物莫不有形體，有形體然後有聲音。聲音之道在於和適，和適之聲，樂之所由起也。」〔註159〕「和適之聲」才能形成音樂。劉藍認為「生於度量」，「就是說組合成樂章的音，必須是合乎一定的數理要求的樂音。亦即物體的振動必須有一定的規則，振動的次數（頻率）必須符合律的要求。」〔註160〕「生於度量」，就是說只有物體有規律地振動才能形成樂音，才能產生音樂。

〔註156〕陳奇猷：《呂氏春秋新校釋》，上海：上海古籍出版社，2002 年，第 258～259 頁。
〔註157〕郭慶藩：《莊子集釋》，北京：中華書局，1961 年，第 1093 頁。
〔註158〕陳奇猷：《呂氏春秋新校釋》，上海：上海古籍出版社，2002 年，第 259 頁。
〔註159〕田鳳臺：《呂氏春秋探微》，臺北：學生書局，1986 年，第 298 頁。
〔註160〕劉藍：《論音樂起源於「太一」》，《天津音樂學院學報》1999 年第 3 期。

　　《呂氏春秋》吸收道家思想來探討音樂起源對後世有重大影響，有人認為《呂氏春秋》所提出的「樂本於太一」是唯一正確的音樂起源學說〔註161〕。繆鉞先生對《呂氏春秋》的音樂理論大加讚賞，繆鉞說：「總之，孔子雖重音樂，而未有詳密之理論，孟子亦鮮論樂，儒家音樂理論之興，蓋在戰國末世，而又分兩派，荀卿為一派，承孔子之意而闡發之，呂氏春秋論樂之作者為一派，則借用道家陰陽兩家新說，稍後秦漢間儒者繼承呂書樂論而發展，其吸取道家及陰陽家言較呂書尤為巧妙，論樂理較呂書尤為精微。漢景武之後，有彙集此種論樂之文為樂記者，河間獻王集得二十四篇，劉向校書之時，又改訂為二十三篇，其前十一篇即今之樂記，故今本樂記有採自荀呂書者，亦有採自荀呂稍後之儒書者，其中論樂之玄妙精微之部分，皆吸取道及陰陽家言，而開創此新途徑者，即呂書論樂諸篇，故呂氏春秋中音樂理論之貢獻在此。」〔註162〕其中所謂《呂氏春秋》對道家思想的吸收當主要是指《呂氏春秋》利用道家思想對音樂起源的探討。

五、音律之理

　　「音律」之「律」產生的當很早，《呂氏春秋・古樂》曰：「昔黃帝令伶倫作為律。伶倫自大夏之西，乃之阮隃之陰，取竹於嶰溪之谷，以生空竅厚鈞者、斷兩節間、其長三寸九分而吹之，以為黃鐘之宮，吹曰『舍少』。次制十二筒，以之阮隃之下，聽鳳皇之鳴，以別十二律。其雄鳴為六，雌鳴亦六，以比黃鐘之宮，適合。黃鐘之宮，皆可以生之，故曰黃鐘之宮，律呂之本。黃帝又命伶倫與榮將鑄十二鐘，以和五音，以施《英韶》，以仲春之月，乙卯之日，日在奎，始奏之，命之曰《咸池》。」〔註163〕據此知「音律」乃黃帝令伶倫所作，雖未必完全可信，但「音律」的產生時代當很早。伶倫取竹、斷竹而吹之以定黃鐘之宮。為什麼先定黃鐘之宮？因為黃鐘之宮是音律的根本，是標準音，即《呂氏春秋・適音》所說：「黃鐘之宮，音之本也，清濁之衷也。」〔註164〕黃鐘之宮乃音之高低的標準，所以，伶倫次制十二筒以黃鐘之宮作為比對的標準來區別十二律，定六陽律、六陰律。

〔註161〕劉藍：《論音樂起源於「太一」》，《天津音樂學院學報》1999年第3期。
〔註162〕繆鉞：《〈呂氏春秋〉中之音樂理論》，《中國文化研究彙刊》1946年第6卷，轉引自田鳳臺《呂氏春秋探微》，臺北：學生書局，1986年，第305頁。
〔註163〕陳奇猷：《呂氏春秋新校釋》，上海：上海古籍出版社，2002年，第288頁。
〔註164〕陳奇猷：《呂氏春秋新校釋》，上海：上海古籍出版社，2002年，第276頁。

如果說黃帝令伶倫作音樂十二律還帶有神話傳說的性質，那麼周景王（在位時間爲前 544～前 520）的樂官伶州鳩對音律的論說則是更爲可信的音律理論。《國語・周語下》載：「王將鑄無射，問律于伶州鳩。對曰：『律所以立均出度也。古之神瞽，考中聲而量之以制，度律均鐘，百官軌儀，紀之以三，平之以六，成於十二，天之道也。夫六，中之色也，故名之曰黃鐘，所以宣養六氣九德也。由是第之。二曰大蔟，所以金奏讚揚〔陽〕出滯也。三曰姑洗，所以修潔百物，考神納賓也。四曰蕤賓，所以安靖神人，獻酬交酢也。五曰夷則，所以詠歌九則，平民無貳也。六曰無射，所以宣布哲人之令德，示民軌儀也。爲之六間，以揚沈伏，而黜散越也。元間大呂，助宣物也。二間夾鐘，出四隙之細也。三間仲呂，宣中氣也。四間林鐘，和展百事，俾莫不任肅純恪也。五間南呂，贊陽秀物也。六間應鐘，均利器用，俾應復也。』」〔註165〕伶州鳩指出十二律的名稱爲：黃鍾、大蔟、姑洗、蕤賓、夷則、無射、大呂、夾鍾、仲呂、林鍾、南呂、應鍾。伶州鳩還對十二律的名稱進行了解釋，李純一先生認爲：「伶州鳩對十二律的解釋，不但帶有不少神秘主義成分，還帶有望文生訓的隨意性，即按照每一律名的字意義進行曲解或附會。例如他把黃鍾說成是『中之色』，把蕤賓說成是『所以安靖神人，獻酬交酢也』。這顯然是一種牽強附會，不足爲訓。生當春秋晚期的周王室樂官伶州鳩之所以如此，當是由於十二律出現很早，其命名的眞實緣由他已經不知其究竟了。」〔註166〕雖然如此，伶州鳩也是較早對音樂十二律做出論述的人，代表了春秋晚期的人對音樂十二律的理解。

《呂氏春秋》有《音律》一篇專講音樂的十二律問題。《音律》曰：「黃鍾生林鍾，林鍾生太蔟，太蔟生南呂，南呂生姑洗，姑洗生應鍾，應鍾生蕤賓，蕤賓生大呂，大呂生夷則，夷則生夾鍾，夾鍾生無射，無射生仲呂。三分所生，益之一分以上生；三分所生，去其一分以下生。黃鍾、大呂、太蔟、夾鍾、姑洗、仲呂、蕤賓爲上，林鍾、夷則、南呂、無射、應鍾爲下。」〔註167〕本段講十二律相生的次序和相生的方法。十二律相生的次序（用箭頭表示）是：黃鍾→林鍾→太蔟→南呂→姑洗→應鍾→蕤賓→大呂→夷則→夾鍾→無射→仲呂。十二律相生的方法是「三分損益法」。「三分損益法」，張富

〔註165〕徐元誥：《國語集解》，北京：中華書局，2002 年，第 113～121 頁。

〔註166〕李純一：《先秦音樂史》，北京：人民音樂出版社，2005 年，第 152 頁。

〔註167〕陳奇猷：《呂氏春秋新校釋》，上海：上海古籍出版社，2002 年，第 328 頁。

祥先生解釋說：「用一根弦作振動體，均分成三段，去其三分之一，取其三分之二，稱三分損一，這樣，該弦振動後所發的音會比原來全長所發的音升高純五度；反之，增其三分之一，取其三分之四，稱三分益一，則該弦振動後所發的音會比原來全長所發的音降低純五度。」〔註168〕

《管子》首先用「三分損益法」來計算宮、商、角、徵、羽五音的高度，《管子·地員》曰：「凡聽徵，如負豬豕，覺而駭。凡聽羽，如鳴馬在野。凡聽宮，如牛鳴窌中。凡聽商，如離群羊。凡聽角，如雉登木以鳴，音疾以清。凡將起五音，凡首，先主一而三之，四開以合九九，以是生黃鍾小素之首以成宮。三分而益之以一，為百有八，為徵。不無有，三分而去其乘，適足以是生商。有三分而復於其所，以是成羽。有三分去其乘，適足以是成角。」〔註169〕計算五音高度，「先主一而三之，四開以合九九」，注曰：「一而三之，即四也。以是四開合於五音，九也。又九九之為八十一也。」〔註170〕然後「以是生黃鍾小素之首以成宮」，注曰：「素本宮八十一數，生黃鍾之宮，而為五音之本。」〔註171〕即先將一振動體「一而三之」，成八十一之數。黃鍾之宮作為五音根本，其數為八十一，即宮之數為 81。然後，以宮之數為根本運用「三分損益法」來求取其他四音的高度，即宮（81）→徵（81×4／3＝108）→商（108×2／3＝72）→羽（72×4／3＝96）→角（96×2／3＝64）。

《呂氏春秋》用「三分損益法」來計算十二律的音高，說明十二律的相生。「三分所生，益之一分以上生；三分所生，去其一分以下生」，其中的「上生」就是「益」，「下生」就是「損」。在此，《呂氏春秋》以律管為例，李家驤先生解釋說：「如黃鍾管九寸（以晚周尺寸計），三等分之後，減去其一分，求得六寸，因而得出林鍾律的律管長度。這是『下生』。又以這種林鍾律管長度三等分，增加其一，得八寸，因而得出太簇的律管長度。這就是『上生』。等等。每次『下生』或『上生』都是以一律之值為準的。這樣，從黃鍾始，下生得林鍾。林鍾再上生得太簇。太簇再下生得南呂。南呂又上生得姑洗，等等，即如《音律》開頭所說的次序。如此自黃鍾至仲呂經十一個反覆

〔註168〕張富祥：《王政全書：〈呂氏春秋〉與中國文化》，開封：河南大學出版社，2001年，第 88 頁。

〔註169〕黎翔鳳：《管子校注》，北京：中華書局，2004 年，第 1080 頁。

〔註170〕黎翔鳳：《管子校注》，北京：中華書局，2004 年，第 1080 頁。

〔註171〕黎翔鳳：《管子校注》，北京：中華書局，2004 年，第 1080 頁。

交互往返的次數而得十二律管，產生十二個音，即名之爲十二律。」〔註172〕
這就是計算十二律音高的方法。現存書籍所見，《呂氏春秋》最早保存了用「三
分損益法」來求取十二音律音高的方法，在中國古代音樂史上具有重要的參
考價值。

　　牟鍾鑒先生給予《呂氏春秋》的《音律》篇以很高的評價：「《音律》篇
細論黃鍾、林鍾、太簇、南呂、姑洗、應鍾、蕤賓、大呂、夷則、夾鍾、無
射、仲呂等十二律相生之說，其說與《說苑》、《御覽》異，與《晉書》同，
而在年代上最早，是中國樂理的鼻祖。」〔註173〕

六、音樂之史

　　《莊子‧天運》曰：「丘治《詩》、《書》、《禮》、《樂》、《易》、《春秋》六
經。」〔註174〕《樂》本是「六經」之一，由於《樂》的亡佚，「六經」成爲「五
經」。由於《樂》的亡佚，有關古代「樂」的文獻出現了嚴重的缺失。《初學
記‧文部‧經典一》曰：「古者以《易》、《書》、《詩》、《禮》、《樂》、《春秋》
爲六經。至秦焚書，《樂經》亡，今以《易》、《詩》、《書》、《禮》、《春秋》爲
五經。」〔註175〕《呂氏春秋》成書於秦始皇焚書之前，據《初學記》的記
載，如果《樂經》眞的亡於秦始皇的焚書，那麼《呂氏春秋》的作者就有機
會見到《樂經》，也就有可能參考《樂經》來組織《呂氏春秋》關於「樂」的
材料。

　　無論《呂氏春秋》是否眞的吸納了《樂經》的材料，都不能影響《呂氏
春秋》在中國古代音樂史上的重要地位，因爲《呂氏春秋》確實保存了珍貴的
古代音樂文獻。吉聯抗先生專門對《呂氏春秋》中的音樂材料進行了收集和翻
譯，撰成《呂氏春秋中的音樂史料》一書〔註176〕。李純一先生的《先秦音樂
史》對「遠古音樂」的探討主要參考了《呂氏春秋》的音樂文獻〔註177〕。

　　《呂氏春秋》的《古樂篇》就是一部「先秦音樂簡史」，記載了朱襄氏、

〔註172〕李家驤：《呂氏春秋通論》，長沙：嶽麓書社，1995 年，第 468 頁。
〔註173〕牟鍾鑒：《〈呂氏春秋〉與〈淮南子〉思想研究》，濟南：齊魯書社，1987 年，
　　　　第 100 頁。
〔註174〕郭慶藩：《莊子集釋》，北京：中華書局，1961 年，第 531 頁。
〔註175〕徐堅：《初學記》，北京：中華書局，1962 年，第 497 頁。
〔註176〕吉聯抗：《呂氏春秋中的音樂史料》，上海：上海文藝出版社，1978 年。
〔註177〕李純一：《先秦音樂史》，北京：人民音樂出版社，2005 年，第 1～7 頁。

葛天氏、陶唐氏、黃帝、顓頊、嚳、堯、舜、禹、湯、周文王（周代還有武王、成王）等十一代的音樂史。其中關於夏、商、周三代之前的音樂記載，因爲其他典籍無載，所以顯得尤其珍貴。雖然這些記載帶有神話傳說的意味，但也並非毫無根據，「實際探賾索隱，在在可考」〔註178〕，同時，這些記載又具有重要的文化史價值。

朱襄氏時代：「朱襄氏之治天下也，多風而陽氣畜積，萬物散解，果實不成，故士達作爲五弦瑟，以來陰氣，以定群生。」〔註179〕據高誘注，朱襄氏是炎帝的別號，士達是朱襄氏之臣。朱襄氏治理天下，陽氣過盛常刮大風，果實不成，士達製作五弦瑟引來陰氣，安定了人們的生活。李純一先生認爲：「這個傳說的合理內核可能是這樣：先民們幻想用施行巫術的樂器演奏來驅除那敗壞作物的乾旱天氣。」〔註180〕

葛天氏時代：「葛天氏之樂，三人操牛尾投足以歌八闋：一曰《載民》，二曰《玄鳥》，三曰《遂草木》，四曰《奮五穀》，五曰《敬天常》，六曰《達帝功》，七曰《依地德》，八曰《總萬物之極》。」〔註181〕葛天氏，古帝名，從這些音樂的名稱看，可能是先民通過這些帶有巫術性質的樂舞表演在向天地和上帝祈求草木的茂盛和糧食的豐收，表現的可能是原始的農業和原始的畜牧業時期。

陰康氏時代：「陶唐氏之始，陰多滯伏而湛積，水道壅塞，不行其原，民氣鬱閼而滯著，筋骨瑟縮不達，故作爲舞以宣導之。」〔註182〕「陶唐氏」當作「陰康氏」〔註183〕。陰康氏剛開始治理天下的時候，陰氣太盛，陽氣不通，陰康氏就編制舞蹈來疏導。上古時候，樂、舞一體，這和朱襄氏之臣士達製作五弦瑟是一個道理。

黃帝時代：「黃帝令伶倫作爲律……。」〔註184〕黃帝讓伶倫制作十二律，

〔註178〕張富祥先生依據考古發現的遠古樂器對這一問題進行了論述。（張富祥《王政全書：〈呂氏春秋〉與中國文化》，開封：河南大學出版社，2001 年，第 84 頁。）

〔註179〕陳奇猷：《呂氏春秋新校釋》，上海：上海古籍出版社，2002 年，第 287 頁。

〔註180〕李純一：《先秦音樂史》，北京：人民音樂出版社，2005 年，第 3 頁。

〔註181〕陳奇猷：《呂氏春秋新校釋》，上海：上海古籍出版社，2002 年，第 288 頁。

〔註182〕陳奇猷：《呂氏春秋新校釋》，上海：上海古籍出版社，2002 年，第 288 頁。

〔註183〕《呂氏春秋‧古樂》注〔一五〕，陳奇猷《呂氏春秋新校釋》，上海：上海古籍出版社，2002 年，第 293 頁。

〔註184〕陳奇猷：《呂氏春秋新校釋》，上海：上海古籍出版社，2002 年，第 288 頁。

已見上文，茲不贅述。

帝顓頊時代：「帝顓頊生自若水，實處空桑，乃登爲帝。惟天之合，正風乃行，其音若熙熙淒淒鏘鏘。帝顓頊好其音，乃令飛龍作效八風之音，命之曰《承雲》，以祭上帝。乃令鱓先爲樂倡，鱓乃偃寢，以其尾鼓其腹，其音英英。」〔註 185〕顓頊之樂叫做《承雲》，黃帝的孫子顓頊登帝之後，「天時正常，八風按時運行，它們的聲音『熙熙』『淒淒』『鏘鏘』。顓頊喜歡它們的聲音，於是叫飛龍作樂——仿傚八方的風聲，稱它叫《承雲》，用以祭祀上帝。」〔註 186〕

帝嚳時代：「帝嚳命咸黑作爲《聲歌》——《九招》、《六列》、《六英》。有倕作爲鼙鼓鐘磬吹苓管塤篪鞀椎鐘。帝嚳乃令人抃或鼓鼙，擊鐘磬，吹苓展管篪。因令鳳鳥、天翟舞之。帝嚳大喜，乃以康帝德。」〔註 187〕「聲歌」，陳奇猷曰當作「唐歌」，「『唐歌』即『康歌』。此歌名爲《康歌》，其內容有《九招》、《六列》、《六英》共二十一章」〔註 188〕。帝嚳命咸黑作《唐歌》，又命倕製作了鼙鼓、鍾磬、笙、管、塤、篪等樂器，於是奏樂起舞，「以康帝德」。倕所製作的鼙鼓、鍾磬、笙、管、塤、篪等樂器中的鼓、磬、塤三種樂器存在於李純一先生根據考古發現所得的「遠古至夏代的樂器」之中〔註 189〕，足以證明《呂氏春秋》對上古音樂史的記載不是毫無根據的空穴來風。

帝堯時代：「帝堯立，乃命質爲樂。質乃效山林溪谷之音以歌，乃以麋鞈置缶而鼓之，乃拊石擊石，以象上帝玉磬之音，以致舞百獸。瞽叟乃拌五弦之瑟，作以爲十五弦之瑟。命之曰《大章》，以祭上帝。」〔註 190〕「質」，高誘曰當作「夔」〔註 191〕，是。堯立爲帝，命夔制作音樂，夔就模仿山林溪谷的聲音來做歌，把皮革放在缶口上當作鼓來敲打，還敲擊石片來模仿玉磬的聲音，引導百獸跳舞。瞽叟將五弦之瑟改造爲十五弦之瑟。堯把他的音樂命

〔註 185〕陳奇猷：《呂氏春秋新校釋》，上海：上海古籍出版社，2002 年，第 288 頁。

〔註 186〕吉聯抗：《呂氏春秋中的音樂史料》，上海：上海文藝出版社，1978 年，第 22 頁。

〔註 187〕陳奇猷：《呂氏春秋新校釋》，上海：上海古籍出版社，2002 年，第 288～289 頁。

〔註 188〕《呂氏春秋·古樂》注〔四〇〕，陳奇猷《呂氏春秋新校釋》，上海：上海古籍出版社，2002 年，第 304 頁。

〔註 189〕李純一：《先秦音樂史》，北京：人民音樂出版社，2005 年，第 14～37 頁。

〔註 190〕陳奇猷：《呂氏春秋新校釋》，上海：上海古籍出版社，2002 年，第 289 頁。

〔註 191〕《呂氏春秋·古樂》注〔四六〕，陳奇猷《呂氏春秋新校釋》，上海：上海古籍出版社，2002 年，第 306 頁。

名爲《大章》，用來祭祀上帝。

帝舜時代：「舜立，仰延乃拌瞽叟之所爲瑟，益之八弦，以爲二十三弦之瑟。帝舜乃令質修《九招》、《六列》、《六英》，以明帝德。」〔註192〕舜立爲帝，仰延又將瞽叟的十五弦之瑟改造爲二十三弦之瑟，舜令質修訂《九招》《六列》《六英》來宣揚上帝的德行。

夏、商、周三代的音樂文獻，由於其他古代書籍也多有記載，不再一一論述。

綜上，我們可以對本節做一小結。《呂氏春秋》的「樂治」思想來自儒家又有別於儒家，有自己的「新」特色。首先，儒家是將禮、樂合璧，既重視「禮」又重視「樂」，《呂氏春秋》則將禮、樂分開，重視「樂治」而輕視「禮治」。其次，《呂氏春秋》以樂治國思想則又吸收利用了陰陽家的思想。再次，對「樂」之起源的探討吸收了道家的思想。最後，《呂氏春秋》發展了「音律」理論，首次用「三分損益法」來計算十二律的音高。

由於先秦音樂史料的缺失，《呂氏春秋》所保存的「音律」理論和有關中國上古音樂發展史的音樂文獻變得十分珍貴，是我們研究先秦音樂最爲可靠的、必不可少的參考材料。這是《呂氏春秋》的史料價值。

第三節　《呂氏春秋》的孝治思想

一、思想探源

以孝治國，由來已久。中國自古以來一直都重視「孝」，推崇孝子，「孝」在中國文化之中發揮了極爲重要的作用。

春秋時期，孔子就很重視「孝」。何謂「孝」？《論語・學而》載孔子曰：「父在觀其志，父沒觀其行，三年無改於父之道，可謂孝矣。」〔註193〕孔安國注曰：「父在，子不得自專，故觀其志而已。父沒，乃觀其行。」又曰：「孝子在喪，哀慕猶若父存，無所改於父之道。」〔註194〕孔子很重視「孝」的實踐意義，從一個人對待父母的實際行動來判斷是否爲「孝」，在「父沒」後的三年時間裏，「無所改於父之道」，才可以稱爲「孝」。

〔註192〕陳奇猷：《呂氏春秋新校釋》，上海：上海古籍出版社，2002年，第289頁。
〔註193〕邢昺：《論語注疏》，《十三經注疏》，北京：中華書局，1980年，第2458頁。
〔註194〕邢昺：《論語注疏》，《十三經注疏》，北京：中華書局，1980年，第2458頁。

因為孔子重視「孝」的實踐意義，所以，在別人「問孝」時，孔子的回答偏重在實踐之中應該怎麼做、不應該做什麼。《論語·爲政》載：「孟懿子問孝，子曰：『無違。』樊遲御，子告之曰：『孟孫問孝於我，我對曰，無違。』樊遲曰：『何謂也？』子曰：『生，事之以禮。死，葬之以禮，祭之以禮。』」〔註195〕孟懿子向孔子問孝，孔子告訴他在父母活著的時候應該「事之以禮」，死了以後應該「葬之以禮，祭之以禮」。《論語·爲政》載：「孟武伯問孝，子曰：『父母唯其疾之憂。』」《正義》曰：「此章言孝子不妄爲非也。武伯，懿子之仲孫彘也，問於夫子爲孝之道。夫子答之曰：『子事父母，唯其疾病然後可使父母憂之，疾病之外，不得妄爲非法，貽憂於父母也。』」〔註196〕妄爲非法，給父母帶來憂愁，是爲不孝，所以孔子強調行孝不能妄爲非法。《論語·爲政》載：「子游問孝，子曰：『今之孝者，是謂能養。至於犬馬，皆能有養。不敬，何以別乎？』」〔註197〕孔子認爲孝不止於能以飲食供養父母，還必須心懷敬意，這是人區別於犬馬之處，才是眞正的孝。《論語·爲政》載：「子夏問孝，子曰：「色難。有事，弟子服其勞；有酒食，先生饌，曾是以爲孝乎？」《正義》曰：「此章言爲孝必須承順父母顏色也。」〔註198〕孔子告訴子夏能分擔父母的體力勞動的痛苦、有酒食能讓父母先吃，這還不是眞正的孝，眞正的孝必須承順父母的顏色，使父母在精神上感到愉悅。

以下幾事，孔子也是從實踐層面來論述「孝」。《論語·里仁》載孔子曰：「事父母幾諫，見志不從，又敬不違，勞而不怨。」《正義》曰：「父母有過，當微納善言以諫於父母也。『見志不從，又敬不違』者，見父母志有不從己諫之色，則又當恭敬，不敢違父母意而遂己之諫也。『勞而不怨』者，父母使己以勞辱之事，己當盡力服其勤，不得怨父母也。」〔註199〕父母有過，諫而不聽，子女應當「敬不違，勞而不怨」。《論語·里仁》載孔子曰：「父母在，不遠遊，遊必有方。」《正義》曰：「方，猶常也。父母既存，或時思欲見己，故不遠遊，遊有常所，欲使父母呼己得即知其處也。設若告云詣甲，則不得更詣乙，恐父母呼己於甲處不見，則使父母憂也。」〔註200〕即父

〔註195〕邢昺：《論語注疏》，《十三經注疏》，北京：中華書局，1980年，第2462頁。
〔註196〕邢昺：《論語注疏》，《十三經注疏》，北京：中華書局，1980年，第2462頁。
〔註197〕邢昺：《論語注疏》，《十三經注疏》，北京：中華書局，1980年，第2462頁。
〔註198〕邢昺：《論語注疏》，《十三經注疏》，北京：中華書局，1980年，第2462頁。
〔註199〕邢昺：《論語注疏》，《十三經注疏》，北京：中華書局，1980年，第2471頁。
〔註200〕邢昺：《論語注疏》，《十三經注疏》，北京：中華書局，1980年，第2471頁。

母健在，子女不遠遊，遊必有常處。《論語・里仁》載孔子曰：「父母之年，不可不知也，一則以喜，一則以懼。」《正義》曰：「言孝子當知父母之年也。其意有二：一則以父母年多，見其壽考則喜也；一則以父母年老，形必衰弱，見其衰老則憂懼也。」〔註201〕為人之子，應該知道父母的年齡。《論語・先進》載孔子曰：「孝哉，閔子騫！人不間於其父母昆弟之言。」〔註202〕孔子稱讚閔子騫事父母，順兄弟，盡善盡美，正是從閔子騫的實際表現來稱讚他。如此種種，我們可以看出孔子「孝」的思想其實是一種實踐指導原則，即在現實之中如何對待父母才是孝，在孝的規範下，什麼可以做，什麼不可以做。孔子的「孝」思想重在實踐，重在履行，從範圍來說是針對一個家庭而言，如羅新慧所說「孔子的孝道理論在實際上仍然主要是一種家庭倫理。」〔註203〕

　　孔子之後，孔門弟子對「孝」思想繼承發展最多者是曾參。在孔子和曾參之間，有若的「孝」思想值得一提。有若的「孝」思想繼承於孔子而又有所發展。《論語・學而》載有若曰：「其為人也孝悌，而好犯上者，鮮矣。不好犯上，而好作亂者，未之有也。君子務本，本立而道生。孝悌也者，其為仁之本與！」〔註204〕《正義》曰：「此章言孝悌之行也。弟子有若曰：『其為人也，孝於父母，順於兄長，而好陵犯凡在己上者，少矣。』言孝悌之人，性必恭順，故好欲犯其上者少也。既不好犯上，而好欲作亂為悖逆之行者，必無，故云『未之有也』。是故君子務修孝悌，以為道之基本。基本既立，而後道德生焉。恐人未知其本何謂，故又言：『孝悌也者，其為仁之本歟？』禮尚謙退，不敢質言，故云『與』也。」〔註205〕有若的「孝」思想不是指家庭之中子女所實踐的孝，不是行孝時具體的指導規範。有若認為孝悌之人必然恭敬和順，「不好犯上」，也就不會作亂。在有若這裡，孝與「上」即與君、國聯繫在了一起，成了統治者束縛作亂者的思想武器，成了維護社會穩定的工具，是「仁之本」。

　　其實，孔子已經將「孝」與「忠」、「政」聯繫在了一起。《論語・為政》

〔註201〕邢昺：《論語注疏》，《十三經注疏》，北京：中華書局，1980年，第2472頁。

〔註202〕邢昺：《論語注疏》，《十三經注疏》，北京：中華書局，1980年，第2498頁。

〔註203〕羅新慧：《曾子與〈孝經〉──儒家孝道理論的歷史變遷》，《史學月刊》1995年第5期。

〔註204〕邢昺：《論語注疏》，《十三經注疏》，北京：中華書局，1980年，第2457頁。

〔註205〕邢昺：《論語注疏》，《十三經注疏》，北京：中華書局，1980年，第2457頁。

載：「季康子問：『使民敬、忠以勸，如之何？』子曰：『臨之以莊則敬，孝慈則忠，舉善而教不能則勸。』」〔註206〕君上能孝於親，下能慈於民，則民忠。《論語‧爲政》載：「或謂孔子曰：『子奚不爲政？』子曰：『《書》云：「孝乎惟孝，友於兄弟，施於有政。」是亦爲政，奚其爲爲政？』」〔註207〕孔子認爲「孝」、「友」也是爲政之道，與爲政同。有若「孝」的思想當是發源於此，而又對此有了發展和補充。

曾參的「孝」思想對後世影響最大。曾參的「孝」思想主要保存於《孝經》和《大戴禮記》之中。《孝經》的作者、成書年代歷來有爭議。孔子作《孝經》之說，不能成立，前人考之甚詳。我們同意《孝經》是曾參的學生編定的說法，伏俊連先生考證說：「最直接的理由是《孝經》全爲孔子同曾參的對話，而對曾參全部稱『子』。在孔子的學生中，曾參以孝道著稱。《莊子‧外物篇》中說：『人親莫不欲其子之孝，而孝未必愛，故孝己憂而曾參悲』，孝己是殷高宗之子，遭後母之難，憂苦而死。莊子所舉孝己與曾參是古代最孝之人，曾參平生傳述的是孔子學說中的『孝道』，今本《大戴禮記》、《禮記》中保留了許多篇曾參論孝的文字，《孝經》當與此同類，而時代更早。」〔註208〕《孝經》是曾參的學生所編定，那麼《孝經》當成書於春秋、戰國之際，我們贊同《孝經》成書於春秋、戰國之際的說法〔註209〕。

《論語》之中就有曾參論「孝」的記載。《論語‧子張》載曾子曰：「吾聞諸夫子：孟莊子之孝也，其他可能也；其不改父之臣與父之政，是難能也。」〔註210〕這與孔子「三年無改於父之道，可謂孝矣」一脈相承。又《論語‧泰伯》載：「曾子有疾，召門弟子曰：『啓予足，啓予手。《詩》云：「戰戰兢兢，如臨深淵，如履薄冰。」而今而後，吾知免夫。小子！』」《正義》曰：「此章言曾子之孝，不敢毀傷也。『曾子有疾，召門弟子曰：啓予足，啓予手』者，啓，開也。曾子以爲受身體於父母，不敢毀傷，故有疾恐死，召其門弟子，使開衾而視之，以明無毀傷也。」〔註211〕曾參有疾，讓弟子檢查自己身體完好無損的舉動，是曾參「身體髮膚，受之父母，不敢毀傷」的「孝」思想的

〔註206〕邢昺：《論語注疏》，《十三經注疏》，北京：中華書局，1980年，第2463頁。
〔註207〕邢昺：《論語注疏》，《十三經注疏》，北京：中華書局，1980年，第2463頁。
〔註208〕伏俊連：《〈孝經〉的作者及其成書時代》，《孔子研究》1994年第2期。
〔註209〕伏俊連：《〈孝經〉的作者及其成書時代》，《孔子研究》1994年第2期。
〔註210〕邢昺：《論語注疏》，《十三經注疏》，北京：中華書局，1980年，第2532頁。
〔註211〕邢昺：《論語注疏》，《十三經注疏》，北京：中華書局，1980年，第2486頁。

外在體現。曾參小心謹慎的愛惜自己的身體，「戰戰兢兢，如臨深淵，如履薄冰」，這是對父母恩賜的珍惜和尊重。這是曾參「孝」思想的一個重要方面。這一方面，孔子、有若皆沒有論及，是曾參的創造。

曾參的這一思想在《孝經》之中得到了繼承和發揮。《孝經》是曾參的學生編定成書，雖然書中稱孔子曰，但是記載的其實是曾參的思想。《孝經·開宗明義章》曰：「身體髮膚，受之父母，不敢毀傷，孝之始也。」〔註212〕愛惜自己的身體髮膚，是行孝最基本的要求，是「孝之始」。《大戴禮記·曾子大孝》亦載：「曾子曰：『身者，親之遺體也。行親之遺體，敢不敬乎！故居處不莊，非孝也；事君不忠，非孝也；莅官不敬，非孝也；朋友不信，非孝也；戰陳無勇，非孝也。五者不遂，災及乎身，敢不敬乎！』」〔註213〕

曾參將孝分為「孝之始」和「孝之終」，《孝經·開宗明義章》曰：「立身行道，揚名於後世，以顯父母，孝之終也。」〔註214〕「孝之始」主要在己，不毀傷身體髮膚，愛惜自己；「孝之終」也在己，但主要在人。孝忠君主，才能揚名後世，才能「顯父母」，才能實現「孝之終」。曾參在「孝之始」和「孝之終」之間設置了一個極為重要的環節，那就是「中於事君」，《孝經·開宗明義章》曰：「夫孝始於事親，中於事君，終於立身。」〔註215〕因為只有做好「事君」這一中間環節，才能「立身行道，揚名於後世，以顯父母」，實現「孝之終」，所以「中於事君」就變得非常重要。故而，「以孝事君」就自然而然地成了曾參「孝」思想極為重要的內容。

《孝經·廣揚名章》曰：「君子之事親孝，故忠可移於君；事兄悌，故順可移於長；居家理，故治可移於官。是以行成於內，而名立於後世矣。」《正義》曰：「此夫子廣述揚名之義。言君子之事親能孝者，故資孝為忠，可移孝行以事君也。事兄能悌者，故資悌為順，可移悌行以事長也。居家能理者，故資治為政，可移於績以施於官也。是以君子居能以此善行成之於內，則令名立於身沒之後也。」〔註216〕在此，曾參將事「親」的「孝」、事「兄」的「悌」、居「家」的「理」依次分別移於「君」、「長」、「官」，表現為對「君」的「忠」、對「長」的「順」、對「官」的「治」。曾參將原來存在於「親」、「兄」、「家」

〔註212〕邢昺：《孝經注疏》，《十三經注疏》，北京：中華書局，1980年，第2545頁。

〔註213〕王聘珍：《大戴禮記解詁》，北京：中華書局，1983年，第82～83頁。

〔註214〕邢昺：《孝經注疏》，《十三經注疏》，北京：中華書局，1980年，第2545頁。

〔註215〕邢昺：《孝經注疏》，《十三經注疏》，北京：中華書局，1980年，第2545頁。

〔註216〕邢昺：《孝經注疏》，《十三經注疏》，北京：中華書局，1980年，第2558頁。

這一家庭範圍內的「孝」推廣至「君」、「長」、「官」這一君、國、天下的範圍。曾參將「孝」與事君、安國、爲政緊密連在了一起，「以孝事君」是曾參「孝」思想的最大特點。

　　曾參對「士之孝」的論述就很好地體現了「以孝事君」的特點。《孝經‧士章》曰：「資於事父以事母，而愛同；資於事父以事君，而敬同。故母取其愛，而君取其敬，兼之者父也。故以孝事君則忠，以敬事長則順。忠順不失，以事其上，然後能保其祿位，而守其祭祀。蓋士之孝也。」《正義》曰：「言士始陞公朝，離親入仕，故此敘事父之愛敬，宜均事母與事君，以明割恩從義也。」〔註217〕「始陞公朝，離親入仕」，士活動的場所變了，由「家庭」變成了「公朝」，士侍奉的對象變了，由「雙親」變成了「君長」，但是「孝」同樣適用，「以孝事君則忠，以敬事長則順。忠順不失，以事其上，然後能保其祿位，而守其祭祀」。這就是「士之孝」。

　　郭店楚簡中的儒家文獻《唐虞之道》一篇也有「以孝事君」的內容，或是曾參後學所作。《唐虞之道》曰：「古者虞舜篤事瞽盲，乃戴其孝；忠事帝堯，乃戴其臣。愛親尊賢，虞舜其人也。」〔註218〕又曰：「古者堯之與舜也：聞舜孝，知其能養天下之老也；聞舜弟，知其能事天下之長也；聞舜慈乎弟〔象口口，知其能〕爲民主也。故其爲瞽盲子也，甚孝；及其爲堯臣也，甚忠；堯禪天下而授之，南面而王天下，而甚君。故堯之禪乎舜也，如此也。」〔註219〕堯「聞舜孝，知其能養天下之老也；聞舜弟，知其能事天下之長也；聞舜慈乎弟〔象口口，知其能〕爲民主也」，堯根據舜在「家」之孝悌來斷定舜在「國」必忠誠，其理論依據就是「以孝事君」思想，即《孝經》所說「君子之事親孝，故忠可移於君」。在此，《唐虞之道》與《孝經》不同的是，《唐虞之道》「孝」的發展過程是：「孝」→「忠」→「君」，即舜因在「家」之孝、悌、慈不僅可以轉化爲在「國」之忠「臣」，而且可以成爲「天下」之明「君」，也就是「甚孝」、「甚忠」、「甚君」的過程；《孝經》「孝」的發展過程是：「孝」→「忠」，即孝子轉化爲忠「臣」，而孝子決不允許成爲明「君」，即「君」只能是一家的世襲。

〔註217〕邢昺：《孝經注疏》，《十三經注疏》，北京：中華書局，1980年，第2548頁。

〔註218〕李零：《郭店楚簡校讀記》（增訂本），北京：中國人民大學出版社，2007年，第124頁。

〔註219〕李零：《郭店楚簡校讀記》（增訂本），北京：中國人民大學出版社，2007年，第124頁。

　　曾參「以孝事君」的思想是從孔子、有若發展而來。孔子將「孝」與「為政」聯繫在一起，《論語‧為政》曰：「或謂孔子曰：『子奚不為政？』子曰：『《書》云：「孝乎惟孝，友於兄弟，施於有政。」是亦為政，奚其為為政？』」〔註220〕有若在孔子的基礎上又有所發展，進一步將「孝」與「上」（即君、國）結合在一起，《論語‧學而》曰：「有子曰：『其為人也孝悌，而好犯上者，鮮矣。不好犯上，而好作亂者，未之有也。君子務本，本立而道生。孝悌也者，其為仁之本與！』」〔註221〕最終豐富發展為曾參的「以孝事君」思想。

　　在上，我們梳理了儒家「孝」思想從孔子經有若至曾參的發展過程。《呂氏春秋》的「孝」思想是對曾參「孝」思想的繼承。

二、以孝事君

　　《呂氏春秋》八覽之中，《有始覽》為第一，《孝行覽》為第二，可見《呂氏春秋》對「孝」之重視。《呂氏春秋》重視「孝」思想的最重要原因是《呂氏春秋》認為「孝」是治理天下之「術」，認為能以「孝」治國就是抓住了治國之根本。

　　《呂氏春秋‧孝行》開篇曰：「凡為天下，治國家，必務本而後末。所謂本者，非耕耘種殖之謂，務其人也。務其人，非貧而富之，寡而眾之，務其本也。務本莫貴於孝。人主孝，則名章榮，下服聽，天下譽。人臣孝，則事君忠，處官廉，臨難死。士民孝，則耕芸疾，守戰固，不罷北。夫孝，三皇五帝之本務，而萬事之紀也。夫執一術而百善至、百邪去、天下從者，其惟孝也。」〔註222〕《呂氏春秋》認為管理天下、治理國家必須務本，「務本莫貴於孝」，《呂氏春秋》認為「孝」是三皇五帝之本務、天地萬事之綱紀。人主孝，則名聲彰顯、臣民服從、天下讚譽；人臣孝，則忠誠事君、清廉為官、從容死難；士民孝，則辛勤耕耘不疲憊、努力打仗不敗逃。否則，就是不孝，如《呂氏春秋‧孝行》引曾參所說：「居處不莊，非孝也。事君不忠，非孝也。蒞官不敬，非孝也。朋友不篤，非孝也。戰陳無勇，非孝也。五行不遂，災及乎親，敢不敬乎？」〔註223〕「孝」就是治理天下之法寶、管理國家之法術，

〔註220〕邢昺：《論語注疏》，《十三經注疏》，北京：中華書局，1980 年，第 2463 頁。
〔註221〕邢昺：《論語注疏》，《十三經注疏》，北京：中華書局，1980 年，第 2457 頁。
〔註222〕陳奇猷：《呂氏春秋新校釋》，上海：上海古籍出版社，2002 年，第 736 頁。
〔註223〕陳奇猷：《呂氏春秋新校釋》，上海：上海古籍出版社，2002 年，第 736～737 頁。

即所謂「執一術而百善至、百邪去、天下從者，其惟孝也」。

在具體的以孝治理天下方面，《呂氏春秋‧孝行》引曾參曰：「先王之所以治天下者五：貴德，貴貴，貴老，敬長，慈幼。此五者，先王之所以定天下也。所謂貴德，為其近於聖也。所謂貴貴，為其近於君也。所謂貴老，為其近於親也。所謂敬長，為其近於兄也。所謂慈幼，為其近於弟也。」〔註224〕所謂貴德、貴貴、貴老、敬長、慈幼，是把「德」、「君」、「家」連在一起來治理天下。其中，聖人的「德」處於最高地位是治理天下的核心思想，即主張以德治國；治理天下的核心人物是君；治理天下所依靠的基礎力量是以「家」為單位的「民」。針對「家」而言的所謂「貴老、敬長、慈幼」指的就是孝悌。民孝則忠君，君主利用以「孝」為基礎的聖人的「德」來治理天下，則天下「定」。這就是《呂氏春秋》以「孝」治國的具體方案，屬於「德治」的一個重要方面。

《呂氏春秋》主張以「孝」事君、以「孝」治國，「孝」與「忠」是一體的，在家為「孝」，在國為「忠」，能在家盡孝才能為國盡忠。「孝」與「忠」是連接「家」與「國」的紐帶，「家」之孝子就是「國」之忠臣。《呂氏春秋‧勸學》曰：「先王之教，莫榮於孝，莫顯於忠。忠孝，人君人親之所甚欲也。顯榮，人子人臣之所甚願也。」〔註225〕《呂氏春秋》治理天下需要的就是既「孝」又「忠」之人臣。《呂氏春秋‧高義》曰：「荊昭王之時，有士焉，曰石渚。其為人也，公直無私，王使為政廷。有殺人者，石渚追之，則其父也。還車而反，立於廷曰：『殺人者，僕之父也。以父行法，不忍；阿有罪，廢國法，不可。失法伏罪，人臣之義也。』於是乎伏斧鑕，請死於王。王曰：『追而不及，豈必伏罪哉？子復事矣。』石渚辭曰：『不私其親，不可謂孝子。事君枉法，不可謂忠臣。君令赦之，上之惠也。不敢廢法，臣之行也。』不去斧鑕，歿頭乎王廷。正法枉必死，父犯法而不忍，王赦之而不肯，石渚之為人臣也，可謂忠且孝矣。」〔註226〕在此《呂氏春秋》的價值觀已經與儒家的價值觀有所不同，《論語‧子路》載：「葉公語孔子曰：『吾黨有直躬者，其父攘羊，而子證之。』孔子曰：『吾黨之直者異於是。父為子隱，子為父隱，直在其中矣。』」〔註227〕孔子提倡的是「父為子隱，子為父隱」之「直」，《呂氏

〔註224〕陳奇猷：《呂氏春秋新校釋》，上海：上海古籍出版社，2002年，第737頁。

〔註225〕陳奇猷：《呂氏春秋新校釋》，上海：上海古籍出版社，2002年，第198頁。

〔註226〕陳奇猷：《呂氏春秋新校釋》，上海：上海古籍出版社，2002年，第1256頁。

〔註227〕邢昺：《論語注疏》，《十三經注疏》，北京：中華書局，1980年，第2507頁。

春秋》讚賞的「忠且孝」之人不同於此，這是《呂氏春秋》之新變。

三、全肢體以盡孝

《呂氏春秋・孝行》引曾子曰：「身者，父母之遺體也。行父母之遺體，敢不敬乎？」〔註228〕又引曾子曰：「父母生之，子弗敢殺。父母置之，子弗敢廢。父母全之，子弗敢闕。故舟而不遊，道而不徑，能全支體，以守宗廟，可謂孝矣。」〔註229〕首先，身體髮膚是父母所賜，作為子女要愛惜父母之所賜、不能隨意損傷或者毀壞自己的身體。其次，如果身體損傷，那麼就不能很好地盡孝、更不能守衛「宗廟」，是謂不孝，「能全支體，以守宗廟，可謂孝矣」。《孝經・開宗明義章》曰：「身體髮膚，受之父母，不敢毀傷，孝之始也。」《呂氏春秋》繼承了《孝經》的這一思想。《呂氏春秋》多引《孝經》以論「孝」，《呂氏春秋・察微》引《孝經》曰：「高而不危，所以長守貴也；滿而不溢，所以長守富也。富貴不離其身，然後能保其社稷，而和其民人。」〔註230〕《呂氏春秋》所引《孝經》文出自《孝經・諸侯章》，文字全同〔註231〕。又《呂氏春秋・孝行》曰：「故愛其親，不敢惡人；敬其親，不敢慢人。愛敬盡於事親，光耀加於百姓，究於四海，此天子之孝也。」〔註232〕《呂氏春秋》此段文字大致同於《孝經》論「天子之孝」，《孝經・天子章》曰：「愛親者，不敢惡於人；敬親者，不敢慢於人。愛敬盡於事親，而德教加於百姓，刑於四海，蓋天子之孝也。」〔註233〕

《呂氏春秋》還列舉曾參的弟子樂正子春的事蹟來論證「全肢體以盡孝」的觀點。樂正子春〔註234〕，是曾參的弟子。《呂氏春秋・行孝》載樂正子春自稱「吾聞之曾子」，又《春秋公羊傳》昭公十九年（前 523），何休注曰：「樂正子春，曾子弟子，以孝名聞。」〔註235〕知樂正子春是曾參的弟子，也以孝

〔註228〕陳奇猷：《呂氏春秋新校釋》，上海：上海古籍出版社，2002 年，第 736 頁。
〔註229〕陳奇猷：《呂氏春秋新校釋》，上海：上海古籍出版社，2002 年，第 737 頁。
〔註230〕陳奇猷：《呂氏春秋新校釋》，上海：上海古籍出版社，2002 年，第 1013 頁。
〔註231〕邢昺：《孝經注疏》，《十三經注疏》，北京：中華書局，1980 年，第 2547 頁。
〔註232〕陳奇猷：《呂氏春秋新校釋》，上海：上海古籍出版社，2002 年，第 736 頁。
〔註233〕邢昺：《孝經注疏》，《十三經注疏》，北京：中華書局，1980 年，第 2545 頁。
〔註234〕劉紅霞博士認為樂正子春生活在公元前466年至公元前376年之間，可作參考。
（劉紅霞《曾子及其學派研究》，山東大學 2008 年博士學位論文，第 118 頁。）
〔註235〕徐彥：《春秋公羊傳注疏》，《十三經注疏》，北京：中華書局，1980 年，第 2324 頁。

聞名。《韓非子・顯學》曰：「自孔子之死也，有子張之儒，有子思之儒，有顏氏之儒，有孟氏之儒，有漆雕氏之儒，有仲良氏之儒，有孫氏之儒，有樂正氏之儒。」〔註236〕「樂正氏之儒」當是指樂正子春〔註237〕，陳奇猷曰：「考《韓非子・顯學》謂自孔子死後，儒分為八，有樂正氏之儒，尤為先秦確有樂正子春學派存在之明證。」此說是，然而，陳奇猷又認為樂正子春名克〔註238〕，則非，因為樂正子春是曾參的弟子，樂正克是孟子的弟子，從時間上看，樂正子春與樂正克不可能是同一人。

　　樂正子春是曾參弟子之中影響較大的一位。《禮記・檀弓上》載：「曾子寢疾，病，樂正子春坐於床下，曾元、曾申坐於足，童子隅坐而執燭。童子曰：『華而睆，大夫之簀與？』子春曰：『止！』曾子聞之，瞿然曰：『呼！』曰：『華而睆，大夫之簀與？』曾子曰：『然，斯季孫之賜也，我未之能易也。元，起易簀。』曾元曰：『夫子之病革矣，不可以變，幸而至於旦，請敬易之。』曾子曰：『爾之愛我也不如彼。君子之愛人也以德，細人之愛人也以姑息。吾何求哉？吾得正而斃焉斯已矣。』舉扶而易之。反席未安而沒。」〔註239〕在曾參彌留之際，樂正子春作為弟子和曾參的兒子曾元、曾申陪在曾參的身邊，如黃開國所說：「樂正子春是曾子弟子中唯一守護曾子之人，並且排名在曾元與曾申之前，足見樂正子春在曾門的特殊地位，連曾子之子都不可相比。」〔註240〕又《韓非子・說林下》載：「齊伐魯，索讒鼎，魯以其雁往。齊人曰：『雁也。』魯人曰：『真也。』齊曰：『使樂正子春來，吾將聽子。』魯君請樂正子春，樂正子春曰：『胡不以其真往也？』君曰：『我愛之。』答曰：『臣亦愛臣之信。』」〔註241〕齊國不信魯國而信樂正子春，足見樂正子春在當時是一個有很大影響的人物。

　　樂正子春傳承的是曾參的「孝」思想，《禮記・檀弓下》載：「樂正子春

〔註236〕王先慎：《韓非子集解》，北京：中華書局，1998年，第456頁。
〔註237〕郭沫若《儒家八派的批判》一文認為「樂正氏之儒」為孟子弟子樂正克（郭沫若《十批判書》，北京：東方出版社，1996年，第141頁。），其說非。
〔註238〕《呂氏春秋・行孝》注〔一〕，陳奇猷《呂氏春秋新校釋》，上海：上海古籍出版社，2002年，第738頁。
〔註239〕孔穎達：《禮記正義》，《十三經注疏》，北京：中華書局，1980年，第1277頁。
〔註240〕黃開國：《論儒家的孝道學派——兼論儒家孝道派與孝治派的區別》，《哲學研究》2003年第3期。
〔註241〕王先慎：《韓非子集解》，北京：中華書局，1998年，第194～195頁。

之母死，五日而不食。」〔註242〕樂正子春之母死，樂正子春五天不吃飯以行孝，這與《禮記・檀弓上》所載曾參「執親之喪也，水漿不入於口者七日」〔註243〕的孝行一脈相承。《春秋公羊傳》昭公十九年（前523）載：「冬，葬許悼公。賊未討，何以書葬？不成於弒也。曷為不成於弒？止進藥而藥殺也。止進藥而藥殺，則曷為加弒焉爾？譏子道之不盡也。其譏子道之不盡奈何？曰：樂正子春之視疾也。復加一飯則脫然愈，復損一飯則脫然愈；復加一衣則脫然愈，復損一衣則脫然愈。止進藥而藥殺，是以君子加弒焉爾，曰『許世子止弒其君買』，是君子之聽止也。」〔註244〕在此，樂正子春被視為「孝」的模範和標準，藉以批判「子道之不盡」。足見樂正子春之孝行。

《呂氏春秋・行孝》載：「樂正子春下堂而傷足，瘳而數月不出，猶有憂色。門人問之曰：『夫子下堂而傷足，瘳而數月不出，猶有憂色，敢問其故？』樂正子春曰：『善乎而問之。吾聞之曾子，曾子聞之仲尼：父母全而生之，子全而歸之，不虧其身，不損其形，可謂孝矣。君子無行咫步而忘之。余忘孝道，是以憂。』」〔註245〕樂正子春因為下堂傷了腳，腳好了以後幾個月不出門，仍然憂心忡忡，人問其故，樂正子春說因為自己忘記了「孝道」，所以憂愁。樂正子春所云「父母全而生之，子全而歸之，不虧其身，不損其形，可謂孝矣」正是曾參「身體髮膚，受之父母，不可毀傷」的「孝」思想。梁濤說：「樂正子春的孝是以『全身』為特徵的，認為『父母全而生之，子全而歸之，可謂孝矣』，反映了對個體生命的重視和關注。戰國時期，戰爭頻仍，諸侯國間的兼併戰爭對個體生命構成嚴重威脅。成年子女一旦喪身，父母不僅得不到奉養，個體家庭的生存也會遭到嚴重威脅。所以樂正子春主張『不虧其體』，『全而歸之』，無疑是要求人們在亂世中將保全生命作為首要選擇，表現出對家庭穩固和利益的關注。」〔註246〕此說有一定道理，「全身」盡孝固是為

〔註242〕孔穎達：《禮記正義》，《十三經注疏》，北京：中華書局，1980年，第1317頁。

〔註243〕孔穎達：《禮記正義》，《十三經注疏》，北京：中華書局，1980年，第1282頁。

〔註244〕徐彥：《春秋公羊傳注疏》，《十三經注疏》，北京：中華書局，1980年，第2324頁。

〔註245〕陳奇猷：《呂氏春秋新校釋》，上海：上海古籍出版社，2002年，第737～738頁。

〔註246〕梁濤：《樂正氏之儒的「泛孝論」及與思孟學派的關係（上）》，《孝感學院學報》2006年第1期。

「家」，進一步說，「全身」盡孝更是爲「國」。

對於戰國時期的兼併戰爭來說，身體健康、肢體健全的士兵和農民都是君王最需要的，這對於依賴耕戰而強大起來的秦國而言尤爲重要。從這個意義上說，保全肢體更是爲「國」。《呂氏春秋》不僅僅從盡孝一個方面來論述保全肢體之重要，《呂氏春秋》批判任何隨意損傷自己肢體的舉動。《呂氏春秋·當務》載：「齊之好勇者，其一人居東郭，其一人居西郭，卒然相遇於途曰：『姑相飲乎？』觴數行，曰：『姑求肉乎？』一人曰：『子肉也？我肉也？尙胡革求肉而爲？於是具染而已。』因抽刀而相啖，至死而止。勇若此不若無勇。」〔註247〕齊國的兩個勇者，把自己的身體當作酒肴抽刀相啖而死。他們這樣毀壞自己肢體的做法毫無意義，《呂氏春秋》對這種不爲仁、不爲義而隨意損傷自己肢體的舉動是極力批判的，稱之爲「勇若此不若無勇」。

黃開國說：「由曾子一系而發展出來的孝道派與思孟學派的理論，都不適合戰國統治者的政治需要。戰國是一個七雄交戰、各國國君都想一統六合的時代，當時重視的是耕戰，特別是征戰。如果說孟子的仁政說不合時宜，那麼孝道派的孝道理論就更加不合時宜。征戰需要人去爲君主而戰，就免不了傷殘乃至犧牲，而孝道派卻要求爲行孝而保全身體，根本是與人君的需求背道而馳。孟子作爲一代儒學大師也不得重用，人才凋零、理論又不合時宜的孝道派的命運更是可想而知。」〔註248〕這一說法不完全正確，保全肢體不僅爲「家」而且爲「國」，國君需要肢體健全的士兵去打仗、需要肢體健全的農民去耕地，可以說，保全肢體更是君王的急切需要。儒家雖有「全肢體以盡孝」的主張，但是儒家更主張舍生以取義、殺身以成仁，儒家「全肢體以盡孝」的思想只是強調不能隨意地損傷自己的身體。

綜上，我可以對本節做一小結：《呂氏春秋》的「孝」思想可以說主要是繼承，是「舊」，比較少自己的創新。《呂氏春秋》之所以較少改變地將儒家的「孝」思想吸收進來，是因爲儒家的「孝」思想符合《呂氏春秋》構建自己學術思想體系的需要。儒家以「孝」事君的思想符合《呂氏春秋》構建「王治」體系的需要，《呂氏春秋》將「孝」作爲治理天下、管理國家的重要之「術」，認爲是治國之根本。以「孝」治國之所以成爲可能，是因爲儒家的「孝」思

〔註247〕陳奇猷：《呂氏春秋新校釋》，上海：上海古籍出版社，2002年，第603頁。
〔註248〕黃開國：《論儒家的孝道學派——兼論儒家孝道派與孝治派的區別》，《哲學研究》2003年第3期。

想存在治理國家的合理內核，儒家主張以「孝」事君，認爲在家之「孝」可以自然地轉化爲對君王之「忠」。《呂氏春秋》需要的正是「孝且忠」之人臣。可以說，「孝治」是《呂氏春秋》「德治」的一個重要方面。

　　《呂氏春秋》推崇孝道，將「孝」置於崇高的地位，主張士民以孝事君，君以孝治天下，以德治國。《呂氏春秋》這種思想在戰爭頻繁、戰亂不斷地戰國晚期似乎顯得有些不合時宜，對於積極統一天下的秦國來講似乎更不合時宜。我們應該知道《呂氏春秋》旨在爲統一後的天下編撰治國法典，戰國晚期戰亂的局面並不是《呂氏春秋》最關注的對象，因爲在《呂氏春秋》編撰之時秦國統一天下的大局已定，呂不韋對此不存在懷疑〔註249〕。《呂氏春秋》最關注的是統一後的天下如何來治理的問題，《呂氏春秋》提供的方案是改變秦國以「法」治國的傳統，主張以「德」治國，而以「孝」治國是以「德」治國的一個重要方面。以「孝」治國是《呂氏春秋》針對統一後天下的治理而言的。

第四節　《呂氏春秋》的爲學思想——達賢之徑（一）

一、思想探源

　　中國自古就重視「學」〔註250〕，《尚書·說命下》曰：「說曰：『王！人求多聞，時惟建事。學於古訓，乃有獲。事不師古，以克永世，匪說攸聞。惟學遜志，務時敏，厥修乃來。允懷於茲，道積於厥躬。惟敩學半，念終始典於學，厥德修罔覺。監於先王成憲，其永無愆。惟說式克欽承，旁招俊乂，列於庶位。』」〔註251〕《尚書·說命》分爲上、中、下三篇，記載的是傅說與

〔註249〕《呂氏春秋·慎大》曰：「勝非其難者也，持之其難者也。」（陳奇猷：《呂氏春秋新校釋》，上海：上海古籍出版社，2002年，第852頁。）可以說，至《呂氏春秋》編撰之時，秦國統一天下的勁頭勢如破竹，取勝確實不是難事；呂不韋最擔心的倒是如何「守成」、如何保持勝利的成果，因爲首先「守成」本身就是一件困難的事情，其次秦國、秦王政所實行的比較單一的「法治」存在諸多弊端。所以說，呂不韋、《呂氏春秋》最關注的是統一後的天下如何來治理的問題。

〔註250〕徐復觀先生說：「在先秦諸子百家中，惟儒家最重視學問。」（徐復觀：《兩漢思想史》（第三卷），上海：華東師範大學出版社，2001年，第65頁。）此說是。

〔註251〕孔穎達：《尚書正義》，《十三經注疏》，北京：中華書局，1980年，第175～

武丁之事，《正義》曰：「下篇王欲師說而學，說報王爲學之有益。」〔註252〕此段話講的正是傅說對武丁所說「爲學之有益」。傅說曰「斅學半，念終始典於學，厥德修罔覺」，《正義》曰：「教人然後知困，知困必將自強，惟教人乃是學之半，言其功半於學也。於學之法，念終念始，常在於學，則其德之修漸漸進益，無能自覺其進，言日有所益，不能自知也。」〔註253〕傅說說到了「教」與「學」的關係，認爲「教學半」。

《詩經·周頌·敬之》曰：「敬之敬之，天維顯思，命不易哉！無曰：高高在上。陟降厥士，日監在茲。維予小子，不聰敬止。日就月將，學有緝熙於光明。佛時仔肩，示我顯德行。」毛傳曰：「《敬之》，群臣進戒嗣王也。」〔註254〕群臣勸誡成王要敬行其事，去惡從善，天乃予之光明，天命永存，王曰「維予小子，不聰敬止。日就月將，學有緝熙於光明」，《正義》曰：「王身當理政事，而言學有光明，是王意以己不達於政，未能即任其事，且欲學作有光明於彼光明之人，謂選擇賢中之賢，乃從之學。」〔註255〕成王能夠「學有緝熙於光明」，終成周朝有作爲的帝王。

《論語·學而》載孔子曰：「學而時習之，不亦說乎？」〔註256〕孔子說學習新知識並經常溫習它，是一件令人快樂的事。孔子興辦私學，廣收門徒，一生都在「教」與「學」中度過。《論語·公冶長》載孔子曰：「十室之邑，必有忠信如丘者焉，不如丘之好學也。」〔註257〕孔子以「好學」自許，《論語·述而》載孔子曰：「默而識之，學而不厭，誨人不倦，何有於我哉？」〔註258〕又《論語·述而》載孔子曰：「加我數年，五十以學《易》，可以無大過矣。」〔註259〕「加我數年」體現出的是孔子對生命的緊迫感，也是孔子對「學」的緊迫感。《論語·爲政》載孔子曰：「吾十有五而志於學。」〔註260〕孔子十五

176 頁。
〔註252〕孔穎達：《尚書正義》，《十三經注疏》，北京：中華書局，1980 年，第 174 頁。
〔註253〕孔穎達：《尚書正義》，《十三經注疏》，北京：中華書局，1980 年，第 175 頁。
〔註254〕孔穎達：《毛詩正義》，《十三經注疏》，北京：中華書局，1980 年，第 598～599 頁。
〔註255〕孔穎達：《毛詩正義》，《十三經注疏》，北京：中華書局，1980 年，第 599 頁。
〔註256〕邢昺：《論語注疏》，《十三經注疏》，北京：中華書局，1980 年，第 2457 頁。
〔註257〕邢昺：《論語注疏》，《十三經注疏》，北京：中華書局，1980 年，第 2475 頁。
〔註258〕邢昺：《論語注疏》，《十三經注疏》，北京：中華書局，1980 年，第 2481 頁。
〔註259〕邢昺：《論語注疏》，《十三經注疏》，北京：中華書局，1980 年，第 2482 頁。
〔註260〕邢昺：《論語注疏》，《十三經注疏》，北京：中華書局，1980 年，第 2461 頁。

而志於學，五十仍然緊迫於學。孔子為什麼如此重視學？因為學非常重要，《論語·陽貨》載孔子曰：「性相近也，習相遠也。」〔註261〕孔子認為人生而性情相近，人之間的差別是「習相遠」的結果，所以，孔子很重視後天的「學」。又《論語·陽貨》載孔子為子路解釋「六言六蔽」曰：「好仁不好學，其蔽也愚；好知不好學，其蔽也蕩；好信不好學，其蔽也賊；好直不好學，其蔽也絞；好勇不好學，其蔽也亂；好剛不好學，其蔽也狂。」〔註262〕仁、知、信、直、勇、剛是儒家追求的六種優秀道德，好仁、好知、好信、好直、好勇、好剛固然是好事，但是，如果「不好學」，好事就會變成壞事，有各種弊端。不好學，不知所以裁決，好仁，不知所施，則為愚人；好知，不知所守，則為蕩逸；好信，不知所隱，則為賊害；好直，不知所緩，則為絞切；好勇，不知所義，則為禍亂；好剛，不知所屈，則為狂妄。

孔子重視「學」與「思」的關係，《論語·衛靈公》載孔子曰：「吾嘗終日不食，終夜不寢，以思，無益，不如學也。」〔註263〕思而無益，不如學也。又《論語·為政》載孔子曰：「學而不思則罔，思而不學則殆。」〔註264〕「學而不思」使人迷惘，不知所云；「思而不學」使人倦殆，終無所得。所以，孔子主張將「學」與「思」結合在一起。

孟子、荀子的「學」思想從孔子而來，又各自有其特色。孟子、荀子二者相比，孟子的「學」思想注重「內求」，更重視「思」，荀子的「學」思想注重「外求」，更重視「學」。

《孟子·告子上》載孟子曰：「惻隱之心，人皆有之；羞惡之心，人皆有之；恭敬之心，人皆有之；是非之心，人皆有之。惻隱之心，仁也；羞惡之心，義也；恭敬之心，禮也；是非之心，智也。仁義禮智，非由外鑠我也，我固有之也，弗思耳矣。」〔註265〕孟子認為人性本善，生而固有惻隱之心、羞惡之心、恭敬之心、是非之心四種善良之心，謂之「四端」，與此相伴，人又固有仁、義、禮、智四種道德。《孟子·公孫丑上》曰：「惻隱之心，仁之端也；羞惡之心，義之端也；恭敬之心，禮之端也；是非之心，智之端也。

〔註261〕邢昺：《論語注疏》，《十三經注疏》，北京：中華書局，1980年，第2524頁。

〔註262〕邢昺：《論語注疏》，《十三經注疏》，北京：中華書局，1980年，第2525頁。

〔註263〕邢昺：《論語注疏》，《十三經注疏》，北京：中華書局，1980年，第2518頁。

〔註264〕邢昺：《論語注疏》，《十三經注疏》，北京：中華書局，1980年，第2462頁。

〔註265〕舊題孫奭：《孟子注疏》，《十三經注疏》，北京：中華書局，1980年，第2749頁。

人之有是四端也，猶其有四體也。有是四端，而自謂不能者，自賊者也；謂其君不能者，賊其君者也。凡有四端於我者，知皆擴而充之矣，若火之始然、泉之始達。苟能充之，足以保四海；苟不充之，不足以事父母。」〔註266〕人內在固有「四端」，擴而充之，足夠保四海，所以，孟子的「學」思想注重「內求」，注重「思」。《孟子・盡心上》孟子曰：「君子所性，仁、義、禮、智根於心。」〔註267〕人之性情，仁、義、禮、智皆根植於人之內心，所以，《孟子・告子上》孟子曰：「學問之道無他，求其放心而已矣。」又曰：「心之官則思，思則得之，不思則不得也。」〔註268〕所以，孟子重「思」，重「反求諸己」。

　　孟子雖然並不是要否定「學」，「但是，孟子的話語中畢竟埋下了忽視『學』的禍根，而這個禍根深植於在孟子的心性論之中而與他的整個思想系統有關聯。《荀子》之開篇《勸學篇》的一個重要問題就是討論『學』與『思』的關係問題，其所針對者孟子也。」〔註269〕此說有道理。

　　荀子重視「學」，《荀子》第一篇《勸學篇》的第一句話就是「君子曰：學不可以已。」〔註270〕荀子認為在人的一生當中，「學不可以已」，因為「學」非常重要，《荀子・儒效》曰：「我欲賤而貴，愚而智，貧而富，可乎？曰：其唯學乎。彼學者，行之，曰士也；敦慕焉，君子也；知之，聖人也。上為聖人，下為士君子，孰禁我哉！鄉也，混然塗之人也，俄而並乎堯、禹，豈不賤而貴矣哉！鄉也，效門室之辨，混然曾不能決也，俄而原仁義，分是非，圖回天下於掌上而辯白黑，豈不愚而知矣哉！鄉也，胥靡之人，俄而治天下之大器舉在此，豈不貧而富矣哉！」〔註271〕「學」可以使人由卑賤變得尊貴、由愚昧變得智慧、由貧困變得富裕，「學」可以使人成為士、成為君子、成為聖人，所以，荀子曰「學不可以已」。《荀子・非十二子》曰：「不知則問，不

〔註266〕舊題孫奭：《孟子注疏》，《十三經注疏》，北京：中華書局，1980年，第2691頁。
〔註267〕舊題孫奭：《孟子注疏》，《十三經注疏》，北京：中華書局，1980年，第2766頁。
〔註268〕舊題孫奭：《孟子注疏》，《十三經注疏》，北京：中華書局，1980年，第2752、2753頁。
〔註269〕沈雲波：《學不可以已——〈荀子〉思想研究》，復旦大學2008博士學位論文，第51頁。
〔註270〕王先謙：《荀子集解》，北京：中華書局，1988年，第1頁。
〔註271〕王先謙：《荀子集解》，北京：中華書局，1988年，第125～126頁。

能則學。」〔註 272〕能成聖人者，無不以學，《荀子・大略》曰：「不學不成：堯學於君疇，舜學於務成昭，禹學於西王國。」〔註 273〕

《荀子・勸學》曰：「吾嘗終日而思矣，不如須臾之所學也。」〔註 274〕這與孔子所云「吾嘗終日不食，終夜不寢，以思，無益，不如學也」一脈相承。

孟子重視「思」的理論基石是其性善論，荀子強調「學」的理論基石是其性惡論。荀子批判孟子的性善論，提出性、偽之分。《荀子・性惡》曰：「孟子曰：『人之學者，其性善。』曰：是不然。是不及知人之性，而不察乎人之性、偽之分者也。凡性者，天之就也，不可學，不可事；禮義者，聖人之所生也，人之所學而能，所事而成者也。不可學、不可事而在人者謂之性，可學而能、可事而成之在人者謂之偽。是性、偽之分也。」〔註 275〕荀子批判孟子把性善作為「學」的基石，認為孟子不知道「性」與「偽」的區別。荀子指出「性」是天所成就，人生來而固有，是「不可學、不可事」的；「偽」是後天的人為，是「可學而能、可事而成」的。又《荀子・正名》曰：「散名之在人者，生之所以然者謂之性。性之和所生，精合感應，不事而自然謂之性。性之好、惡、喜、怒、哀、樂謂之情。情然而心為之擇謂之慮。心慮而能為之動謂之偽。慮積焉、能習焉而後成謂之偽。正利而為謂之事。正義而為謂之行。所以知之在人者謂之知。知有所合謂之智。智所以能之在人者謂之能。能有所合謂之能。」〔註 276〕性，生之所以然、不事而自然，不可事、不可學。偽，人之能動，「心慮而能為之動謂之偽」，包括「心慮」和「能為」，即知與能，要通過思慮和學習來實現。

《荀子・性惡》曰：「今人之性，固無禮義，故強學而求有之也；性不知禮義，故思慮而求知之也。然則生而已，則人無禮義，不知禮義。人無禮義則亂，不知禮義則悖。然則生而已，則悖亂在己。用此觀之，人之性惡明矣，其善者偽也。」〔註 277〕與孟子認為人性本善，生而固有惻隱、羞惡、恭敬、是非四種善良之心，又固有仁、義、禮、智四種道德不同，荀子認為人性惡，

〔註 272〕王先謙：《荀子集解》，北京：中華書局，1988 年，第 100 頁。

〔註 273〕王先謙：《荀子集解》，北京：中華書局，1988 年，第 489 頁。

〔註 274〕王先謙：《荀子集解》，北京：中華書局，1988 年，第 4 頁。

〔註 275〕王先謙：《荀子集解》，北京：中華書局，1988 年，第 435～436 頁。

〔註 276〕王先謙：《荀子集解》，北京：中華書局，1988 年，第 412～413 頁。

〔註 277〕王先謙：《荀子集解》，北京：中華書局，1988 年，第 439 頁。

「今人之性，固無禮義」，認爲人生性之中本來就沒有禮義道德。然而，「人無禮義則亂，不知禮義則悖」，即禮義對人、對社會十分重要，所以，荀子強調「強學而求有之」、「思慮而求知之」。

荀子主張「人之性惡，其善者僞也」〔註278〕，人性惡，人之性固無禮義，然而禮義非常重要，不得不有。既然人內在本性沒有禮義，荀子就向外求之。《荀子·性惡》曰：「聖人化性而起僞，僞起而生禮義，禮義生而制法度。然則禮義法度者，是聖人之所生也。」〔註279〕聖人「化性起僞」而禮義生，但是，並不是人人都是聖人，普通人要獲得禮義，就只有靠「學」，所以荀子重視「學」，強調「強學而求有之」。

在學的方法上，《荀子·勸學》重點說了兩種：一是「假」，一是「積」。《荀子·勸學》曰：「吾嘗終日而思矣，不如須臾之所學也，吾嘗跂而望矣，不如登高之博見也。登高而招，臂非加長也，而見者遠；順風而呼，聲非加疾也，而聞者彰。假輿馬者，非利足也，而致千里；假舟楫者，非能水也，而絕江河。君子生非異也，善假於物也。」〔註280〕「君子生非異也，善假於物也」，君子之性並沒有什麼不同，只是君子善於借助外物來達到自己的目的。荀子藉以喻學，即主張「學」要注意對外界事物的利用，善於借助良師的幫助。

荀子還強調「學」要注重量的積累，《荀子·勸學》曰：「積土成山，風雨興焉；積水成淵，蛟龍生焉；積善成德，而神明自得，聖心備焉。故不積跬步，無以至千里；不積小流，無以成江海。騏驥一躍，不能十步；駑馬十駕，功在不捨。鍥而捨之，朽木不折；鍥而不捨，金石可鏤。」〔註281〕荀子認爲事物的發展只有在量上積累到一定程度，才會發生質的變化，同樣，荀子強調「學」貴在不斷積累，要有一種「鍥而不捨」的精神。又《荀子·勸學》曰：「積土而爲山，積水而爲海，旦暮積謂之歲。至高謂之天，至下謂之地，宇中六指謂之極；塗之人百姓積善而全盡謂之聖人。彼求之而後得，爲之而後成，積之而後高，盡之而後聖。故聖人也者，人之所積也。」〔註282〕聖人就是在學習中不斷積累的結果，所以，荀子強調「學」要重視「積」。

〔註278〕王先謙：《荀子集解》，北京：中華書局，1988年，第434頁。
〔註279〕王先謙：《荀子集解》，北京：中華書局，1988年，第438頁。
〔註280〕王先謙：《荀子集解》，北京：中華書局，1988年，第4頁。
〔註281〕王先謙：《荀子集解》，北京：中華書局，1988年，第7～8頁。
〔註282〕王先謙：《荀子集解》，北京：中華書局，1988年，第144頁。

　　《呂氏春秋》重視「學」，繼承的是荀子的「學」思想。《荀子》有《勸學篇》，《呂氏春秋》也有《勸學篇》〔註283〕，這是《呂氏春秋》對《荀子》在篇目上的繼承，是其重視「學」的重要表現。《呂氏春秋·開春》曰：「學豈可以已哉？」〔註284〕這是對《荀子·勸學》開篇所云「學不可以已」〔註285〕的回應和繼承。《荀子·非十二子》曰：「不知則問，不能則學。」〔註286〕《呂氏春秋·謹聽》亦曰：「太上知之，其次知其不知。不知則問，不能則學。《周箴》曰：『夫自念斯，學德未暮。』學賢問，三代之所以昌也。」〔註287〕「不知則問，不能則學」這句話當是《呂氏春秋》從《荀子》之中得來，也是《呂氏春秋》對「學」重視的表現。

　　《呂氏春秋》的「為學」思想，雖然對荀子的「學」思想有所繼承，但是又與之有所不同，又有自己的「新」東西。

二、學以至聖——聖人生於疾學

　　賢人政治，需要賢人，《呂氏春秋》設計了一條達賢之徑：第一步「尊師」，尊師則「師盡智竭道以教」→第二步「疾學」，在老師「盡智竭道」的教導下學習→第三步「成聖」，通過學習在知識和道德上具備「聖賢」的素質→第四步「天下理」，「聖人之所在，則天下理焉」。在這個方案中，「尊師」、「疾學」只是「製造」聖人的手段，而「聖人」才是目的。「為學」就是達賢之徑。

　　《呂氏春秋·勸學》曰：「聖人生於疾學。不疾學而能為魁士名人者，未之嘗有也。疾學在於尊師，師尊則言信矣，道論矣。」〔註288〕《呂氏春秋》認為聖人的出現不是因為上天賦予他獨特的秉性，而是「生於疾學」，而疾學的關鍵在於尊師，在於有良師的教導。如果一個人的老師通達理義而其自身又有才能，那麼這個人定當成為聖人。《呂氏春秋·尊師》曰：「神農師悉諸，黃帝師大撓，帝顓頊師伯夷父，帝嚳師伯招，帝堯師子州支父，帝舜師許由，禹師大成贄，湯師小臣，文王、武王師呂望、周公旦，齊桓公師管夷吾，晉

〔註283〕陳奇猷：《呂氏春秋新校釋》，上海：上海古籍出版社，2002年，第198頁。
〔註284〕陳奇猷：《呂氏春秋新校釋》，上海：上海古籍出版社，2002年，第1437頁。
〔註285〕王先謙：《荀子集解》，北京：中華書局，1988年，第1頁。
〔註286〕王先謙：《荀子集解》，北京：中華書局，1988年，第100頁。
〔註287〕陳奇猷：《呂氏春秋新校釋》，上海：上海古籍出版社，2002年，第710頁。
〔註288〕陳奇猷：《呂氏春秋新校釋》，上海：上海古籍出版社，2002年，第198頁。

文公師咎犯、隨會，秦穆公師百里奚、公孫枝，楚莊王師孫叔敖、沈尹巫，吳王闔閭師伍子胥、文之儀，越王句踐師范蠡、大夫種。此十聖人六賢者，未有不尊師者也。今尊不至於帝，智不至於聖，而欲無尊師，奚由至哉？此五帝之所以絕，三代之所以滅。」〔註289〕在此《呂氏春秋》列舉十聖人、六賢者的事例來證明追隨好的老師「疾學」之重要。

　　《呂氏春秋》認為「學」可以改變命運，「不疾學而能為魁士名人者，未之嘗有也」。《呂氏春秋・尊師》曰：「子張，魯之鄙家也；顏涿聚，梁父之大盜也；學於孔子。段干木，晉國之大駔也，學於子夏。高何、縣子石，齊國之暴者也，指於鄉曲，學於子墨子。索盧參，東方之巨狡也，學於禽滑黎。此六人者，刑戮死辱之人也，今非徒免於刑戮死辱也，由此為天下名士顯人，以終其壽，王公大人從而禮之，此得之於學也。」〔註290〕子張、顏涿聚、段干木、高何、縣子石、索盧參本來都是「刑戮死辱之人」，但是，「學」改變了他們的命運。子張、顏涿聚學於孔子，段干木學於子夏，高何、縣子石學於墨子，索盧參學於禽滑黎，通過「學」，他們成了聞名天下的賢士，得到了王公大人的禮遇。

　　為學乃達賢之徑，而為學之基、尊師之道、為學之法還需要進一步的探討。

三、為學之基——人之性情慾望

　　《呂氏春秋・尊師》曰：「且天生人也，而使其耳可以聞，不學，其聞不若聾；使其目可以見，不學，其見不若盲；使其口可以言，不學，其言不若爽；使其心可以知，不學，其知不若狂。故凡學，非能益也，達天性也。能全天之所生而勿敗之，是謂善學。」〔註291〕《呂氏春秋》認為上天生人使人有耳可以聽、有眼可以見、有口可以說、有心可以想，但是，如果「不學」，那麼有耳「其聞不若聾」，有眼「其見不若盲」，有口「其言不若爽」，有心「其知不若狂」，所以，《呂氏春秋》很重視「學」。《呂氏春秋・謹聽》曰：「夫堯惡得賢天下而試舜？舜惡得賢天下而試禹？斷之於耳而已矣。耳之可以斷也，反性命之情也。今夫惑者，非知反性命之情，其次非知觀於

〔註289〕陳奇猷：《呂氏春秋新校釋》，上海：上海古籍出版社，2002年，第207頁。
〔註290〕陳奇猷：《呂氏春秋新校釋》，上海：上海古籍出版社，2002年，第208頁。
〔註291〕陳奇猷：《呂氏春秋新校釋》，上海：上海古籍出版社，2002年，第208頁。

五帝、三王之所以成也,則奚自知其世之不可也?奚自知其身之不逮也?太上知之,其次知其不知。不知則問,不能則學。《周箴》曰:『夫自念斯,學德未暮。』學賢問,三代之所以昌也。」〔註292〕「耳之可以斷也,反性命之情也」,人的耳朵聽了以後可以做出判斷,這是耳朵本身所具有的機能。堯、舜通過耳朵能做出正確的判斷,是因爲他們「反性命之情」,順應了人之性情。後世之人,不知道「反性命之情」,也不知道借鑒五帝、三王成功的經驗,也就不知道自身存在的問題,所以,《呂氏春秋》強調「不知則問,不能則學」。

與荀子基於性惡論基礎之上主張「外求」的「學」不同的是,《呂氏春秋》主張「凡學,非能益也,達天性也」,認爲「學」是在全面實現人之天性,是在充分挖掘和發揮人本身的機能和內在的潛能,並不能增益人天性之中根本不存在的完全來自於外界的東西,即《呂氏春秋》所謂「能全天之所生而勿敗之,是謂善學」。人具有「耳可以聞」、「目可以見」、「口可以言」、「心可以知」等天性,「學」有助於耳、目、口、心等本身機能和內在潛能的發揮,有助於合理、正確地實現聽、看、說、想等天性。

《呂氏春秋》「學,達天性也」的主張,看似與孟子基於性善論的「學」思想相同,其實不然。孟子認爲人性本善,生而固有「四端」:惻隱之心、羞惡之心、恭敬之心、是非之心四種善良之心,於是,人又固有仁、義、禮、智四種道德,將「四端」擴而充之,就足夠了,所以,孟子的「學」思想注重「內求」。《呂氏春秋》的「學」思想與此有別,首先,雖然《呂氏春秋》認爲「學」是在實現人之天性,是在挖掘和發揮人本身的機能和內在的潛能,但是《呂氏春秋》所謂的人之天性不是基於性善論的四種善良之心,而是指內在的人體機能和潛能。其次,《呂氏春秋》重「學」也與孟子的注重「內求」、重「思」不同。

《呂氏春秋》認爲人天生而有情、有欲,貴賤賢愚都一樣,《呂氏春秋‧情慾》曰:「天生人而使有貪有欲。欲有情,情有節。聖人修節以止欲,故不過行其情也。故耳之欲五聲,目之欲五色,口之欲五味,情也。此三者,貴賤愚智賢不肖欲之若一,雖神農、黃帝其與桀、紂同。」〔註293〕「聖人修節以止欲,故不過行其情也」,聖人要做的事不過是用人之欲、行人之情罷了。

〔註292〕陳奇猷:《呂氏春秋新校釋》,上海:上海古籍出版社,2002年,第710頁。
〔註293〕陳奇猷:《呂氏春秋新校釋》,上海:上海古籍出版社,2002年,第86頁。

《呂氏春秋‧誣徒》曰:「人之情,不能樂其所不安,不能得於其所不樂。爲之而樂矣,奚待賢者?雖不肖者猶若勸之。爲之而苦矣,奚待不肖者?雖賢者猶不能久。反諸人情,則得所以勸學矣。」〔註294〕《呂氏春秋》將「學」與人情、人欲結合在一起。人之情,不能於其認爲不安處獲得歡樂,不能從其不樂意做的事情裏有所收穫。所以,《呂氏春秋》認爲「學」也是一樣,勸學要「反諸人情」,順人之情,用人之欲,才能達到勸學的目的,使人人能以學爲樂,樂於去學。

勸學要順人情、用人欲,教學也是如此,《呂氏春秋‧誣徒》曰:「人之情,惡異於己者,此師徒相與造怨尤也。人之情,不能親其所怨,不能譽其所惡,學業之敗也,道術之廢也,從此生矣。善教者則不然,視徒如己。反己以教,則得教之情也。所加於人,必可行於己,若此則師徒同體。人之情,愛同於己者,譽同於己者,助同於己者,學業之章明也,道術之大行也,從此生矣。」〔註295〕喜歡和與自己志同道合的人親近,厭惡和與自己心志不同的人在一起,不能和所怨恨的人親密無間,不能眞心地讚譽所厭惡的人,這些都是人之常情。違反人之常情來教學,就會師徒異心、相互抱怨,所以,《呂氏春秋》主張教學要順應人之常情,師徒同心,「師徒同體」,「己所不欲,勿施於人」,最終實現學業章明、道術大行的理想境界。

《呂氏春秋‧勸學》曰:「先王之教,莫榮於孝,莫顯於忠。忠孝,人君人親之所甚欲也。顯榮,人子人臣之所甚願也。然而人君人親不得其所欲,人子人臣不得其所願,此生於不知理義。不知理義,生於不學。」〔註296〕人之天性,生而有欲,人君、人親欲忠孝,人子、人臣欲顯榮,然而,他們皆不得如願,原因是他們不懂得理義。不懂得理義,是因爲他們「不學」。換一種說法,忠、孝、顯、榮的欲望促使人君、人親、人子、人臣去「知理義」,去「學」。也就是說,《呂氏春秋》認爲人性之中的欲望是「學」的根本動力,是「學」的理論基石。

《呂氏春秋‧尊師》曰:「故凡學,非能益也,達天性也。能全天之所生而勿敗之,是謂善學。」〔註297〕「達天性」、「全天之所生」這其實是對道家楊朱思想的吸收。楊朱爲我,主張全生全性,《淮南子‧泛論訓》曰:「全性

〔註294〕陳奇猷:《呂氏春秋新校釋》,上海:上海古籍出版社,2002年,第223頁。
〔註295〕陳奇猷:《呂氏春秋新校釋》,上海:上海古籍出版社,2002年,第224頁。
〔註296〕陳奇猷:《呂氏春秋新校釋》,上海:上海古籍出版社,2002年,第198頁。
〔註297〕陳奇猷:《呂氏春秋新校釋》,上海:上海古籍出版社,2002年,第208頁。

保眞，不以物累形，楊子之所立也，而孟子非之。」〔註298〕《呂氏春秋》的
「學」思想在理論基石的建設上汲取了道家全生全性的思想，建立了以人之
性情慾望爲理論基石的「學」思想。

四、尊師之道

　　「學」離不開老師的指導，所以，論「學」者多論「師」。《論語・述而》
曰：「子曰：『三人行，必有我師焉！擇其善者而從之，其不善者而改之。』」
〔註299〕孔子認爲三個人同行，則必定有可以做我的老師的，重視向「師」學
習。《孟子・滕文公上》曰：「人倫明於上，小民親於下。有王者起，必來
取法，是爲王者師也。」〔註300〕又《孟子・盡心下》曰：「聖人，百世之師
也。」〔註301〕

　　荀子明確提出「隆師」、「貴師」的觀點。《荀子・修身》曰：「非我而當
者，吾師也；是我而當者，吾友也；諂諛我者，吾賊也。故君子隆師而親
友，以致惡其賊。」〔註302〕《荀子・大略》曰：「國將興，必貴師而重傅，貴
師而重傅則法度存。國將衰，必賤師而輕傅，賤師而輕傅則人有快，人有快
則法度壞。」〔註303〕荀子之所以主張「隆師」、「貴師」，是因爲「師」非常重
要，《荀子・修身》曰：「禮者，所以正身也；師者，所以正禮也。無禮何以
正身？無師，吾安知禮之爲是也？禮然而然，則是情安禮也；師云而云，則
是知若師也。情安禮，知若師，則是聖人也。故非禮，是無法也；非師，是
無師也。不是師法而好自用，譬之是猶以盲辨色，以聾辨聲也，捨亂妄無爲
也。」〔註304〕無禮無以正身，無師無以正禮，有師則禮正，「情安禮，知若師，
則是聖人也」，所以，荀子重師法，如《荀子・儒效》所說：「有師法者，人
之大寶也；無師法者，人之大殃也。」〔註305〕

〔註298〕劉文典：《淮南鴻烈集解》，北京：中華書局，1989年，第436頁。

〔註299〕邢昺：《論語注疏》，《十三經注疏》，北京：中華書局，1980年，第2483頁。

〔註300〕舊題孫奭：《孟子注疏》，《十三經注疏》，北京：中華書局，1980年，第2702
頁。

〔註301〕舊題孫奭：《孟子注疏》，《十三經注疏》，北京：中華書局，1980年，第2774
頁。

〔註302〕王先謙：《荀子集解》，北京：中華書局，1988年，第21頁。

〔註303〕王先謙：《荀子集解》，北京：中華書局，1988年，第511～512頁。

〔註304〕王先謙：《荀子集解》，北京：中華書局，1988年，第33～34頁。

〔註305〕王先謙：《荀子集解》，北京：中華書局，1988年，第143頁。

　　《呂氏春秋》發展了荀子「隆師」、「貴師」的觀點，設有《尊師》篇專講「尊師」的問題，進一步提出「尊師」的觀點。《呂氏春秋‧勸學》曰：「學者師達而有材，吾未知其不爲聖人。聖人之所在，則天下理焉。在右則右重，在左則左重，是故古之聖王未有不尊師者也。尊師則不論其貴賤貧富矣。若此則名號顯矣，德行彰矣。故師之教也，不爭輕重尊卑貧富，而爭於道。其人苟可，其事無不可，所求盡得，所欲盡成，此生於得聖人。聖人生於疾學。不疾學而能爲魁士名人者，未之嘗有也。疾學在於尊師，師尊則言信矣，道論矣。」〔註306〕如果一個人的老師通達理義而其自身又有才能，那麼這個人定當成爲聖人。《呂氏春秋》認爲聖人的出現不是因爲上天賦予他獨特的秉性，而是「生於疾學」，而疾學的關鍵在於尊師，在於有良師的教導。《呂氏春秋‧尊師》曰：「神農師悉諸，黃帝師大撓，帝顓頊師伯夷父，帝嚳師伯招，帝堯師子州支父，帝舜師許由，禹師大成贄，湯師小臣，文王、武王師呂望、周公旦，齊桓公師管夷吾，晉文公師咎犯、隨會，秦穆公師百里奚、公孫枝，楚莊王師孫叔敖、沈尹巫，吳王闔閭師伍子胥、文之儀，越王句踐師范蠡、大夫種。此十聖人六賢者，未有不尊師者也。今尊不至於帝，智不至於聖，而欲無尊師，奚由至哉？此五帝之所以絕，三代之所以滅。」〔註307〕

　　尊師如此重要，如何來尊師？《呂氏春秋》對「尊師之道」有自己的見解。

　　《呂氏春秋‧尊師》曰：「生則謹養，謹養之道，養心爲貴；死則敬祭，敬祭之術，時節爲務；此所以尊師也。治唐圃，疾灌寖，務種樹；織葩屨，結罝網，捆蒲葦；之田野，力耕耘，事五穀；如山林，入川澤，取魚鱉，求鳥獸；此所以尊師也。視輿馬，愼駕御；適衣服，務輕暖；臨飲食，必蠲潔；善調和，務甘肥；必恭敬；和顏色，審辭令；疾趨翔，必嚴肅；此所以尊師也。」〔註308〕《呂氏春秋》從生前和死後兩個方面來講怎樣來尊師，生則謹養，養心爲貴；死則敬祭，時節爲務。生前又從物質和精神兩個方面來講尊師之道，物質方面，代勞耕作、照顧飲食起居；精神方面，必恭敬、和顏色。

〔註306〕陳奇猷：《呂氏春秋新校釋》，上海：上海古籍出版社，2002年，第198頁。

〔註307〕陳奇猷：《呂氏春秋新校釋》，上海：上海古籍出版社，2002年，第207頁。

〔註308〕陳奇猷：《呂氏春秋新校釋》，上海：上海古籍出版社，2002年，第208～209頁。

　　《呂氏春秋》尊師的「謹養之道」與《呂氏春秋》的「養親之道」十分相似。《呂氏春秋‧孝行》曰：「養有五道：修宮室，安床第，節飲食，養體之道也。樹五色，施五采，列文章，養目之道也。正六律，和五聲，雜八音，養耳之道也。熟五穀，烹六畜，和煎調，養口之道也。和顏色，說言語，敬進退，養志之道也。此五者，代進而厚用之，可謂善養矣。」〔註309〕其實，《呂氏春秋》是將儒家的「孝」思想引入了尊師之道，提倡的是一種事師如事父的尊師之道。《呂氏春秋‧勸學》曰：「曾子曰：『君子行於道路，其有父者可知也，其有師者可知也。夫無父而無師者，余若夫何哉！』此言事師之猶事父也。曾點使曾參，過期而不至，人皆見曾點曰：『無乃畏邪？』曾點曰：『彼雖畏，我存，夫安敢畏？』孔子畏於匡，顏淵後，孔子曰：『吾以汝爲死矣。』顏淵曰：『子在，回何敢死？』顏回之於孔子也，猶曾參之事父也。古之賢者，與其尊師若此，故師盡智竭道以教。」〔註310〕正所謂「一日爲師，終生爲父」，顏回的師事孔子和曾參的孝事曾點一樣，這是《呂氏春秋》所提倡和讚揚的尊師之道，所以，《呂氏春秋》贊許地說「古之賢者，與其尊師若此，故師盡智竭道以教」。

　　《呂氏春秋》認爲尊師還要「稱師以論道」，《呂氏春秋‧尊師》曰：「君子之學也，說義必稱師以論道，聽從必盡力以光明。聽從不盡力，命之曰背；說義不稱師，命之曰叛；背叛之人，賢主弗內之於朝，君子不與交友。」〔註311〕這種思想來自於荀子，《荀子‧大略》曰：「言而不稱師謂之畔，教而不稱師謂之倍。倍畔之人，明君不內，朝士大夫遇諸塗不與言。」〔註312〕只是，《呂氏春秋》又增加了「學生聽從了老師的教導就要竭盡全力把老師的思想學說發揚光大」這方面的內容。

　　《呂氏春秋》雖然非常注重尊師，但是《呂氏春秋》的尊師對「師」又是有所要求的。《呂氏春秋‧勸學》曰：「凡說者，兌之也，非說之也。今世之說者，多弗能兌，而反說之。夫弗能兌而反說，是拯溺而硾之以石也，是救病而飲之以堇也，使世益亂；不肖主重惑者，從此生矣。故爲師之務，在於勝理，在於行義。理勝義立則位尊矣，王公大人弗敢驕也，上至於天子，朝之而不慚。凡遇合也，合不可必，遺理釋義以要不可必，而欲人之尊之也，

〔註309〕陳奇猷：《呂氏春秋新校釋》，上海：上海古籍出版社，2002年，第737頁。
〔註310〕陳奇猷：《呂氏春秋新校釋》，上海：上海古籍出版社，2002年，第199頁。
〔註311〕陳奇猷：《呂氏春秋新校釋》，上海：上海古籍出版社，2002年，第209頁。
〔註312〕王先謙：《荀子集解》，北京：中華書局，1988年，第506頁。

不亦難乎？故師必勝理行義然後尊。」〔註313〕《呂氏春秋》認爲「爲師之務」在於勝理行義，只有理勝義立，師位才會得到尊重，老師如果捨棄理義而想要得到尊重，那是很難的，幾乎是不可能的，所以《呂氏春秋》指出「師必勝理行義然後尊」。

五、爲學之法

　　在「學」的方法上，《呂氏春秋》最大的特色是主張「用眾」，吸取眾家之長。「用眾」是《呂氏春秋》的一個重要思想，《呂氏春秋》的編撰是博取百家之長的結果，是對先秦諸子思想的萃取，用許維遹先生《呂氏春秋集釋自序》中的話說就是「總晚周諸子之精英，薈先秦百家之眇義」〔註314〕。

　　《呂氏春秋》有《用眾》篇專講「用眾」思想。《呂氏春秋‧用眾》曰：「天下無粹白之狐，而有粹白之裘，取之眾白也。夫取於眾，此三皇、五帝之所以大立功名也。凡君之所以立，出乎眾也。立已定而捨其眾，是得其末而失其本。得其末而失其本，不聞安居。故以眾勇無畏乎孟賁矣，以眾力無畏乎烏獲矣，以眾視無畏乎離婁矣，以眾知無畏乎堯、舜矣。夫以眾者，此君人之大寶也。田駢謂齊王曰：『孟賁庶乎患術，而邊境弗患；楚、魏之王，辭言不說，而境內已修備矣，兵士已修用矣；得之眾也。」〔註315〕天底下沒有純白色的狐狸，但是，從眾多的白狐身上來取白毛就可以製成純白色的裘衣。把這種思想推而廣之，用「眾勇」就不害怕孟賁，用「眾力」就不害怕烏獲，用「眾視」就不害怕離婁，用「眾知」就不害怕堯、舜，取眾家之長爲我所用，就可以無所畏懼，所以《呂氏春秋》曰「以眾者，此君人之大寶也」。

　　「用眾」不單是「君人」之大寶，也是「爲學」之大寶。《呂氏春秋‧用眾》曰：「善學者若齊王之食雞也，必食其跖數千而後足，雖不足，猶若有跖。物固莫不有長，莫不有短。人亦然。故善學者，假人之長以補其短。故假人者遂有天下。無醜不能，無惡不知。醜不能、惡不知病矣，不醜不能、不惡不知尚矣。雖桀、紂猶有可畏可取者，而況於賢者乎？」〔註316〕《呂氏春秋》

〔註313〕陳奇猷：《呂氏春秋新校釋》，上海：上海古籍出版社，2002年，第198～199頁。

〔註314〕許維遹：《呂氏春秋集釋》，北京：中華書局，2009年，第7頁。

〔註315〕陳奇猷：《呂氏春秋新校釋》，上海：上海古籍出版社，2002年，第236頁。

〔註316〕陳奇猷：《呂氏春秋新校釋》，上海：上海古籍出版社，2002年，第235頁。

認爲善於學習的人要像齊王吃雞一樣，齊王吃雞跖吃到數千才滿足，如果不滿足，還有雞跖，這是講學無止境，要廣泛吸取眾家之長。人和事物一樣皆有其長處，有其短處，善於學習的人博採眾人的長處來補償自身的短處，從而將短處轉化爲長處，「故假人者遂有天下」。這是對《荀子‧勸學》所云「君子生非異也，善假於物也」〔註317〕思想的繼承和發展。「雖桀、紂猶有可畏可取者，而況於賢者乎？」像桀、紂這樣的惡人尚有值得學取之處，更何況是賢者？《呂氏春秋》主張的是不計較人之惡而取其長處，提倡博取眾人之長而學習之。

　　《呂氏春秋》還認爲「學」要本於自己的性情，結合自己的稟賦。《呂氏春秋‧尊師》曰：「凡學，必務進業，心則無營，疾諷誦，謹司聞，觀歡愉，問書意，順耳目，不逆志，退思慮，求所謂，時辨說，以論道，不苟辨，必中法，得之無矜，失之無慚，必反其本。」〔註318〕學之道，積極誦讀，恭聽教誨，詢問書意，務求學業日進，解決心中的疑惑，這些活動的進行要遵循一個原則，那就是「順耳目，不逆志」，「必反其本」，即順應人之天性，反歸人之本情。

　　綜上，我們可以對本節做一小結。《呂氏春秋》的「學」思想從儒家荀子的「學」思想而來，但是《呂氏春秋》的「學」思想又與荀子有所不同，表現出自己的「新」。首先，《呂氏春秋》「學」的理論基石既不是荀子「學」思想的理論基石——性惡論，也不是孟子「學」思想的理論基石——性善論，而是吸收了道家全生全性思想之後建立起來的，是人本身的性情慾望。其次，《呂氏春秋》的「學」思想豐富發展了尊師思想，《呂氏春秋》將儒家的「孝」思想引入「尊師之道」，提倡以事父之道來事師。同時，《呂氏春秋》的尊師還對「師」提出了要求，即老師一定要勝理行義，然後才會得到尊重。最後，在學習方法上，《呂氏春秋》提倡「用眾」，博取眾人之長爲我所用。

　　《呂氏春秋》強調「疾學」、強調「尊師」，最終目的是爲了「製造」一個有學問、有修養的君王。學問、修養對於任何身份的人都十分重要，而呂不韋所最關注者乃是即將統治整個天下的秦王政的學問、修養。「疾學」、「尊

〔註317〕王先謙：《荀子集解》，北京：中華書局，1988 年，第 4 頁。
〔註318〕陳奇猷：《呂氏春秋新校釋》，上海：上海古籍出版社，2002 年，第 208 頁。

師」可以增加學問、提高修養，旨在編撰「治國寶典」的呂不韋強調「疾學」、強調「尊師」是爲了督促秦王政勤奮學習提高修養，從而成爲一個英明的賢君。「學賢問，三代之所以昌也」、「古之聖王未有不尊師者」，這兩句話概括了呂不韋通過強調疾學、尊師而寄予秦王政的殷切期望。

第五節　《呂氏春秋》的擇賢思想——賢士標準

一、思想探源

　　「士」與西方「知識分子」的含義接近，如余英時先生所說：「根據西方學術界的一般理解，所謂『知識分子』，除了獻身於專業工作以外，同時還必須深切地關懷著國家、社會以至世界上一切有關公共利害之事，而且這種關懷又必須是超越於個人（包括個人所謂的小團體）的私利之上的。」〔註319〕我們討論的「士」是中國古代的一個特殊階層，是中國古代基本價值的維護者，承擔著中國的文化使命，是中國古代的「社會良心」。

　　中國古代的「知識分子」可以稱作「士」，但是「士」的稱呼在一開始並不專指「知識分子」。「士」這一稱呼早已有之，有的是指古代男子，《詩經・氓》曰：「於嗟女兮，無與士耽。士之耽兮，猶可說也。女之耽兮，不可說也」，「女也不爽，士貳其行。士也罔極，二三其德。」〔註320〕有的是指武士，《尚書・舜典》曰：「帝曰：『皋陶！蠻夷猾夏，寇賊奸宄。汝作士，五刑有服，五服三就；五流有宅，五宅三居：惟明克允。』」〔註321〕有的是泛指古代貴族階級，《詩經・文王》曰：「文王孫子，本支百世。凡周之士，不顯亦世。世之不顯，厥猶翼翼。思皇多士，生此王國。王國克生，維周之楨。濟濟多士，文王以寧。」〔註322〕有的是專指古代貴族階級之中的下層貴族，《國語・晉語四》曰：「公食貢，大夫食邑，士食田。」〔註323〕

　　以中國古代「知識分子」的身份出現，「士」階層崛起於春秋、戰國之交

〔註319〕余英時：《士與中國文化引言》，余英時《士與中國文化》，上海：上海人民出版社，2003年，第2頁。
〔註320〕孔穎達：《毛詩正義》，《十三經注疏》，北京：中華書局，1980年，第324～325頁。
〔註321〕孔穎達：《尚書正義》，《十三經注疏》，北京：中華書局，1980年，第130頁。
〔註322〕孔穎達：《毛詩正義》，《十三經注疏》，北京：中華書局，1980年，第504頁。
〔註323〕徐元誥：《國語集解》，北京：中華書局，2002年，第350頁。

的孔子時代〔註 324〕。春秋、戰國時代，社會階級關係發生了巨大的變化，貴族、庶人的地位出現變動，有的上層貴族的地位下降而有的下層庶人的地位上升。「士」階層的壯大和獨立與貴族地位的下降、庶人地位的上升有重要的關係。

中國「士」的代表孔子就是從貴族下降爲「士」的。《史記‧孔子世家》載魯大夫孟釐子誡其子孟懿子曰：「孔丘，聖人之後，滅於宋。其祖弗父何始有宋而嗣讓厲公。及正考父佐戴、武、宣公，三命茲益恭，故鼎銘云：『一命而僂，再命而傴，三命而俯，循牆而走，亦莫敢余侮。饘於是，粥於是，以糊余口。』其恭如是。吾聞聖人之後，雖不當世，必有達者。今孔丘年少好禮，其達者歟？吾即沒，若必師之。」〔註 325〕孔子祖上本是宋國貴族，至孔子時已經下降爲庶人，但是，孔子勤奮學習，「入太廟，每事問」〔註 326〕，掌握了眾多禮樂知識，又孔子「少也賤，故多能鄙事」〔註 327〕，善於「六藝」，所以，孔子能成爲詩書禮樂方面的專家，成爲「士」的傑出代表。

孔子興辦私學，廣收門徒，傳播詩書禮樂文化，從此以後，收徒授學成風，眾多的庶人通過學習詩書禮樂知識，提高了自身的地位，躋身於「士」階層。《呂氏春秋‧博志》載：「寧越，中牟之鄙人也，苦耕稼之勞，謂其友曰：『何爲而可以免此苦也？』其友曰：『莫如學。學三十歲則可以達矣。』寧越曰：『請以十五歲。人將休，吾將不敢休；人將臥，吾將不敢臥。』十五歲而周威公師之。」〔註 328〕寧越從鄙人成爲周威公師的過程就是庶人上升爲「士」的很好例子。

隨著「士」階層的形成，「士」所以爲「士」的本質特徵也在形成。孔子以其一生的所做所爲闡釋了「士」應該有的擔當，同時，孔子還對「士」的性格特徵進行了界定，從理論上進行了闡述。《論語‧里仁》載孔子曰：「士

〔註 324〕余英時先生對「士」的討論也是從孔子的時代開始，余英時說：「我們將以一項已知的歷史的事實作爲討論的起點，即古代知識階層始於春秋、戰國之交的孔子時代。」（余英時：《士與中國文化》，上海：上海人民出版社，2003年，第 4 頁。）

〔註 325〕司馬遷：《史記》，北京：中華書局，1959 年，第 1907～1908 頁。

〔註 326〕《論語‧鄉黨》，邢昺：《論語注疏》，《十三經注疏》，北京：中華書局，1980年，第 2496 頁。

〔註 327〕《論語‧子罕》，邢昺：《論語注疏》，《十三經注疏》，北京：中華書局，1980年，第 2490 頁。

〔註 328〕陳奇猷：《呂氏春秋新校釋》，上海：上海古籍出版社，2002 年，第 1628 頁。

志於道，而恥惡衣惡食者，未足與議也。」〔註329〕「士志於道」，這是孔子賦予「士」的最本質的性格特徵和內涵。《論語・子路》載：「子路問曰：『何如斯可謂之士矣？』子曰：『切切、偲偲、怡怡如也，可謂士矣。』」《正義》曰：「切切偲偲，相切責之貌。朋友以道義切瑳琢磨，故施於朋友也。」〔註330〕據《正義》，則「道義」是士活動的主要內容。

《論語・衛靈公》載孔子曰：「君子謀道不謀食。耕也，餒在其中矣。學也，祿在其中矣。君子憂道不憂貧。」〔註331〕其中的「君子」當指「士」而言，「謀道不謀食」、「憂道不憂貧」是孔子對「士志於道」的具體闡述。又《論語・泰伯》載孔子曰：「篤信好學，守死善道。危邦不入，亂邦不居。天下有道則見，無道則隱。邦有道，貧且賤焉，恥也。邦無道，富且貴焉，恥也。」〔註332〕這當也是孔子對「士」而說的，這也是孔子對「士志於道」的發揮。

「道」是孔子一生孜孜不倦追求的目標，「志於道」是孔子對「士」的殷切期望，如余英時先生所說：「中國知識階層剛剛出現在歷史舞臺上的時候，孔子便已努力給它貫注一種理想主義的精神，要求它的每一個分子——士——都能超越他自己個體的和群體的利害得失，而發展對整個社會的深厚關懷。」〔註333〕

孔子的優秀弟子在孔子之後繼續著對「道」的執著追求，繼續著對「士」的思索，豐富發展著孔子「士志於道」的內涵。《論語・子張》載子張曰：「士見危致命，見得思義，祭思敬，喪思哀，其可已矣。」《正義》曰：「子張言，為士者，見君有危難，不愛其身，致命以救之；見得利祿，思義然後取；有祭事，思盡其敬；有喪事，當盡其哀，有此行者，其可以為士已矣。」〔註334〕這是子張對「士志於道」的理解，是子張對「士」的思索。

《論語・泰伯》載曾子曰：「士不可以不弘毅，任重而道遠。仁以為己任，不亦重乎？死而後已，不亦遠乎？」《正義》曰：「此章明士行也。『曾子曰：士不可以不弘毅，任重而道遠』者，弘，大也。毅，強而能斷也。言士能弘

〔註329〕邢昺：《論語注疏》，《十三經注疏》，北京：中華書局，1980年，第2471頁。
〔註330〕邢昺：《論語注疏》，《十三經注疏》，北京：中華書局，1980年，第2508頁。
〔註331〕邢昺：《論語注疏》，《十三經注疏》，北京：中華書局，1980年，第2518頁。
〔註332〕邢昺：《論語注疏》，《十三經注疏》，北京：中華書局，1980年，第2487頁。
〔註333〕余英時：《士與中國文化》，上海：上海人民出版社，2003年，第25頁。
〔註334〕邢昺：《論語注疏》，《十三經注疏》，北京：中華書局，1980年，第2531頁。

毅，然後能負重任，致遠路也。『仁以爲己任，不亦重乎？死而後已，不亦遠乎』者，復明任重道遠之事也。言仁以爲己任，人鮮克舉之，是他物之重，莫重於此焉。他人行仁，則日月至焉而已矣。士則死而後已，是遠莫遠焉。」〔註335〕曾參將「仁」作爲「士」應該擔當的社會責任，即所追求的「道」，所以，士擔當的責任是沉重的；士爲了實現「仁」的目標要「死而後已」，所以，士選擇的路途是艱難的、也是長遠的。士背負著如此沉重的社會擔當，又有如此艱難、長遠的路途要走，所以，曾參說「士一定要有弘大的志向和頑強的毅力」。這是曾參爲「士」的性格之中加入的新內容。

在孔子及其弟子之後，孟子對「志於道」的「士」繼續進行了探討。《孟子‧梁惠王上》曰：「無恆產而有恒心者，惟士爲能。」〔註336〕士雖然「無恆產」，比較貧窮，但是「有恒心」，仍然執著於其「道」，這是對孔子所謂士「憂道不憂貧」思想的傳承。《孟子‧盡心上》曰：「士窮不失義，達不離道。窮不失義，故士得己焉。達不離道，故民不失望焉。古之人，得志，澤加於民；不得志，修身見於世。窮則獨善其身，達則兼善天下。」〔註337〕「士窮不失義，達不離道」，士無論是窮是達都表現出對「道」的堅守。

作爲「士」階層一分子的孟子對「士」的思索更加深入。孟子對「士」的深入思索的結果是提出了「道尊於勢」的觀點。《孟子‧萬章下》載：「萬章曰：『庶人，召之役，則往役；君欲見之，召之，則不往見之，何也？』曰：『往役，義也；往見，不義也。且君之欲見之也，何爲也哉？』曰：『爲其多聞也，爲其賢也。』曰：『爲其多聞也，則天子不召師，而況諸侯乎？爲其賢也，則吾未聞欲見賢而召之也。繆公亟見於子思，曰：「古千乘之國以友士，何如？」子思不悅，曰：「古之人有言曰事之云乎，豈曰友之云乎？」子思之不悅也，豈不曰：「以位，則子，君也，我，臣也，何敢與君友也？以德，則子事我者也，奚可以與我友？」千乘之君求與之友，而不可得也，而況可召與？』」〔註338〕在此，孟子討論的是「政統」與「道統」的關係問題，也是「君」

〔註335〕邢昺：《論語注疏》，《十三經注疏》，北京：中華書局，1980年，第2487頁。
〔註336〕舊題孫奭：《孟子注疏》，《十三經注疏》，北京：中華書局，1980年，第2671頁。
〔註337〕舊題孫奭：《孟子注疏》，《十三經注疏》，北京：中華書局，1980年，第2764～2765頁。
〔註338〕舊題孫奭：《孟子注疏》，《十三經注疏》，北京：中華書局，1980年，第2745頁。

與「士」的關係問題，即「君」應該以「士」爲「臣」、以「士」爲「友」還是以「士」爲「師」？魯繆公欲「友」子思，曰「古千乘之國以友士，何如」？子思很不高興。子思希望魯繆公能尊己爲「師」，所以，很不高興。孟子說的更透徹：「以位，則子，君也，我，臣也，何敢與君友也？以德，則子事我者也，奚可以與我友？」以位而論，魯繆公是「君」，子思是「臣」，「臣」不敢與「君」「友」；以德（即「道」）而論，子思是老師，魯繆公是弟子，弟子不能與老師「友」。君欲與士爲友尚且不可能，更不用說隨意地召喚了。孟子對師、弟關係的堅守，其實是對「士」的尊重和對「道」的堅守，是其「道尊於勢」觀點的外在體現。

　　《孟子·盡心上》載孟子曰：「古之賢王，好善而忘勢。古之賢士，何獨不然？樂其道而忘人之勢。故王公不致敬盡禮，則不得亟見之。見且由不得亟，而況得而臣之乎？」〔註339〕孟子在此提出「道尊於勢」的觀點，士要樂道忘勢，將「道」置於「勢」之上。「道尊於勢」的觀點是孟子針對「士」如何「仕」而提出來的，是給士所提出的新的行爲規範。道尊於勢，所以，王公如果對士不尊敬、不以禮相待，數見之尚且不可得，更何況以之爲臣而卑下之？針對「士」如何「仕」的問題，在「道尊於勢」思想的指導下，孟子又提出了具體的「三就」、「三去」原則，《孟子·告子下》曰：「陳子曰：『古之君子，何如則仕？』孟子曰：『所就三，所去三。迎之致敬以有禮，言將行其言也，則就之；禮貌未衰，言弗行也，則去之。其次，雖未行其言也，迎之致敬以有禮，則就之；禮貌衰，則去之。其下，朝不食，夕不食，飢餓不能出門戶；君聞之，曰：吾大者不能行其道，又不能從其言也，使飢餓於我土地，吾恥之。周之，亦可受也，免死而已矣。』」〔註340〕在「仕」的去、就上，「道」與「勢」的關係問題是決定因素，道尊於勢，士則就仕；勢尊於道，士則去仕。

　　荀子的時代，社會在變化，「士」階層也在變化，荀子對「士」的思索有了新的發展。荀子生活的時代，「士」階層較之孔、孟時代已經有了變化。《荀子·非十二子》曰：「古之所謂士仕者，厚敦者也，合群者也，樂富貴者也，樂分施者也，遠罪過者也，務事理者也，羞獨富者也。今之所謂士仕者，污

〔註339〕舊題孫奭：《孟子注疏》，《十三經注疏》，北京：中華書局，1980年，第2764頁。

〔註340〕舊題孫奭：《孟子注疏》，《十三經注疏》，北京：中華書局，1980年，第2761頁。

漫者也，賊亂者也，忿睢者也，貪利者也，觸抵者也，無禮義而唯權埶之嗜者也。古之所謂處士者，德盛者也，能靜者也，修正者也，知命者也，著是者也。今之所謂處士者，無能而云能者也，無知而云知者也，利心無足而佯無欲者也，行偽險穢而強高言謹愨者也，以不俗為俗，離縱而跂訾者也。」〔註341〕「士仕」，王念孫曰當為「仕士」，與下文「處士」對文〔註342〕，是。荀子把士分為二類，將當時的「士」與孔、孟時代的「士」進行了比較，結果是，孔、孟時代的「士」，無論是「仕士」還是「處士」，都能「志於道」，把「道」放在首位，勇於擔當社會的責任，為全社會謀利益，把「道」作為活動的最終依據；荀子時代的「士」，無論是「仕士」還是「處士」，很大一部分追求的目標已經從「道」變成了「利」，缺少了對社會的擔當，追逐著個人的利益。

　　鑒於此，荀子對當時的知識分子又重新做了分類。《荀子·儒效》曰：「彼學者，行之，曰士也；敦慕焉，君子也；知之，聖人也。上為聖人，下為士君子，孰禁我哉！」〔註343〕荀子重新把當時的知識分子分為士、君子、聖人三類。《荀子·修身》曰：「好法而行，士也；篤志而體，君子也；齊明而不竭，聖人也。」〔註344〕《荀子·儒效》進一步解釋曰：「行法至堅，不以私欲亂所聞，如是，則可謂勁士矣。行法至堅，好修正其所聞以橋飾其情性，其言多當矣而未諭也，其行多當矣而未安也，其知慮多當矣而未周密也，上則能大其所隆，下則能開道不已若者，如是，則可謂篤厚君子矣。修百王之法若辨白黑，應當時之變若數一二，行禮要節而安之若生四枝，要時立功之巧若詔四時，平正和民之善，億萬之眾而博若一人，如是，則可謂聖人矣。」〔註345〕從此可以看出在荀子對當時知識分子的劃分中，士是處於最低一級的。

　　由於「士」階層的墮落，並不是所有的「士」都能「志於道」。《荀子·堯問》曰：「夫仰祿之士猶可驕也，正身之士不可驕也。彼正身之士，捨貴而為賤，捨富而為貧，捨佚而為勞，顏色黎黑而不失其所，是以天下之紀不息，文章不廢也。」〔註346〕荀子將士分為「仰祿之士」和「正身之士」。「仰祿之

〔註341〕王先謙：《荀子集解》，北京：中華書局，1988年，第100～101頁。
〔註342〕王念孫：《讀書雜志》（中冊），北京，北京市中國書店，1985年，第85頁。
〔註343〕王先謙：《荀子集解》，北京：中華書局，1988年，第125頁。
〔註344〕王先謙：《荀子集解》，北京：中華書局，1988年，第33頁。
〔註345〕王先謙：《荀子集解》，北京：中華書局，1988年，第130頁。
〔註346〕王先謙：《荀子集解》，北京：中華書局，1988年，第551頁。

士」是「士」階層中以個人的功名利祿爲追求目標的那部分。「正身之士」是
「士」階層中「志於道」的那部分，他們能夠「捨貴而爲賤，捨富而爲貧，
捨佚而爲勞，顏色黎黑而不失其所」，傳承的依然是士「謀道不謀食」、「憂道
不憂貧」的精神。因爲「正身之士」對「道」的堅守，所以，天下的綱紀文
章不會廢息。因爲有著不同的追求，所以，荀子認爲君王不應該對「仰祿之
士」和「正身之士」採取同樣的態度。如果說「仰祿之士」的「祿」有求於
君王，君王可以在「仰祿之士」的面前一「驕」的話，那麼，君王在「正身
之士」的面前是「不可驕」的，因爲「正身之士」絕不會爲一己之私而有求
於君王，他們背負的是關乎天下的「道」。

　　雖然並不是所有的「士」都足以擔當「道」，但是，荀子仍然執著於孔子
「士志於道」的觀點。《荀子·哀公》曰：「哀公曰：『善！敢問何如斯可謂士
矣？』孔子對曰：『所謂士者，雖不能盡道術，必有率也；雖不能遍美善，必
有處也。是故知不務多，務審其所知；言不務多，務審其所謂；行不務多，
務審其所由。故知既已知之矣，言既已謂之矣，行既已由之矣，則若性命肌
膚之不可易也。故富貴不足以益也，卑賤不足以損也，如此，則可謂士矣。』」
〔註347〕雖然士「不能盡道術」，但是荀子依然對「士」階層寄予殷切的期望，
借孔子之口說出了對士的要求，即在知、言、行三方面，務審知之所知，務
審言之所謂，務審行之所由。士能做好這三個方面，就不會被外界所左右，
就可以不被富貴卑賤所困擾而執著地「志於道」。

　　《史記·呂不韋列傳》載：「當是時，魏有信陵君，楚有春申君，趙有平
原君，齊有孟嘗君，皆下士喜賓客以相傾。呂不韋以秦之強，羞不如，亦招
致士，厚遇之，至食客三千人。是時諸侯多辯士，如荀卿之徒，著書佈天
下。呂不韋乃使其客人人著所聞，集論以爲八覽、六論、十二紀，二十餘萬
言。以爲備天地萬物古今之事，號曰《呂氏春秋》。」〔註348〕《史記》的這條
記載給我們提供了重要的信息。第一，《呂氏春秋》是呂不韋的門客創作而
成，這些門客是呂不韋所召集的「士」，屬於當時的「士」階層。我們即將討
論的《呂氏春秋》的「士」思想，其實是在討論呂不韋所養的「士群體」的
「士」思想。第二，《呂氏春秋》創作的時代是一個卿相養士成風的時代，魏
國信陵君，楚國春申君，趙國平原君，齊國孟嘗君，秦國呂不韋皆養有大批

〔註347〕王先謙：《荀子集解》，北京：中華書局，1988年，第539～540頁。
〔註348〕司馬遷：《史記》，北京：中華書局，1959年，第2510頁。

的「士」，這是《呂氏春秋》創作的時代背景，也是《呂氏春秋》的「士」思想形成的時代背景。第三，《呂氏春秋》寫成之時，荀子尚在世。首先，上引《史記‧呂不韋列傳》云「是時諸侯多辯士，如荀卿之徒，著書佈天下」。又《史記‧荀卿列傳》曰：「齊尚修列大夫之缺，而荀卿三爲祭酒焉。齊人或讒荀卿，荀卿乃適楚，而春申君以爲蘭陵令。春申君死而荀卿廢，因家蘭陵。」〔註349〕春申君被李園殺害於秦始皇九年（前 238）〔註350〕，「春申君死而荀卿廢」，即荀子公元前 238 年尚在世。《呂氏春秋》成書於公元前 239 年，所以說，《呂氏春秋》寫成之時，荀子尚在世。也就是說，作爲《呂氏春秋》的作者的那一部分「士」的生活時代和荀子的生活時代存在重合，這樣，上述荀子對「士」的討論或許就有《呂氏春秋》的作者們的身影，同樣，《呂氏春秋》的「士」思想很可能就包括對荀子這位當時最傑出的「士」的概括。

　　《呂氏春秋》的「士」思想繼承儒家的「士」思想而來，同時，又有所發展，形成了自己的「新」特色。

二、有道之士——儒道結合的理想賢士

　　有道之士，是擇賢的標準。《呂氏春秋‧下賢》曰：「有道之士固驕人主，人主之不肖者亦驕有道之士，日以相驕，奚時相得？若儒、墨之議與齊、荊之服矣。賢主則不然，士雖驕之，而己愈禮之，士安得不歸之？士所歸，天下從之，帝。帝也者，天下之適也；王也者，天下之往也。得道之人，貴爲天子而不驕倨，富有天下而不騁誇，卑爲布衣而不瘁攝，貧無衣食而不憂慄，狠乎其誠自有也，覺乎其不疑有以也，桀乎其必不渝移也，循乎其與陰陽化也，恩恩乎其心之堅固也，空空乎其不爲巧故也，迷乎其志氣之遠也，昏乎其深而不測也，確乎其節之不庳也，就就乎其不肯自是，鵠乎其羞用智慮也，假乎其輕俗誹譽也，以天爲法，以德爲行，以道爲宗，與物變化而無所終窮，精充天地而不竭，神覆宇宙而無望，莫知其始，莫知其終，莫知其門，莫知其端，莫知其源，其大無外，其小無內，此之謂至貴。士有若此者，五帝弗得而友，三王弗得而師，去其帝王之色，則近可得之矣。堯不以帝見善綣，北面而問焉。堯，天子也；善綣，布衣也。何故禮之若此其甚也？善綣得道

〔註349〕 司馬遷：《史記》，北京：中華書局，1959 年，第 2348 頁。
〔註350〕 司馬遷：《史記》，北京：中華書局，1959 年，第 2398 頁。

之士也，得道之人，不可驕也。堯論其德行達智而弗若，故北面而問焉，此之謂至公。非至公其孰能禮賢？」〔註351〕

在此，《呂氏春秋》對「士」和「道」進行了論述。得道之士，尊貴而不驕橫傲慢，富有而不放蕩自誇，卑賤而不失意委屈，貧窮而不憂愁恐慌，這是對士「憂道不憂貧」精神的闡發。

《呂氏春秋》對「士」的思索又有新的發展，認爲得道之士應該具有如下品格：「他們誠懇坦蕩，確實掌握了大道；他們大徹大悟，遇事不疑，必有依據；他們卓爾不群，堅守信念，絕不改變；他們順應天道，隨著陰陽一起變化；他們明察事理，意志堅定牢固；他們忠厚淳樸，不行詐僞之事；他們志向遠大，高遠無邊；他們思想深邃，深不可測；他們剛毅堅強，節操高尚；他們做事謹愼，不肯自以爲是；他們光明正大，恥於運用智謀；他們胸襟寬廣，看輕世俗的誹謗讚譽。他們以天爲法則，以德爲品行，以道爲根本。他們隨萬物變化而沒有窮盡。他們精神充滿天地，沒有盡竭，布滿宇宙，不見邊界。」〔註352〕《呂氏春秋》進一步豐富發展了「士」應該有的優秀品格，雖然帶有理想主義的色彩，但是，它表現出了在戰國末期以《呂氏春秋》的作者爲代表的「士群體」對自身的勉勵和對整個「士階層」的期待。其中諸如「循乎其與陰陽化也」則是《呂氏春秋》將「陰陽」思想引入了對「士」的思考，是《呂氏春秋》所賦予「士」的新品格。

《呂氏春秋》理想中的「士」宛若道家的「至人」。《莊子・天道》曰：「夫至人有世，不亦大乎！而不足以爲之累。天下奮棅而不與之偕，審乎無假而不與利遷，極物之眞，能守其本，故外天地，遺萬物，而神未嘗有所困也。通乎道，合乎德，退仁義，賓禮樂，至人之心有所定矣。」〔註353〕道家的「至人」通合道、德，極物之眞，守其根本，「神未嘗有所困」，也是精神充滿天地，來往自由，無障無礙。《呂氏春秋》所描繪的得道之士，「以天爲法，以德爲行，以道爲宗，與物變化而無所終窮，精充天地而不竭，神覆宇宙而無望」。得道之士以「道」爲根本，效法天之自然法則，隨物變化，他們的精神充塞宇宙，無窮無盡，無邊無際。這與道家的「至人」多有相似。

《呂氏春秋》對「士志於道」的「道」的理解帶有濃厚的道家色彩。王

〔註351〕陳奇猷：《呂氏春秋新校釋》，上海：上海古籍出版社，2002年，第886頁。

〔註352〕張雙棣、張萬彬、殷國光、陳濤：《呂氏春秋譯注》，長春：吉林文史出版社，1993年，第459頁。

〔註353〕郭慶藩：《莊子集釋》，北京：中華書局，1961年，第486頁。

弼本《老子》第二十五章曰：「有物混成，先天地生。寂兮寥兮，獨立不改，周行而不殆，可以爲天下母。吾不知其名，字之曰道。」〔註354〕又《莊子‧大宗師》：「夫道，有情有信，無爲無形；可傳而不可受，可得而不可見；自本自根，未有天地，自古以固存；神鬼神帝，生天生地；在太極之先而不爲高，在六極之下而不爲深，先天地生而不爲久，長於上古而不爲老。」〔註355〕道家之「道」，先天地而生，自本自根，不知所始，不知所終，無爲無形。

　　《呂氏春秋》描述得道之士的「道」是：「莫知其始，莫知其終，莫知其門，莫知其端，莫知其源，其大無外，其小無內。」這可以作爲對道家之「道」的極好概括。然而，這確實是《呂氏春秋》對「士」之「道」的概括，緊接其後，《呂氏春秋》曰「士有若此者，五帝弗得而友，三王弗得而師，去其帝王之色，則近可得之矣」。士如果能持有上述「至貴」之「道」，那麼五帝不能得之而爲友，三王不能得之而爲師。帝王只有去帝王之勢，將「道」置於「勢」之上，恭敬地來禮待士，則差不多能得之。

　　《呂氏春秋‧士容》也描繪了理想的「士」形象：「士不偏不黨，柔而堅，虛而實。其狀䐑然不儌，若失其一。傲小物而志屬於大，似無勇而未可恐狼，執固橫敢而不可辱害，臨患涉難而處義不越，南面稱寡而不以侈大，今日君民而欲服海外，節物甚高而細利弗賴，耳目遺俗而可與定世，富貴弗就而貧賤弗揭，德行尊理而羞用巧衛，寬裕不訾而中心甚屬，難動以物而必不妄折。此國士之容也。」〔註356〕「若失其一」，高誘注曰：「一謂道也。能柔堅虛實之士，其狀貌䐑然舒大，不儌給巧僞爲之，畏失其道也。」〔註357〕《呂氏春秋》認爲「道」仍然是賢士最終的堅持，不可失去。同時，《呂氏春秋》描繪的理想的賢士形象又帶著道家的色彩。

　　由於道家思想的加入，《呂氏春秋》對「士志於道」的「道」的描述表現出「玄之又玄」的神秘色彩，如《莊子‧天道》所云「夫道，於大不終，於小不遺，故萬物備。廣廣乎其無不容也，淵乎其不可測也」〔註358〕。這是《呂氏春秋》論「士」之「道」所增加的新內容。

〔註354〕高明：《帛書老子校注》，北京：中華書局，1996年，第348～350頁。

〔註355〕郭慶藩：《莊子集釋》，北京：中華書局，1961年，第246～247頁。

〔註356〕陳奇猷：《呂氏春秋新校釋》，上海：上海古籍出版社，2002年，第1697頁。

〔註357〕《呂氏春秋‧士容》注〔三〕，陳奇猷《呂氏春秋新校釋》，上海：上海古籍出版社，2002年，第1699頁。

〔註358〕郭慶藩：《莊子集釋》，北京：中華書局，1961年，第486頁。

三、士階層的分化

荀子有感於士階層的分化，將士分爲「仰祿之士」和「正身之士」。與荀子的生活時代有重合的《呂氏春秋》的作者們（「士群體」）也有同感。《呂氏春秋・介立》曰：「以貴富有人易，以貧賤有人難。今晉文公出亡，周流天下，窮矣賤矣，而介子推不去，有以有之也。反國有萬乘，而介子推去之，無以有之也。能其難，不能其易，此文公之所以不王也。晉文公反國，介子推不肯受賞，自爲賦詩曰：『有龍於飛，周遍天下。五蛇從之，爲之丞輔。龍反其鄉，得其處所。四蛇從之，得其露雨。一蛇羞之，橋死於中野，懸書公門，而伏於山下。』文公聞之曰：『嘻！此必介子推也。』避捨變服，令士庶人曰：『有能得介子推者，爵上卿，田百萬。』或遇之山中，負釜蓋簦，問焉曰：『請問介子推安在？』應之曰：『夫介子推苟不欲見而欲隱，吾獨焉知之？』遂背而行，終身不見。人心之不同，豈不甚哉？今世之逐利者，早朝晏退，焦唇幹嗌，日夜思之，猶未之能得，今得之而務疾逃之，介子推之離俗遠矣。」〔註359〕晉文公窮賤之時，介之推輔之；晉文公富貴之時，介之推離之。晉文公「能其難，不能其易」，所以，介之推離去。「四蛇從之，得其露雨。一蛇羞之，橋死於中野」，這是對士階層出現分化很好的寫照，「得其露雨」之士爲其利祿，「死於中野」之士守其道義。《呂氏春秋》的作者們（「士群體」）對戰國後期士階層的分化頗有感慨：「今世之逐利者，早朝晏退，焦唇幹嗌，日夜思之，猶未之能得，今得之而務疾逃之，介子推之離俗遠矣。」士之逐利者，日思夜想，苦苦鑽營，而未必得。他們這種「俗士」與像介之推這種「志於道」之士相比，差的太遠了。

「仰祿之士」確實不怎麼高尚，所以，君王對「仰祿之士」也不怎麼尊重。《呂氏春秋》的作者們（「士群體」）看到了這一點，《呂氏春秋・下賢》曰：「魏文侯見段干木，立倦而不敢息，反見翟黃，踞於堂而與之言。翟黃不說。文侯曰：『段干木官之則不肯，祿之則不受。今女欲官則相位，欲祿則上卿，既受吾實，又責吾禮，無乃難乎？』故賢主之畜人也，不肯受實者其禮之。禮士莫高乎節欲，欲節則令行矣，文侯可謂好禮士矣。」〔註360〕段干木和翟黃代表了兩種不同的「士」，段干木是「正身之士」，不居官，不受祿，

〔註359〕陳奇猷：《呂氏春秋新校釋》，上海：上海古籍出版社，2002 年，第 634～635頁。

〔註360〕陳奇猷：《呂氏春秋新校釋》，上海：上海古籍出版社，2002 年，第 887 頁。

志於道；翟黃是「仰祿之士」，官相位，祿上卿，求其實。魏文侯對待這兩種士採取了不同的態度，見「正身之士」段干木是畢恭畢敬，「立倦而不敢息」；見「仰祿之士」翟黃則是「驕」之，「踞於堂而與之言」。魏文侯知道段干木「志於道」，故禮之，《呂氏春秋・期賢》曰：「魏文侯過段干木之閭而軾之，其僕曰：『君胡爲軾？』曰：『此非段干木之閭歟？段干木蓋賢者也，吾安敢不軾？且吾聞段干木未嘗肯以己易寡人也，吾安敢驕之？段干木光乎德，寡人光乎地；段干木富乎義，寡人富乎財。』」〔註361〕段干木不肯以己之「道」易魏文侯之「位」，所以，魏文侯不敢「驕之」。《呂氏春秋》讚揚像段干木這樣的「志於道」之士，也稱讚魏文侯「好禮士」。

《呂氏春秋・下賢》曰：「齊桓公見小臣稷，一日三至弗得見。從者曰：『萬乘之主，見布衣之士，一日三至而弗得見，亦可以止矣。』桓公曰：『不然。士驚祿爵者，固輕其主；其主驚霸王者，亦輕其士。縱夫子驚祿爵，吾庸敢驚霸王乎？』遂見之，不可止。世多舉桓公之內行，內行雖不修，霸亦可矣。」〔註362〕齊桓公深知「驚祿爵」之士對其成就霸王之業是多麼重要，「驚祿爵」之士雖然輕視齊桓公，但是齊桓公絕不輕視「驚祿爵」之士，所以，齊桓公最終成就了不朽的功業。《呂氏春秋》稱讚齊桓公這種「禮士」的舉動。

《呂氏春秋》的作者們津津樂道於「驚祿爵之士」和能禮待「驚祿爵之士」的君主，其實是，創作《呂氏春秋》的這幫「士群體」在面對戰國後期士階層出現墮落、「仰祿之士」大量湧現的情況下所發出的對「志於道」之士的呼喚。他們心中士的理想形象依然是「志於道」者。

四、士爲知己者死

從孔子開始，「不怕死」的精神就已經注入了「士」的優秀品格之中。《論語・衛靈公》載孔子曰：「志士仁人，無求生以害仁，有殺身以成仁。」〔註363〕《論語・子張》載子張曰：「士見危致命。」〔註364〕《孟子・滕文公下》載孟子曰：「威武不能屈。」〔註365〕《荀子・榮辱》載荀子曰：「義之所

〔註361〕陳奇猷：《呂氏春秋新校釋》，上海：上海古籍出版社，2002年，第1457頁。
〔註362〕陳奇猷：《呂氏春秋新校釋》，上海：上海古籍出版社，2002年，第887頁。
〔註363〕邢昺：《論語注疏》，《十三經注疏》，北京：中華書局，1980年，第2517頁。
〔註364〕邢昺：《論語注疏》，《十三經注疏》，北京：中華書局，1980年，第2531頁。
〔註365〕舊題孫奭：《孟子注疏》，《十三經注疏》，北京：中華書局，1980年，第2710頁。

在，不傾於權，不顧其利，舉國而與之不爲改視，重死持義而不橈，是士君子之勇也。」〔註366〕孔子、子張、孟子、荀子強調的是「士」應該殺身以成仁，舍生而取義，即爲仁、爲義而死，也就是爲「道」而死。

戰國後期，社會風尚出現了新的變化，如余英時先生所說：「大體言之，自稷下衰微到秦代統一這段期間，國君養賢的風氣已成過去。以秦、趙兩個大國而論，養賢的事業已轉到卿相的手中了。呂不韋和平原君皆養士數千，儼然已取齊宣王的地位而代之。」〔註367〕戰國後期，卿相養士成風，魏信陵君，楚春申君，趙平原君，齊孟嘗君，秦呂不韋皆養有大批的「士」，號稱「門客」。

主人和門客形成了一種利益關係，主人爲門客提供衣食住行的必需品和進入仕途的機會，門客則以己之所長爲主人效力。《戰國策・齊策三》記載了孟嘗君與三位門客之間的對話，孟嘗君問三位門客曰：「願聞先生有以補文之闕者！」一人曰：「訾！天下之主，有侵君者，臣請以臣之血湔其衽。」一人曰：「車軼之所能至者，請掩足下之短，誦足下之長，千乘之君，與萬乘之相，其欲有君也，如使而弗及也。」一人曰：「臣願以足下之府庫財務，收天下之士，能爲君決疑應卒，若魏文侯之有田子方、段干木也，此臣之所爲君取矣。」〔註368〕三者不同的回答反映了門客爲主人效力的不同方式，其中第一位是可以「爲知己者死」的，所謂「有侵君者，臣請以臣之血湔其衽」。

「士爲知己者死」精神的提倡，首先，與養士的卿相的需要分不開。在某些重要的事情上，主人需要士能爲己效死力，就會提倡「士爲知己者死」的精神。其次，士能爲知己者死也是士實現自身價值的一種「高尚」方式，是士有節操的重要表現。由於這兩個原因，「士爲知己者死」的精神在卿相養士成風的戰國後期十分高漲。

《呂氏春秋》的作者們作爲呂不韋所養的「士」也提倡「士爲知己者死」的精神。《呂氏春秋・不侵》曰：「天下輕於身，而士以身爲人。」〔註369〕高誘注曰：「輕於身，重於義也。以身爲人者，爲人殺身。」〔註370〕士「爲人殺

〔註366〕王先謙：《荀子集解》，北京：中華書局，1988年，第56頁。
〔註367〕余英時：《士與中國文化》，上海：上海人民出版社，2003年，第42頁。
〔註368〕諸祖耿：《戰國策集注匯考》，南京：鳳凰出版社，2008年，第573頁。
〔註369〕陳奇猷：《呂氏春秋新校釋》，上海：上海古籍出版社，2002年，第646頁。
〔註370〕《呂氏春秋・不侵》注〔二〕，陳奇猷《呂氏春秋新校釋》，上海：上海古籍

身」，就是能爲「知己者」舍生赴死。

「士爲知己者死」的響亮口號由豫讓首次喊出。《戰國策・趙策一》載：「晉畢陽之孫豫讓，始事范中行氏，不說，去而就知伯，知伯寵之。及三晉分知氏，趙襄子最怨知伯，而漆其頭以爲飲器。豫讓遁逃山中，曰：『嗟乎！士爲知己者死，女爲悅己者容！吾其報知氏矣！』」〔註371〕在「士爲知己者死」精神的鼓舞下，豫讓展開了爲知伯報仇的活動。豫讓先「滅須去眉，自刑以變其容」，「又吞炭以變其音」〔註372〕，「豫讓之友謂豫讓曰：『子之行何其惑也？子嘗事范氏、中行氏，諸侯盡滅之，而子不爲報，至於智氏，而子必爲之報，何故？』豫讓曰：『我將告子其故。范氏、中行氏，我寒而不我衣，我饑而不我食，而時使我與千人共其養，是眾人畜我也。夫眾人畜我者，我亦眾人事之。至於智氏則不然，出則乘我以車，入則足我以養，眾人廣朝，而必加禮於吾所，是國士畜我也。夫國士畜我者，我亦國士事之』」〔註373〕。最終，豫讓以劍擊趙襄子之衣，「報仇」而死之〔註374〕。豫讓事知伯，知伯「寵之」，以「國士」禮待豫讓；知伯死，爲趙襄子所辱，豫讓則「國士事之」，拼死爲知伯報仇。豫讓終於做到了「士爲知己者死」，《呂氏春秋》肯定豫讓的行爲曰：「賢主必自知士，故士盡力竭智，直言交爭，而不辭其患，豫讓、公孫弘是也。」〔註375〕

公孫弘也可以做到「士爲知己者死」，《呂氏春秋・不侵》載公孫弘見秦昭王：「昭王曰：『薛之地小大幾何？』公孫弘對曰：『百里。』昭王笑曰：『寡人之國，地數千里，猶未敢以有難也。今孟嘗君之地方百里，而因欲以難寡人猶可乎？』公孫弘對曰：『孟嘗君好士，大王不好士。』昭王曰：『孟嘗君之好士何如？』公孫弘對曰：『義不臣乎天子，不友乎諸侯，得意則不慚爲人君，不得意則不肯爲人臣，如此者三人。能治可爲管、商之師，說義聽行，其能致主霸王，如此者五人。萬乘之嚴主，辱其使者，退而自刎也，必

出版社，2002年，第648頁。

〔註371〕諸祖耿：《戰國策集注匯考》，南京：鳳凰出版社，2008年，第886頁。

〔註372〕《呂氏春秋・恃君》，陳奇猷《呂氏春秋新校釋》，上海：上海古籍出版社，2002年，第1331頁。

〔註373〕《呂氏春秋・不侵》，陳奇猷《呂氏春秋新校釋》，上海：上海古籍出版社，2002年，第647頁。

〔註374〕諸祖耿：《戰國策集注匯考》，南京：鳳凰出版社，2008年，第887～888頁。

〔註375〕《呂氏春秋・不侵》，陳奇猷《呂氏春秋新校釋》，上海：上海古籍出版社，2002年，第646頁。

以其血污其衣，有如臣者七人。』昭王笑而謝焉曰：『客胡為若此？寡人善孟嘗君，欲客之必謹諭寡人之意也。』公孫弘敬諾。公孫弘可謂不侵矣。昭王，大王也。孟嘗君，千乘也。立千乘之義而不可凌，可謂士矣。」〔註376〕公孫弘見秦昭王，秦昭王欲醜孟嘗君而辱公孫弘，公孫弘嚴詞以對。面對秦昭王的侮辱，公孫弘聲稱自己可以「退而自刎也，必以其血污其衣」。孟嘗君好士，所以公孫弘可以「為知己者死」。《呂氏春秋》稱讚公孫弘曰：「公孫弘可謂不侵矣。昭王，大王也。孟嘗君，千乘也。立千乘之義而不可凌，可謂士矣。」

其他「士為知己者死」的例子，諸如北郭騷死晏子〔註377〕、孟勝死陽城君〔註378〕，《呂氏春秋》皆予以了讚揚。

《呂氏春秋》對「士為知己者死」的提倡，是《呂氏春秋》的作者這一「士群體」針對戰國後期卿相養士成風的社會現實而對「士」做出的新思考。與孔子「士志於道」的思想相比，「士為知己者死」這一提法所暗含的思想內容已經有了新的變化。「士為知己者死」，「士」所「志於」的對象已經由孔子提倡的「志於道」變成了「志於知己者」。雖然，「知己者」在少數時候會表現的比較接近「道」，但是，在更多的情況下「知己者」的所作所為只是在為一己之私打算，是遠離「道」，甚至是違背「道」的，所以，「知己者」絕對不能與「道」劃等號。「士為知己者死」，聽起來確實響亮，在這一號召的鼓舞下，中國歷史上也確實演繹了一齣齣悲壯感人的英勇故事，但是，就其實質內容而言，與孔子「士志於道」的思想相比，「士為知己者死」的思想卻並不是在進步。

《呂氏春秋》最精彩的地方之一就是描述了一齣齣驚心動魄的「士為知己者死」的感人故事。「士為知己者死」看似只強調了「士」，其實說的是「士」與「知士者」之間的一種和諧關係。如果君王不「知」士，那麼士也就不會為君王而死。「士為知己者死」既是對「士」的要求，也是對「君王」的要求。

〔註376〕陳奇猷：《呂氏春秋新校釋》，上海：上海古籍出版社，2002年，第647～648頁。

〔註377〕《呂氏春秋‧士節》，陳奇猷《呂氏春秋新校釋》，上海：上海古籍出版社，2002年，第630頁。

〔註378〕《呂氏春秋‧上德》，陳奇猷《呂氏春秋新校釋》，上海：上海古籍出版社，2002年，第1266頁。

　　綜上，我們可以對本節做一小結。《呂氏春秋》的「賢士」思想從儒家發展而來，但又有著自身的「新」特色。首先，《呂氏春秋》對「士」的思索吸收了不少道家的思想，理想的賢士形象表現出儒道結合的特點。其次，《呂氏春秋》面對士階層分化的局面，重新對「士」進行了深入的思考，結果是，「士志於道」的傳統不能變。最後，由於社會的變化，伴隨著卿相養士成風的時代潮流，《呂氏春秋》表現出對「士爲知己者死」的提倡，但就其實質而言，這種思想並不比「士志於道」的思想進步。

　　擇賢要以有道之士爲標準，需要深入瞭解士階層的分化，也不能被「士爲知己者死」的口號所蒙蔽。

第二章　《呂氏春秋》的道家思想

第一節　《呂氏春秋》的圓道思想

一、思想探源

　　「道」是什麼？用陳鼓應先生的話說：「『道』指宇宙實體、萬物本原和普遍規律，爲老子首創的哲學專用名詞，並成爲中國哲學的最高範疇。」〔註1〕

　　老子和《老子》的問題學術界的意見還存在分歧。郭沫若先生認爲老子和《老子》應該分開來討論，「要認《道德經》爲老聃所做的書，字字句句都出於老子，那是錯誤，但要說老子根本沒有這個人，或者有而甚晚，那也跑到了另一個極端」，《老子》成於後人之手，但是有老聃的遺說在裏面，「不過要根據《道德經》來論老聃，那在遺說的摘發上就還須經過一道甄別的工夫。要在先秦諸子裏面有旁證，足以證明確實爲老聃遺說的，我們才好徵引」，經過甄別，郭沫若先生認爲「『道』這個觀念，確是老聃所倡導出來的東西」〔註2〕。陳鼓應先生說：「由帛書《黃帝四經》的發現，一方面人們可以認識范蠡在哲學史上承上啓下的重要性，另一方面，由於它已經融化了老子思想，因而《老子》的成書年代就不能被估計得太晚，應以司馬遷所說的

〔註1〕　陳鼓應：《黃帝四經・經法・道法》注釋①，陳鼓應《黃帝四經今注今譯：馬王堆漢墓出土帛書》，北京：商務印書館，2007年，第2～3頁。
〔註2〕　郭沫若：《稷下黃老學派的批判》，郭沫若《十批判書》，北京：東方出版社，1996年，第184～185頁。

是老子自著爲正確。」〔註3〕張岱年先生認爲孔子、老子同時，《老子》書爲老聃所著，但是五千言中哪些思想屬於老聃應該加以辨別，經過辨別，張岱年先生說：「《老子》書中關於『道』的章節以及關於柔弱勝剛強的章節是老聃的中心思想。」〔註4〕雖然三位先生關於老子和《老子》還存在爭議，但是在老子首先提出中國哲學的最高範疇——「道」這一點上，他們之間不存在分歧，意見是一致的。

作爲哲學範疇的「道」是老子首先提出來的，《老子》開篇即云〔註5〕：「道，可道，非常道。名，可名，非常名。無名，天地之始；有名，萬物之母。故常無欲，以觀其妙；常有欲，以觀其徼。此兩者同出而異名，同謂之玄，玄而又玄，眾妙之門。」〔註6〕老子的「道」，「玄而又玄，眾妙之門」，是無名的。老子的「道」還具有以下特質：第一，無形，王弼本《老子》第十四章曰：「視之不見名曰夷，聽之不聞名曰希，搏之不得名曰微。此三者不可致詰，故混而爲一。其上不皦，其下不昧，繩繩不可名，復歸於無物。是謂無狀之狀，無物之象，是謂惚恍。迎之不見其首，隨之不見其後。執古之道，以御今之有，能知古始，是謂道紀。」〔註7〕「道」，「視之不見」、「聽之不聞」、「搏之不得」，看不見，摸不著，沒有形狀，「是謂惚恍」。第二，有物，王弼本《老子》第二十五章曰：「有物混成，先天地生。寂兮寥兮，獨立不改，周行而不殆，可以爲天下母。吾不知其名，字之曰道，強爲之名曰大，大曰逝，逝曰遠，遠曰反。故道大，天大，地大，王亦大。域中有四大，而王居其一焉。人法地，地法天，天法道，道法自然。」〔註8〕老子的「道」雖然看

〔註3〕 陳鼓應：《關於帛書〈黃帝四經〉成書年代等問題的研究》，陳鼓應《黃帝四經今注今譯：馬王堆漢墓出土帛書》，北京：商務印書館，2007年，第46～47頁。

〔註4〕 張岱年：《論老子在哲學史上的地位》，陳鼓應主編《道家文化研究》第1輯，上海：上海古籍出版社，1992年，第74頁。

〔註5〕 陳鼓應先生認爲：「『道經』在『德經』前的《老子》通行本維持了《老子》的原貌，是老子道家的傳本；而『德經』在『道經』前的帛書《老子》本，應該是黃老道家的傳本。」（陳鼓應：《先秦道家研究的新方向》，陳鼓應《黃帝四經今注今譯：馬王堆漢墓出土帛書》，北京：商務印書館，2007年，第6頁。）據此，則《老子》當以「道可道，非常道」開篇。

〔註6〕 王弼本《老子》第一章，高明：《帛書老子校注》，北京：中華書局，1996年，第221～227頁。

〔註7〕 高明：《帛書老子校注》，北京：中華書局，1996年，第282～288頁。

〔註8〕 高明：《帛書老子校注》，北京：中華書局，1996年，第348～353頁。

不見、摸不著，但是卻是客觀存在的實體，是「有物」的，如王弼本《老子》第二十一章所說「道之爲物，惟恍惟惚。惚兮恍兮，其中有象。恍兮惚兮，其中有物。窈兮冥兮，其中有精」〔註9〕。第三，無爲，王弼本《老子》第三十七章曰：「道常無爲而無不爲，侯王若能守之，萬物將自化。化而欲作，吾將鎮之以無名之樸。無名之樸，夫亦將無欲。不欲以靜，天下將自定。」〔註10〕「道沖，而用之或不盈。淵兮，似萬物之宗」〔註11〕，「道生之，德畜之」〔註12〕，「道」生萬物而「無爲」。張岱年先生認爲「『無爲』即是沒有意志、沒有情感的」，總結說：「老子所謂『道』，從其無形無狀來說，沒有可感性，在其沒有可感性的意義上亦可謂沒有物質性；從其有物有象來說，又具有客觀實在性。從其無爲沒有意志沒有情感來說，可謂又不具有精神性。『道』是超越一切相對性的絕對，可稱之爲超越性的絕對。」〔註13〕

老子以後，道家在先秦的發展大致是經過了黃老道家、稷下道家、莊子這樣幾個階段。

一九七三年湖南長沙馬王堆三號漢墓出土了一批具有重要學術價值的古代帛書，其中《老子》乙本卷前古佚書《經法》、《十大經》、《稱》、《道原》，據唐蘭先生考證爲《漢書・藝文志》所載《黃帝四經》〔註14〕。《黃帝四經》是現存最早的黃老道家的著作，陳鼓應先生考證認爲《黃帝四經》「成書當在戰國中期，要早於《孟子》、《莊子》和《管子》四篇」〔註15〕。黃老道家繼承老子思想也講「道」，《十大經・前道》曰：「道有原而無端，用者實，弗用者虇。合之而涅於美，循之而有常。古之賢者，道是之行。知此道，地且天、鬼且人。以居軍〔強〕，以居國其國昌。古之賢者，道是之行。」〔註16〕

〔註9〕 高明：《帛書老子校注》，北京：中華書局，1996年，第328～331頁。

〔註10〕 高明：《帛書老子校注》，北京：中華書局，1996年，第421～427頁。

〔註11〕 王弼本《老子》第四章，高明：《帛書老子校注》，北京：中華書局，1996年，第239頁。

〔註12〕 王弼本《老子》第五十一章，高明：《帛書老子校注》，北京：中華書局，1996年，第69頁。

〔註13〕 張岱年：《論老子在哲學史上的地位》，陳鼓應主編《道家文化研究》第1輯，上海：上海古籍出版社，1992年，第80頁。

〔註14〕 唐蘭：《馬王堆出土〈老子〉乙本卷前古佚書的研究》，《考古學報》1975年第1期。

〔註15〕 陳鼓應：《關於帛書〈黃帝四經〉成書年代等問題的研究》，陳鼓應《黃帝四經今注今譯：馬王堆漢墓出土帛書》，北京：商務印書館，2007年，第31頁。

〔註16〕 陳鼓應：《黃帝四經今注今譯：馬王堆漢墓出土帛書》，北京：商務印書館，

「道」生於「無」，所以說，「道有原」。道有本原，但卻沒有邊際。在使用「道」的時候你會感覺到它實實在在地存在；不用「道」的時候你又感覺不到它的存在。又《稱》曰：「道無始而有應。其未來也，無之；其已來，如之。」〔註17〕陳鼓應先生翻譯爲：「包羅萬象的大『道』浩廣而沒有邊際，但卻是實實在在存在著。人們沒有認識到它的時候，它好像沒有；認識到它的時候，它便隨之出現了。」〔註18〕「有原而無端」、「無始而有應」，這些都是「道」的特質。

　　帛書《黃帝四經》又將「道」稱爲「一」，《道原》曰：「恒無之初，迵同大（太）虛。虛同爲一，恒一而止。濕濕夢夢，未有明晦，神微周盈，精靜不配（熙）。（故）未有以，萬物莫以。古（故）無有刑（形），大迵無名。天弗能覆，地弗能載。小以成小，大以成大。盈四海之內，又包其外。在陰不腐，在陽不焦。一度不變，能適規（蚑）僥（蟯）。鳥得而蜚（飛），魚得而流（游），獸得而走。萬物得之以生，百事得之以成。人皆以之，莫知其名，人皆用之，莫見其形。」〔註19〕又曰：「一者其號也，虛其捨也，無爲其素也，和其用也。是故上道高而不可察也，深而不可則（測）也。顯明弗能爲名，廣大弗能爲刑（形）。獨立不偶，萬物莫之能令。天地陰陽，〔四〕時日月，星辰雲氣，規（蚑）行僥（蟯）重（動），戴根之徒，皆取生，道弗爲益少；皆反焉，道弗爲益多。堅強而不撌，柔弱而不可化。精微之所不能至，稽極之所不能過。」〔註20〕「一」，即是「道」。在混沌渺茫的原初時代，只有恒定的「先天一氣」（採陳鼓應說），別無他物。「先天一氣」精細、神妙、寧靜而不顯耀，沒有固定的形狀，沒有固定的名字，所以，「先天一氣」就像不存在一樣，世間萬物似乎也不依賴它。「先天一氣」，天地不能覆載，可以成小，可以成大，充塞四海而又包涵四海以外的一切世界。萬物依賴它而生存，百事依賴它而成功，人們運用著它卻不知道它的名字和形狀。「一」是

　　　　2007 年，第 317 頁。
〔註17〕陳鼓應：《黃帝四經今注今譯：馬王堆漢墓出土帛書》，北京：商務印書館，
　　　　2007 年，第 345 頁。
〔註18〕陳鼓應：《黃帝四經今注今譯：馬王堆漢墓出土帛書》，北京：商務印書館，
　　　　2007 年，第 346～347 頁。
〔註19〕陳鼓應：《黃帝四經今注今譯：馬王堆漢墓出土帛書》，北京：商務印書館，
　　　　2007 年，第 399 頁。
〔註20〕陳鼓應：《黃帝四經今注今譯：馬王堆漢墓出土帛書》，北京：商務印書館，
　　　　2007 年，第 402 頁。

「道」的稱號，虛無是「道」的處所，無為是「道」的本根，和合是「道」的用途。「道」無處不在，無時不有，取之不少，予之不多，所以，「道」「不能至」，「不能過」。黃老道家的「道」，陳鼓應先生「闡述」說：「值得注意的是『盈四海之內，又包其外』。戰國前的諸子書中皆無『又包其外』類似的表述。只有曾遊學於稷下，受過齊地海濱潮汐洗禮過的學者方能出是語。這對鄒衍陰陽五行學說對四海九州大一統格局的構築有直接的影響。『道』的廣大已超越老子的『域中』，此開放式的格局顯然已出於老子道家之右。」〔註21〕此說有道理。

　　稷下道家，人才濟濟，著述頗豐，然多散佚，陳鼓應先生認為：「明確屬於稷下道家作品的，除了通常所說的《管子》四篇之外，《水地》、《樞言》、《宙合》也被公認為稷下黃老的作品。此外，《形勢》、《勢》、《正》、《九守》、《四時》、《五行》等篇，亦屬稷下道家之作，我們把這幾篇和《老子》及帛書《四經》對照，便可以明白看出它們的學派性質。」〔註22〕《管子》書中屬於稷下道家的作品，最被研究者認可的還是「《管子》四篇」：《心術上》《心術下》《白心》《內業》。我們對稷下道家的探討即依據「《管子》四篇」。

　　《內業》曰：「道也者，口之所不能言也，目之所不能視也，耳之所不能聽也，所以修心而正形也。人之所失以死，所得以生也。事之所失以敗，所得以成也。」又曰：「凡道無根無莖，無葉無榮。萬物以生，萬物以成，命之曰道。」〔註23〕「道」，不可言，不可見，不可聽，「無根無莖」而生成萬物。《心術上》曰：「道也者，動不見其形，施不見其德，萬物皆以得，然莫知其極。」〔註24〕「道」，無形，無極。又《白心》曰：「道者，一人用之，不聞有餘；天下行之，不聞不足。此謂道矣。」〔註25〕「道」，不損不益，無增無減。諸如此類，皆是稷下道家對「道」特質的概括。

　　稷下道家對老子的「道生萬物」思想有所發展，認為「精氣」是化生宇宙萬物最基本的微粒，是構成萬物的本原，在這個意義上，「精氣」就是

〔註21〕陳鼓應：《黃帝四經今注今譯：馬王堆漢墓出土帛書》，北京：商務印書館，2007年，第402頁。

〔註22〕陳鼓應：《先秦道家研究的新方向》，陳鼓應《黃帝四經今注今譯：馬王堆漢墓出土帛書》，北京：商務印書館，2007年，第11頁。

〔註23〕黎翔鳳：《管子校注》，北京：中華書局，2004年，第935、937頁。

〔註24〕黎翔鳳：《管子校注》，北京：中華書局，2004年，第770頁。

〔註25〕黎翔鳳：《管子校注》，北京：中華書局，2004年，第793頁。

「道」。《內業》曰：「凡物之精，此則爲生。下生五穀，上爲列星。流於天地之間，謂之鬼神。藏於胸中，謂之聖人。是故民氣，杲乎如登於天，杳乎如入於淵，淖乎如在於海，卒乎如在於己。是故此氣也，不可止以力，而可安以德。不可呼以聲，而可迎以音。敬守勿失，是謂成德。德成而智出，萬物果得。」〔註 26〕「道」「淵兮似萬物之宗」，「可以爲天地母」，是構成萬物的本原。在稷下道家這裡，「精氣」具有了「道」這方面的功能，「下生五穀，上爲列星。流於天地之間，謂之鬼神。藏於胸中，謂之聖人」。王弼本《老子》第二十一章所云「道之爲物，惟恍惟惚。惚兮恍兮，其中有象。恍兮惚兮，其中有物。窈兮冥兮，其中有精」〔註 27〕是對「道」的描繪，也可以看作對「精氣」的描繪。又《內業》曰：「夫道者，所以充形也。」〔註 28〕這裡的「道」是指「精氣」。裘錫圭先生解釋說：「第 10 條說：『夫道者，所以充形也』。《心術下》有『氣者，身之充也』語，《淮南子・原道》有『氣者，生之充也』語，馬王堆漢墓出土的竹書《十問》有『以精爲充，故能久長』語，可證這一句的『道』應該理解爲精氣。」〔註 29〕馮友蘭先生也說：「在《內業》等四篇中，道就是精氣，也稱爲靈氣。《內業篇》說：『靈氣在心，一來一逝，其細無內，其大無外。所以失之，以躁爲害。心能執靜，道將自定。』由此段可以看出來，宋尹學派認爲『道』就是『靈氣』。」〔註 30〕成中英先生說：「先秦文獻中即已有把氣視爲宇宙化生的根本元素及力量的看法。」〔註 31〕稷下道家的「精氣」說就是一個很好的例子。

《莊子》一書，一般認爲《內篇》七篇（包括：《逍遙遊》《齊物論》《養生主》《人間世》《德充符》《大宗師》《應帝王》）爲莊子所作，《外篇》《雜篇》是莊子後學所作。莊子也講「道」，《大宗師》曰：「夫道，有情有信，無爲無形；可傳而不可受，可得而不可見；自本自根，未有天地，自古以固存；神鬼神帝，生天生地；在太極之先而不爲高，在六極之下而不爲深，先天地生而不爲久，長於上古而不爲老。狶韋氏得之，以挈天地；伏戲氏得之，以襲

〔註 26〕 黎翔鳳：《管子校注》，北京：中華書局，2004 年，第 931 頁。

〔註 27〕 高明：《帛書老子校注》，北京：中華書局，1996 年，第 328～331 頁。

〔註 28〕 黎翔鳳：《管子校注》，北京：中華書局，2004 年，第 932 頁。

〔註 29〕 裘錫圭：《稷下道家精氣說的研究》，陳鼓應主編《道家文化研究》第 2 輯，上海：上海古籍出版社，1992 年，第 171 頁。

〔註 30〕 馮友蘭：《先秦道家哲學主要名詞通釋》，《北京大學學報》1959 年第 4 期。

〔註 31〕 成中英：《中國哲學範疇問題初探》，《漢學研究》1985 年第 1 期。

氣母；維鬥得之，終古不忒；日月得之，終古不息；堪壞得之，以襲崑崙；馮夷得之，以遊大川；肩吾得之，以處大山；黃帝得之，以登雲天；顓頊得之，以處玄宮；禺強得之，立乎北極；西王母得之，坐乎少廣，莫知其始，莫知其終；彭祖得之，上及有虞，下及五伯；傅說得之，以相武丁，奄有天下，乘東維，騎箕尾，而比於列星。」〔註32〕「道」，「無爲無形」，可心傳不可口授，可心得不可目見；「自本自根」，在沒有天地之前本來就存在著；生天生地，生鬼生神，產生萬物；在空間和時間上都具有無限性，「在太極之先而不爲高，在六極之下而不爲深，先天地生而不爲久，長於上古而不爲老」。這是莊子對「道」特質的概括。

　　莊子後學又將「道」稱爲「太一」。在此之前，道家文獻《太一生水》已經把「道」稱爲「太一」。一九九三年湖北郭店一號墓出土了具有重要學術價值的戰國楚簡，其中包括《太一生水》〔註33〕。李學勤、裘錫圭、李伯謙、彭浩、劉祖信等先生一致認爲「郭店一號墓約下葬於公元前四世紀末期」〔註34〕，則《太一生水》成書於此前。《太一生水》與道家有緊密聯繫，是道家文獻，李學勤先生認爲「『太一生水』等文字，雖不見於傳世《老子》，但就簡本而言，實與《老子》不能分割」，並認爲「『太一』在道家的起源當出自關尹一派」〔註35〕。《老子》沒有「太一」一詞，但常以「大」、「一」指「道」，李零先生認爲「太一」當即是此「大」、「一」的合成詞，《太一生水》在思想上與《老子》有關聯是比較可信的〔註36〕。

　　《太一生水》曰：「大一生水，水反輔大一，是以成天。天反輔大一，是以成地。天地〔復相輔〕也，是以成神明。神明復相輔也，是以成陰陽。陰陽復相輔也，是以成四時。四時復【相】輔也，是以成寒熱。寒熱復相輔也，是以成濕燥。濕燥復相輔也，成歲而止。故歲者，濕燥之所生也。濕燥者，

〔註32〕郭慶藩：《莊子集釋》，北京：中華書局，1961年，第246～247頁。

〔註33〕「太一生水」，楚簡原文作「大一生水」，學界認爲「大一」就是「太一」，「大一」是「太一」的本來寫法。

〔註34〕王博：《美國達慕思大學郭店〈老子〉國際學術討論會紀要》，陳鼓應主編《道家文化研究》第17輯，北京：生活‧讀書‧新知三聯書店，1999年，第2頁。

〔註35〕李學勤：《太一生水的數術解釋》，陳鼓應主編《道家文化研究》第17輯，北京：生活‧讀書‧新知三聯書店，1999年，第297頁。

〔註36〕李零：《讀郭店楚簡〈太一生水〉》，陳鼓應主編《道家文化研究》第17輯，北京：生活‧讀書‧新知三聯書店，1999年，第328～329頁。

寒熱之所生也。寒熱者,【四時之所生也】。四時者,陰陽之所生【也】。陰陽者,神明之所生也。神明者,天地之所生也。天地者,大一之所生也。是故大一藏於水,行於時,周而又〔始,以己爲〕萬物母;一缺一盈,以己爲萬物經。此天之所不能殺,地之所不能埋,陰陽之所不能成。君子知此之謂〔□,不知者謂□。■〕。」〔註37〕李零先生「校讀」說:「『大一』,釋文讀『太一』。案『大一』是『太一』的本來寫法。」〔註38〕何謂「太一」?龐樸先生說:「所謂『太一』,就是開始的開始,或最最開始的意思,別無奧秘。」〔註39〕「太一」就是「道」,生水、生天、生地,「以己爲萬物母」,「以己爲萬物經」。與老子的「道生萬物」不同的是,「水」在其中扮演重要角色。太一生水,水又「反輔」太一生出了天,天再「反輔」太一生出了地。《太一生水》強調「水」,許抗生先生認爲「它不同於《管子・內業》等篇的道家『尙氣』學說,是道家宇宙論的另一發展路向」〔註40〕。此說有道理。

《莊子・天下》曰:「以本爲精,以物爲粗,以有積爲不足,澹然獨與神明居,古之道術有在於是者。關尹老聃聞其風而悅之,建之以常無有,主之以太一,以濡弱謙下爲表,以空虛不毀萬物爲實。」〔註41〕陳鼓應先生翻譯說:「以根本的道爲精微,以有形的物爲粗雜,以儲積爲不足,恬淡地獨與造化靈妙共處,古來道術有屬於這方面的。關尹、老聃聽到這種風尙就喜好。建立常無、常有的學說,歸本於最高的『太一』,以柔弱謙下爲型表,以空虛不排斥萬物爲實質。」〔註42〕莊子後學將老子的思想概括爲「建之以常無有,主之以太一」,即「常無、常有的學說」,其根本爲「最高的『太一』」。「太一」就是老子的「道」。

《呂氏春秋・下賢》描述「道」曰:「莫知其始,莫知其終,莫知其門,

〔註37〕李零:《郭店楚簡校讀記》(增訂本),北京:中國人民大學出版社,2007 年,第 41～42 頁。

〔註38〕李零:《郭店楚簡校讀記》(增訂本),北京:中國人民大學出版社,2007 年,第 42 頁。

〔註39〕龐樸:《一種有機的宇宙生成圖式——介紹楚簡〈太一生水〉》,陳鼓應主編《道家文化研究》第 17 輯,北京:生活・讀書・新知三聯書店,1999 年,第 302 頁。

〔註40〕許抗生:《初讀〈太一生水〉》,陳鼓應主編《道家文化研究》第 17 輯,北京:生活・讀書・新知三聯書店,1999 年,第 306 頁。

〔註41〕郭慶藩:《莊子集釋》,北京:中華書局,1961 年,第 1093 頁。

〔註42〕陳鼓應:《莊子今注今譯》,北京:中華書局,1983 年,第 883 頁。

莫知其端，莫知其源，其大無外，其小無內，此之謂至貴。」〔註43〕「道」無始無終，無門無端，其大無外，其小無內，這是《呂氏春秋》對「道」特質的概括。這種思想繼承道家思想而來。

在哲學意義上，《呂氏春秋》的「道」思想從道家而來，但是在道家「道」思想的基礎上又有「新」發展。

二、天道圓，地道方，聖王法之，所以立上下

「道」是中國哲學的最高範疇，由於最高，故不可觸摸，難以把握，不易利用。《呂氏春秋》最講究實用，如何將最高哲學範疇「道」運用於現實之中，這是呂不韋及其團隊最關心的。

呂不韋及其團隊的做法是：「道」既然最高，現實制度規矩的創立必須以「道」為根本；以「道」為依據，放眼宇宙，視力所及，「天」、「地」最大而具體可感，故具體而言「天道」、「地道」；「天道」、「地道」具體可言，聖王法之，依據天道而立上，依據地道而立下。

《呂氏春秋・圓道》曰：「天道圓，地道方，聖王法之，所以立上下。何以說天道之圓也？精氣一上一下，圓周複雜，無所稽留，故曰天道圓。何以說地道之方也？萬物殊類殊形，皆有分職，不能相為，故曰地道方。主執圓，臣處方，方圓不易，其國乃昌。」〔註44〕

在我們的祖先認識世界的過程中，天圓地方是最早得出的重要結論之一。天人感應則是我們祖先認識世界的重要方法之一，人事要學天、學地，天圓地方，「圓」和「方」自然就成為我們祖先最早掌握的規律之一。

劉咸炘先生《呂氏春秋發微》闡釋《圓道》篇曰：「方圓二義最古最要，已說於《內書・天地篇》。必明於動靜分和之故，而後圓方之義可明。說詳《內書・理要篇》。《易・繫辭傳》首曰：天尊地卑，乾坤定矣。卑高已陳，貴賤位矣。方以類聚，物以群分。在天成像，在地成形。剛柔相摩，八卦相盪。鼓之以雷霆，潤之以風雨。日月運行，一寒一暑。《樂記》曰：天高地下，萬物散殊，而禮制行矣。流而不息，合同而化而樂興焉。又曰：仁近於樂，義近於禮。又曰：樂者敦和，率神而從天；禮者別宜，居鬼而從地。蓋一元之運行不息，為動，為合，為同，為和，為圓，為樂，為仁。就其運行之中而

〔註43〕陳奇猷：《呂氏春秋新校釋》，上海：上海古籍出版社，2002年，第886頁。
〔註44〕陳奇猷：《呂氏春秋新校釋》，上海：上海古籍出版社，2002年，第174頁。

裁節之，爲靜，爲分，爲異，爲節，爲方，爲禮，爲義也。動渾同而靜差別，動流通而靜固定，動一而靜萬，是爲宇宙本體。此篇末之言一萬，《有始覽》之言離合同異，皆是義也。本書大旨生生誠感，即不息之圓，貴公即不動之方也。」〔註45〕

方圓二義，最古最要，《呂氏春秋》即用方、圓二義來探討自然之規律、君臣之分職。《呂氏春秋・序意》曰：「良人請問《十二紀》。文信侯曰：『嘗得學黃帝之所以誨顓頊矣，爰有大圓在上，大矩在下，汝能法之，爲民父母。蓋聞古之清世，是法天地。凡《十二紀》者，所以紀治亂存亡也，所以知壽夭吉凶也。上揆之天，下驗之地，中審之人，若此則是非可不可無所遁矣。』」〔註46〕大圓在上者爲天，大矩在下者爲地，能法天之大圓、地之大方，則可爲民父母。

三、天道圓，自然有規律

天道圓，自然界以天道爲依據而得其運行規律。《呂氏春秋》十分重視探尋自然的規律——圓道，《呂氏春秋・圓道》曰：「日夜一周，圓道也。月躔二十八宿，軫與角屬，圓道也。精行四時，一上一下各與遇，圓道也。物動則萌，萌而生，生而長，長而大，大而成，成乃衰，衰乃殺，殺乃藏，圓道也。雲氣西行，云云然冬夏不輟；水泉東流，日夜不休；上不竭，下不滿；小爲大，重爲輕；圓道也。」〔註47〕圓道是個運行不止、循環不停的圓。日月升降，星辰轉移，四時變換，萬物盛衰，雲氣西行，水泉東流，皆爲圓道。

《呂氏春秋》研究自然規律的目的在於探討人事的準則。《呂氏春秋・圓道》曰：「黃帝曰『帝無常處也，有處者乃無處也』，以言不刑蹇，圓道也。人之竅九，一有所居則八虛，八虛甚久則身斃。故唯而聽，唯止；聽而視，聽止。以言說一，一不欲留，留運爲敗，圓道也，一也齊至貴，莫知其原，莫知其端，莫知其始，莫知其終，而萬物以爲宗。聖王法之，以令其性，以定其正，以出號令。令出於主口，官職受而行之，日夜不休，宣通下究，瀸

〔註45〕 劉咸炘：《推十書》（增補全本）乙輯，上海：上海科學技術文獻出版社，2009年，第585～586頁。

〔註46〕 陳奇猷：《呂氏春秋新校釋》，上海：上海古籍出版社，2002年，第654頁。

〔註47〕 陳奇猷：《呂氏春秋新校釋》，上海：上海古籍出版社，2002年，第174頁。

於民心，遂於四方，還周復歸，至於主所，圜道也。令圜則可不可善不善無所壅矣。無所壅者，主道通也。故令者，人主之所以爲命也，賢不肖安危之所定也。人之有形體四枝，其能使之也，爲其感而必知也，感而不知，則形體四枝不使矣。人臣亦然，號令不感，則不得而使矣。有之而不使，不若無有。主也者，使非有者也，舜、禹、湯、武皆然。」〔註48〕

「一也齊至貴」，「一」即「道」，聖王法之，以出號令，職官行之，洽於民心，達於四方，還周復歸，至於主所，圜道也。號令的運行遵循圜道，主君、職官、民眾，上下之道，暢通無礙，可不可、善不善無所壅塞，賢不肖安危之所可定。

天人之間是圜道，君臣之間是圜道，臣民之間是圜道，天人、君臣、臣民之間之所以能相通成圜道，是因爲它們之間有精氣相通，可以精通誠感。天、地、人之間有精氣貫通，三者「大同」，三位一體，《呂氏春秋·有始》曰：「天地萬物，一人之身也，此之謂大同。」〔註49〕

《呂氏春秋》將「道」命名爲「太一」和「精氣」進一步探討圜道得以運行的基本原理。

（一）道即太一

《呂氏春秋·圜道》曰：「一也齊至貴，莫知其原，莫知其端，莫知其始，莫知其終，而萬物以爲宗。」〔註50〕「一」即「道」，《呂氏春秋》將「道」命名爲「太一」。

「太一」是什麼？李零先生指出：「從文獻記載看，有三種含義。作爲哲學上的終極概念，它是『道』的別名（也叫『大』、『一』、『太極』等等）；作爲天文學上的星官，它是大極所在，鬥、歲（太歲）遊行的中心；作爲祭祀崇拜的對象，它是天神中的至尊。」〔註51〕「太一」作爲哲學上的終極概念，雖然有郭店楚簡《太一生水》的「大一生水」、莊子後學《莊子·天下》對老子思想進行概括的「建之以常無有，主之以太一」等表述，但是，首次明確

〔註48〕 陳奇猷：《呂氏春秋新校釋》，上海：上海古籍出版社，2002年，第174～175頁。

〔註49〕 陳奇猷：《呂氏春秋新校釋》，上海：上海古籍出版社，2002年，第664頁。

〔註50〕 陳奇猷：《呂氏春秋新校釋》，上海：上海古籍出版社，2002年，第174～175頁。

〔註51〕 李零：《讀郭店楚簡〈太一生水〉》，陳鼓應主編《道家文化研究》第17輯，北京：生活·讀書·新知三聯書店，1999年，第320頁。

將「道」命名爲「太一」的是《呂氏春秋》。

《呂氏春秋・大樂》曰：「道也者，視之不見，聽之不聞，不可爲狀。有知不見之見、不聞之聞、無狀之狀者，則幾於知之矣。道也者，至精也，不可爲形，不可爲名，強爲之謂之太一。」〔註52〕《呂氏春秋》將「道」的特質概括爲「視之不見，聽之不聞，不可爲狀」。王弼本《老子》第二十五章曰：「有物混成，先天地生。寂兮寥兮，獨立不改，周行而不殆，可以爲天下母。吾不知其名，字之曰道，強爲之名曰大，大曰逝，逝曰遠，遠曰反。」〔註53〕老子給萬物本原進行了「命名」：「字之曰道，強爲之名曰大。」像老子一樣，「道也者，至精也，不可爲形，不可爲名，強爲之謂之太一」，「太一」則是《呂氏春秋》對「道」的命名。傳世文獻而言，《呂氏春秋》之前雖然已經存在「太一」代指宇宙本原——「道」的情況，但是，皆爲暗指，比較含蓄，《呂氏春秋》第一次明確地將「道」命名爲「太一」。

王弼本《老子》第四十二章將宇宙的生成過程描述爲：「道生一，一生二，二生三，三生萬物。萬物負陰而抱陽，沖氣以爲和。」〔註54〕《淮南子・天文訓》解釋曰：「道曰規，始於一，一而不生，故分而爲陰陽，陰陽合和而萬物生，故曰『一生二，二生三，三生萬物』。」〔註55〕

《太一生水》所描述的宇宙生成過程爲：「大一生水，水反輔大一，是以成天。天反輔大一，是以成地。天地〔復相輔〕也，是以成神明。神明復相輔也，是以成陰陽。陰陽復相輔也，是以成四時。四時復【相】輔也，是以成寒熱。寒熱復相輔也，是以成濕燥。濕燥復相輔也，成歲而止。」〔註56〕在《太一生水》所描述的「太一」創生宇宙的過程中，「水」起著至關重要的「反輔」作用。在「水」的作用下，「太一」創生了天地、神明、陰陽、四時、寒熱、濕燥、歲。

「道生一，一生二，二生三，三生萬物」是老子對宇宙生成過程的描述、「大一生水，水反輔大一，是以成天。天反輔大一，是以成地」是《太一生水》對宇宙生成過程的描述，《呂氏春秋》也有自己對宇宙生成過程的描述。

〔註52〕 陳奇猷：《呂氏春秋新校釋》，上海：上海古籍出版社，2002年，第259頁。
〔註53〕 高明：《帛書老子校注》，北京：中華書局，1996年，第348～350頁。
〔註54〕 高明：《帛書老子校注》，北京：中華書局，1996年，第29頁。
〔註55〕 劉文典：《淮南鴻烈集解》，北京：中華書局，1989年，第112頁。
〔註56〕 李零：《郭店楚簡校讀記》（增訂本），北京：中國人民大學出版社，2007年，第41頁。

在對「道」重新進行命名之後，《呂氏春秋》運用新的名稱「太一」對宇宙的生成過程重新進行了描述。

《呂氏春秋‧大樂》曰：「太一出兩儀，兩儀出陰陽。陰陽變化，一上一下，合而成章。渾渾沌沌，離則復合，合則復離，是謂天常。天地車輪，終則復始，極則復反，莫不咸當。日月星辰，或疾或徐，日月不同，以盡其行。四時代興，或暑或寒，或短或長。或柔或剛。萬物所出，造於太一，化於陰陽。」〔註57〕高誘注曰：「兩儀，天地也。出，生也。」〔註58〕《呂氏春秋》描述的宇宙生成過程是：太一生出天地，天地生陰陽，陰陽之間發生變化，一上一下，和合而成萬物的形體，這就是《呂氏春秋》所謂的「萬物所出，造於太一，化於陰陽」。同爲「太一」創生萬物，《呂氏春秋》與《太一生水》有諸多不同，首先，最大的不同是在創生過程中《呂氏春秋》不需要「水」；其次，創生過程中，《呂氏春秋》不是「反輔」在起作用而是「陰陽變化」在起作用；最後，創生過程中，《呂氏春秋》沒有「神明」這一環節。

《呂氏春秋》對宇宙生成過程的描述與《易繫辭》對宇宙生成過程的描述有幾分相似。《易繫辭》曰：「易有太極，是生兩儀，兩儀生四象，四象生八卦，八卦定吉凶，吉凶生大業。」王弼注曰：「太極者，無稱之稱，不可得而名，取有之所極況之太極者也。」〔註59〕「太極」也是對宇宙本原的命名，像《呂氏春秋》命名爲「太一」一樣，是「強爲之名」的選擇。葛兆光先生認爲古人感覺上的相似性使「北極」、「太一」、「道」、「太極」四個概念在語義上具有了互通性，指出「《易繫辭》明明說：『太極生兩儀』，可《呂氏春秋‧仲夏紀》裏卻將『太一』來代替『太極』，說『太一生兩儀』，而《易繫辭》『易有太極』一句，《經典釋文》引馬融又說是『北辰也』，可見『太一』、『太極』可以互訓，而太極與北辰之間又有很微妙的開關」〔註60〕葛兆光認爲「太一」、「太極」可以互訓，「太一生兩儀」、「太極生兩儀」表達的是同一個意思。

〔註57〕陳奇猷：《呂氏春秋新校釋》，上海：上海古籍出版社，2002 年，第 258～259頁。

〔註58〕《呂氏春秋‧大樂》注〔四〕，陳奇猷《呂氏春秋新校釋》，上海：上海古籍出版社，2002 年，第 260 頁。

〔註59〕孔穎達：《周易正義》，《十三經注疏》，北京：中華書局，1980 年，第 82 頁。

〔註60〕葛兆光：《眾妙之門——北極與太一、道、太極》，《中國文化》1990 年第 3期。

這裡「兩儀」可以解釋爲「天地」或者「陰陽」，《呂氏春秋》「太一出兩儀，兩儀出陰陽」的「兩儀」如高誘所說理解爲「天地」爲宜；《莊子・天下》曰「《易》以道陰陽」〔註61〕，則《易繫辭》「太極生兩儀」的「兩儀」當理解爲「陰陽」。即在《呂氏春秋・大樂》和《易繫辭》所描述的宇宙生成過程中，「陰陽變化」都發揮著十分重要的作用，這是二者的相似之處。然而，二者還是有細微差別的。

「一」就是「道」，《呂氏春秋・大樂》曰：「道也者，至精也，不可爲形，不可爲名，強爲之謂之太一。故一也者制令，兩也者從聽。先聖擇兩法一，是以知萬物之情。故能以一聽政者，樂君臣，和遠近，說黔首，合宗親。能以一治其身者，免於災，終其壽，全其天。能以一治其國者，姦邪去，賢者至，成大化。能以一治天下者，寒暑適，風雨時，爲聖人。故知一則明，明兩則狂。」〔註62〕「一」是「道」，處於支配的地位，制約著萬事萬物；「兩」處於從屬的地位，只能聽從命令而已。先代聖王捨棄「兩」而取法「一」，所以能夠掌握萬物生成的情理。能用「一」處理政事，則君臣歡樂，遠近和諧，百姓高興，宗親和睦。能用「一」來治身、治國、治天下更是有百利而無一害，所以，《呂氏春秋》強調「知一」：知一則明，明兩則狂。

又《呂氏春秋・論人》曰：「凡彼萬形，得一後成。故知一，則應物變化，闊大淵深，不可測也。德行昭美，比於日月，不可息也。豪士時之，遠方來賓，不可塞也。意氣宣通，無所束縛，不可收也。故知知一，則復歸於樸，嗜欲易足，取養節薄，不可得也。離世自樂，中情潔白，不可量也。威不能懼，嚴不能恐，不可服也。故知知一，則可動作當務，與時周旋，不可極也。舉錯以數，取與遵理，不可惑也。言無遺者，集肌膚，不可革也。讒人困窮，賢者遂興，不可匿也。故知知一，則若天地然，則何事之不勝，何物之不應？」〔註63〕世間萬物，「得道」之後而形成。「故知一」，許維遹曰：「王念孫校本重『知』字，是。『故知知一』下文凡三見，知一猶云得一。《審應篇》注『知猶得』。」〔註64〕據此，「知一」即爲「得一」，即「得道」。《呂氏春秋》強調「知一」就是在強調「得道」。

〔註61〕 郭慶藩：《莊子集釋》，北京：中華書局，1961 年，第 1067 頁。

〔註62〕 陳奇猷：《呂氏春秋新校釋》，上海：上海古籍出版社，2002 年，第 259～260 頁。

〔註63〕 陳奇猷：《呂氏春秋新校釋》，上海：上海古籍出版社，2002 年，第 162 頁。

〔註64〕 許維遹：《呂氏春秋集釋》，北京：中華書局，2009 年，第 74 頁。

　　掌握了得道的道理，就可以順應事物來變化而精深莫測，可以使德行昭明並列於日月而永不熄滅，可以使豪傑賢士隨時歸附而不可遏止，可以使精氣順暢無所束縛而不可拘守；掌握了得道的道理，就可以返樸歸真，從而做到：節制欲望而不被支使，超凡脫俗而不可污染，剛強無畏而不可屈服；掌握了得道的道理，就可以舉動適當、隨時變化而不可困窘，依禮行事、取術遵理而不可迷惑，言無遺失、接於肌膚而不可改變，親賢遠佞、賢者顯達而不可隱匿。諸如此類皆是「知一」的好處，所以，《呂氏春秋》強調「知一」，強調「知知一」：故知知一，則若天地然，則何事之不勝，何物之不應？

　　《呂氏春秋》又強調「執一」。《呂氏春秋》有《不二》《執一》兩篇專講「執一」問題。《不二》篇有脫文〔註65〕，篇幅極短，今錄全文於下。《不二》曰：「聽群眾人議以治國，國危無日矣。何以知其然也？老耽貴柔，孔子貴仁，墨翟貴廉，關尹貴清，子列子貴虛，陳駢貴齊，陽生貴己，孫臏貴勢，王廖貴先，兒良貴後。有金鼓所以一耳也；同法令所以一心也；智者不得巧，愚者不得拙，所以一眾也；勇者不得先，懼者不得後，所以一力也。故一則治，異則亂；一則安，異則危。夫能齊萬不同，愚智工拙，皆盡力竭能，如出乎一穴者，其唯聖人矣乎！無術之智，不教之能，而恃強速貫習，不足以成也。」〔註66〕《呂氏春秋》認為老耽、孔子、墨翟、關尹、子列子、陳駢、陽生、孫臏、王廖、兒良等十人的學說各自崇尚不同的內容，如果兼聽而用之，國家就會危亡。《呂氏春秋》指出要一耳、一心、一眾、一力，一則治、則安，異則亂、則危，旨在提倡「執一」。

　　《執一》曰：「王者執一，而為萬物正。軍必有將，所以一之也；國必有君，所以一之也；天下必有天子，所以　之也；天子必執一，所以搏之也。一則治，兩則亂。今御驪馬者，使四人，人操一策，則不可以出於門閭者，不一也。」〔註67〕王者「執一」，就可以成為萬物的主宰。軍隊一定要有將帥、國家一定要有君主、天下一定要有天子、天子一定要「執一」表達的都是「一則治，兩則亂」的思想。

〔註65〕陳奇猷曰：「《呂氏》各篇長短皆相近，不得此篇特短，亦可明此必有脫文。」
　　　　（《呂氏春秋·不二篇》註〔一一〕，陳奇猷《呂氏春秋新校釋》，上海：上海古籍出版社，2002年，第1141頁。）
〔註66〕陳奇猷：《呂氏春秋新校釋》，上海：上海古籍出版社，2002年，第1134～1135頁。
〔註67〕陳奇猷：《呂氏春秋新校釋》，上海：上海古籍出版社，2002年，第1143頁。

《呂氏春秋‧有度》曰：「先王不能盡知，執一而萬物治。使人不能執一者，物惑之也。故曰通意之悖，解心之繆，去德之累，通道之塞。貴富顯嚴名利六者，悖意者也。容動色理氣意六者，繆心者也。惡欲喜怒哀樂六者，累德者也。智慧去就取捨六者，塞道者也。此四六者不蕩乎胸中則正。正則靜，靜則清明，清明則虛，虛則無為而無不為也。」〔註68〕先王不能事事皆知，「執一御萬」而萬物治，但是，人往往不能「執一」，因為事物的迷惑：貴、富、顯、嚴、名、利擾亂思想，容、動、色、理、氣、意惑亂心志，惡、欲、喜、怒、哀、樂拖累德行，智、能、去、就、取、捨阻塞大道。如果心中沒有這些迷惑，那麼就能體認「道」、就能「執一」。「君」能「執一」就能實現「無為而無不為」，即「執一而萬物治」。

《呂氏春秋‧圜道》曰：「一也齊至貴，莫知其原，莫知其端，莫知其始，莫知其終，而萬物以為宗。」〔註69〕《呂氏春秋‧為欲》曰：「執一者至貴也。至貴者無敵。聖王託於無敵，故民命敵焉。」〔註70〕因為「一」是「至貴」的，所以，「執一者」也是「至貴」的。「至貴者」沒有對手，「聖賢的君王立身於沒有對手的境地，所以人們的命運就都依附於他們了」〔註71〕。在此，《呂氏春秋》著重強調的依然是「執一」的重要性。

（二）道即精氣

《呂氏春秋‧圜道》曰：「精氣一上一下，圜周複雜，無所稽留，故曰天道圜。」〔註72〕精氣上下流轉互通，使物質得以產生而流動。

與《太一生水》的「尚水」、用「水」來描述宇宙的生成不同，《呂氏春秋》傾向於「尚氣」，認為「精氣」就是「道」，就是產生萬物的本原。老子已經開始試圖將「氣」抽象為哲學概念，王弼本《老子》第四十二章曰：「道生一，一生二，二生三，三生萬物。萬物負陰而抱陽，沖氣以為和。」〔註73〕老子用陰陽二氣來論證萬物的本原。又王弼本《老子》第二十一章所云「道之為物，惟恍惟惚。惚兮恍兮，其中有象。恍兮惚兮，其中有物。窈兮冥兮，

〔註68〕陳奇猷：《呂氏春秋新校釋》，上海：上海古籍出版社，2002年，第1660頁。

〔註69〕陳奇猷：《呂氏春秋新校釋》，上海：上海古籍出版社，2002年，第174頁。

〔註70〕陳奇猷：《呂氏春秋新校釋》，上海：上海古籍出版社，2002年，第1303頁。

〔註71〕張雙棣、張萬彬、殷國光、陳濤：《呂氏春秋譯注》，長春：吉林文史出版社，1993年，第688頁。

〔註72〕陳奇猷：《呂氏春秋新校釋》，上海：上海古籍出版社，2002年，第174頁。

〔註73〕高明：《帛書老子校注》，北京：中華書局，1996年，第29頁。

其中有精」〔註74〕。後世把「精氣」作爲生成萬物的本原當是對老子所謂「精」、「氣」的闡發。

《管子‧內業》曰：「精也者，氣之精者也。」〔註75〕張岱年先生解釋說：「所謂精即是細微而粹美的氣，亦稱爲精氣。」〔註76〕《呂氏春秋‧大樂》曰「道也者，至精也」〔註77〕，認爲「道」是「至精之氣」──精氣。《呂氏春秋‧圓道》曰：「何以說天道之圓也？精氣一上一下，圓周複雜，無所稽留，故曰天道圓」，「精行四時，一上一下各與遇，圓道也。」〔註78〕「精氣」是產生萬物的本原，一上一下生成萬物，而又循環往復，從不停止，所以說「天道圓」。「精氣四季運行，陰氣上騰，陽氣下降，相合而成萬物，這是圓道」〔註79〕。

《呂氏春秋‧盡數》曰：「精氣之集也，必有入也。集於羽鳥與爲飛揚，集於走獸與爲流行，集於珠玉與爲精朗，集於樹木與爲茂長，集於聖人與爲夐明。精氣之來也，因輕而揚之，因走而行之，因美而良之，因長而養之，因智而明之。流水不腐，戶樞不螻，動也。形氣亦然，形不動則精不流，精不流則氣鬱。」〔註80〕帛書《黃帝四經》稱「道」爲「一」，《道原》曰：「鳥得而蜚（飛），魚得而流（游），獸得而走。萬物得之以生，百事得之以成。」〔註81〕「道」使萬物具有功能，使萬事得以成功，鳥得之而飛，魚得之而游，獸得之而走，「萬物得之以生，百事得之以成」。《呂氏春秋》發展了帛書《黃帝四經》的思想認爲「精氣」使萬物具有功能，使萬事得以成功。「精氣」作爲十分細微的物質，彙集進入形體之內，集於鳥羽，使它可以展翅飛翔；集於走獸，使它可以快速奔跑；集於珠玉，使它可以璀璨耀眼；集於樹木，使它可以枝繁葉茂；集於聖人，使他可以聰慧睿智。

稷下道家的「精氣」理論對《呂氏春秋》的「精氣」理論有更爲直接的

〔註74〕 高明：《帛書老子校注》，北京：中華書局，1996年，第328～331頁。
〔註75〕 黎翔鳳：《管子校注》，北京：中華書局，2004年，第937頁。
〔註76〕 張岱年：《〈管子〉書中的哲學範疇》，《管子學刊》1991年第3期。
〔註77〕 陳奇猷：《呂氏春秋新校釋》，上海：上海古籍出版社，2002年，第259頁。
〔註78〕 陳奇猷：《呂氏春秋新校釋》，上海：上海古籍出版社，2002年，第174頁。
〔註79〕 張雙棣、張萬彬、殷國光、陳濤：《呂氏春秋譯注》，長春：吉林文史出版社，1993年，第88頁。
〔註80〕 陳奇猷：《呂氏春秋新校釋》，上海：上海古籍出版社，2002年，第139頁。
〔註81〕 陳鼓應：《黃帝四經今注今譯：馬王堆漢墓出土帛書》，北京：商務印書館，2007年，第399頁。

影響。《管子・內業》曰：「凡物之精，此則為生。下生五穀，上為列星。流於天地之間，謂之鬼神。藏於胸中，謂之聖人。」〔註82〕稷下道家將「精氣」成就萬事萬物的功能表述得更加直接和明確。《呂氏春秋》在稷下道家的基礎上進一步發展了「精氣」理論，將「精氣」講的更加具體和深入。《呂氏春秋・達鬱》曰：「精氣欲其行也，若此則病無所居而惡無由生矣。病之留、惡之生也，精氣鬱也。」〔註83〕《呂氏春秋》指出精氣要不斷地運行，這樣「病無所居」、「惡無由生」。萬物的具有功能源於「精氣」在其體內的流動，「形不動則精不流，精不流則氣鬱」。「病之留、惡之生也，精氣鬱也」，精氣鬱結會帶來嚴重的惡果，「鬱處頭則為腫為風，處耳則為挶為聾」、「處鼻則為鼽為窒，處腹則為張為府，處足則為痿為蹷」〔註84〕。

《呂氏春秋》認為「精氣」是可以相通的，《呂氏春秋・召類》曰：「氣同則合。」〔註85〕《呂氏春秋》有《精通》《精諭》兩篇專講「精氣」的相通問題。《精通》曰：「聖人南面而立，以愛利民為心，號令未出而天下皆延頸舉踵矣，則精通乎民也」、「身在乎秦，所親愛在於齊，死而志氣不安，精或往來也。」〔註86〕聖人與民眾精氣相通，聖人以愛利之心愛民眾，民眾也以愛利之心愛聖人，所以聖人還沒有頒佈法令，民眾已經在「延頸舉踵」地等待了，這就是《精諭》所謂「聖人相諭不待言，有先言言者也」〔註87〕。身在秦國的人會因身在齊國的愛人的死亡而感到心神不寧，這也是因為精氣是可以相通的。

又《精通》曰：「鍾子期夜聞擊磬者而悲，使人召而問之曰：『子何擊磬之悲也？』答曰：『臣之父不幸而殺人，不得生；臣之母得生，而為公家為酒；臣之身得生，而為公家擊磬。臣不睹臣之母三年矣。昔為舍氏睹臣之母，量所以贖之則無有，而身固公家之財也。是故悲也。』鍾子期歎嗟曰：『悲夫，悲夫！心非臂也，臂非椎非石也。悲存乎心而木石應之，故君子誠乎此而諭乎彼，感乎己而發乎人，豈必強說乎哉？』周有申喜者，亡其母，聞乞人歌

〔註82〕黎翔鳳：《管子校注》，北京：中華書局，2004 年，第 931 頁。

〔註83〕陳奇猷：《呂氏春秋新校釋》，上海：上海古籍出版社，2002 年，第 1382 頁。

〔註84〕《呂氏春秋・盡數》，陳奇猷《呂氏春秋新校釋》，上海：上海古籍出版社，2002 年，第 139 頁。

〔註85〕陳奇猷：《呂氏春秋新校釋》，上海：上海古籍出版社，2002 年，第 1369 頁。

〔註86〕陳奇猷：《呂氏春秋新校釋》，上海：上海古籍出版社，2002 年，第 513 頁。

〔註87〕陳奇猷：《呂氏春秋新校釋》，上海：上海古籍出版社，2002 年，第 1176 頁。

於門下而悲之，動於顏色，謂門者內乞人之歌者，自覺而問焉，曰：『何故而乞？』與之語，蓋其母也。故父母之於子也，子之於父母也，一體而兩分，同氣而異息。若草莽之有華實也，若樹木之有根心也，雖異處而相通，隱志相及，痛疾相救，憂思相感，生則相歡，死則相哀，此之謂骨肉之親。神出於忠，而應乎心，兩精相得，豈待言哉？」〔註88〕擊磬者與其母精氣相通，擊磬者感知母親之痛苦而不能將其救離苦海，所以悲痛，故擊磬甚悲；同樣，由於精氣相通，鍾子期可以感知擊磬者之悲。鍾子期所謂「君子誠乎此而諭乎彼，感乎己而發乎人」說的正是「精通」、「精諭」。申喜之所以聽到其母乞討時所唱的歌而感到悲痛，「動於顏色」，是因為母子之間精氣是相通的。父母子女之間，「一體而兩分，同氣而異息」，同樣的精氣存在於兩個個體之中，雖然處於不同的個體，但是二者是息息相通的，正所謂「雖異處而相通」。因為精氣相通，所以父母子女之間能夠「隱志相及，痛疾相救，憂思相感，生則相歡，死則相哀」，這就是「骨肉之親」。

《呂氏春秋》將「道」命名為「太一」，又用「精氣」來闡釋「道」，這是《呂氏春秋》論「道」的重要特色。強昱在《〈太一生水〉與古代的太一觀》一文中說：「《呂氏春秋》等以太一為道，此道意為氣之至精者，至少老子、莊子、惠施的一，卻不能純以『氣之至精』者解。這就是說，一固然是統一性，但以太一為氣之至精者，重點是在質料的一致，而在老莊那裡，則為最高的抽象原理，此原理為世界的本質。」〔註89〕「以太一為道，此道意為氣之至精者」是《呂氏春秋》的「道」思想與道家「道」思想的區別所在，是《呂氏春秋》論「道」的特色。

四、地道方，君臣有分職

《呂氏春秋・圜道》曰：「何以說地道之方也？萬物殊類殊形，皆有分職，不能相為，故曰地道方。主執圜，臣處方，方圜不易，其國乃昌。」〔註90〕地道方，萬物殊類殊形，皆有分職，君臣亦然，君執圜，臣處方，君臣有分職。

〔註88〕 陳奇猷：《呂氏春秋新校釋》，上海：上海古籍出版社，2002年，第514頁。
〔註89〕 強昱：《〈太一生水〉與古代的太一觀》，陳鼓應主編《道家文化研究》第17輯，北京：生活・讀書・新知三聯書店，1999年，第355頁。
〔註90〕 陳奇猷：《呂氏春秋新校釋》，上海：上海古籍出版社，2002年，第174頁。

又《呂氏春秋‧圜道》曰：「先王之立高官也，必使之方。方則分定，分定則下不相隱。堯、舜，賢主也，皆以賢者為後，不肯與其子孫，猶若立官必使之方。今世之人主，皆欲世勿失矣，而與其子孫，立官不能使之方，以私欲亂之也，何哉？其所欲者之遠，而所知者之近也。今五音之無不應也，其分審也。宮徵商羽角，各處其處，音皆調均，不可以相違，此所以不受也。賢主之立官，有似於此。百官各處其職，治其事以待主，主無不安矣。以此治國，國？不利矣；以此備患，患無由至矣。」〔註91〕地道方，先王之立高官，必使之方，方則分定，分定則下不相隱，百官各處其職，治其事以待主，則君主安定，國家吉利，禍患不至。

《呂氏春秋》卷十七是《審分覽》，專門設一「覽」來討論君臣分職。《呂氏春秋‧審分》曰：「凡人主必審分，然後治可以至，姦偽邪辟之塗可以息，惡氣苛疾無自至。夫治身與治國，一理之術也。今以眾地者，公作則遲，有所匿其力也；分地則速，無所匿遲也。主亦有地，臣主同地，則臣有所匿其邪矣，主無所避其累矣。凡為善難，任善易。奚以知之？人與驥俱走，則人不勝驥矣；居於車上而任驥，則驥不勝人矣。人主好治人官之事，則是與驥俱走也，必多所不及矣。夫人主亦有居車，無去車，則眾善皆盡力竭能矣，諂諛詖賊巧佞之人無所竄其奸矣，堅窮廉直忠敦之士畢競勸騁騖矣。人主之車，所以乘物也。察乘物之理，則四極可有。不知乘物而自怙恃，奪其智慧，多其教詔，而好自以；若此則百官恫擾，少長相越，萬邪並起，權威分移，不可以卒，不可以教，此亡國之風也。王良之所以使馬者，約審之以控其轡，而四馬莫敢不盡力。有道之主，其所以使群臣者亦有轡。其轡何如？正名審分，是治之轡已。故按其實而審其名，以求其情；聽其言而察其類，無使放悖。夫名多不當其實、而事多不當其用者，故人主不可以不審名分也。」〔註92〕

君臣有分職，各司其職，百事順利。反之，君主為臣之事，就好比人與駿馬賽跑，人筋疲力盡，人肯定輸。君臣各司其職，君發號命令，臣組織實施，發揮大臣之才能，就好比人坐在馬車上與馬賽跑，輕鬆駕馭，君主安逸而百事成。

〔註91〕陳奇猷：《呂氏春秋新校釋》，上海：上海古籍出版社，2002 年，第 175 頁。
〔註92〕陳奇猷：《呂氏春秋新校釋》，上海：上海古籍出版社，2002 年，第 1039～1040頁。

地道方，而君臣有分職。

綜上，我們可以對本節做一小結。《呂氏春秋》的圓道思想，繼承了道家的「道」思想，同時又有自己的「新」發展。第一，《呂氏春秋》將「道」這一哲學最高範疇運用於現實政治之中，探討治國的「圓道」，天道圓，地道方，聖王法之，所以立上下。天道圓，自然有規律；地道方，君臣有分職。第二，《呂氏春秋》將「道」命名爲「太一」和「精氣」進一步探討圓道得以運行的基本原理。太一生萬物，精氣貫於其中，精誠相感，互通互感，互感互應，圓道運行，生生不息。

第二節　《呂氏春秋》的因循思想

一、思想探源

「因循」的「因」是一個哲學範疇，是哲學意義上的「因」，具有因循、順應、憑藉等意思，具體指遵循自然、依順時勢、憑藉外物等等。

「因」作爲哲學範疇是道家的發明。《老子》書中雖然沒有「因」這個字，但是老子的思想裏已經包含了因循、順應、憑藉等思想觀念。王弼本《老子》第二十五章曰：「人法地，地法天，天法道，道法自然。」〔註93〕這裡的「法」就具有因循、順應、憑藉等意思，當對「因」這一哲學範疇的提出具有重要的啓迪作用。

黃老學派推崇「因」、講究「因」，《史記·太史公自序》載司馬談「論六家之要指」曰：「道家無爲，又曰無不爲，其實易行，其辭難知。其術以虛無爲本，以因循爲用。無成埶，無常形，故能究萬物之情。不爲物先，不爲物後，故能爲萬物主。有法無法，因時爲業；有度無度，因物與合。故曰『聖人不朽，時變是守。虛者道之常也，因者君之綱』也。」〔註94〕由於黃老學派思想在漢初的盛行，司馬談、司馬遷父子所論的「道家」其實是指「黃老思想」，如熊鐵基先生所說：「在司馬遷父子心目中，乃至在多數漢代士人心目中，道家就是黃老。」〔註95〕諸如司馬談所謂「無爲而無不爲」、「以因

〔註93〕高明：《帛書老子校注》，北京：中華書局，1996年，第353頁。
〔註94〕司馬遷：《史記》，北京：中華書局，1959年，第3292頁。
〔註95〕熊鐵基：《秦漢新道家》，上海：上海人民出版社，2001年，第12頁。

循爲用」、「因時爲業」、「因物與合」、「聖人不朽，時變是守。虛者道之常也，因者君之綱」都是說的黃老學派的思想特徵，而「因」是其中的一個重要方面。

黃老學派形成於戰國時期，今見最早的黃老學派著作是帛書《黃帝四經》，它的成書年代不晚於戰國中期〔註96〕。帛書《黃帝四經》對於研究黃老學派的思想非常重要。在探討帛書《黃帝四經》的「因」思想之前，我們得先考察一個與黃老學派和帛書《黃帝四經》有密切聯繫的人物——范蠡。

范蠡（約前519～前449）〔註97〕的思想屬於何家何派？帛書《黃帝四經》的出土爲我們提供了重要線索。據唐蘭先生《〈老子〉乙本卷前古佚書引文表》，我們可以看出《國語·越語下》所載范蠡的言論與帛書《黃帝四經》有諸多相通之處〔註98〕，李學勤先生考證認爲「《越語下》所述范蠡思想，顯然是應該劃歸黃老一派」〔註99〕，此說有道理，范蠡的思想當屬於黃老學派。范蠡主要活動於春秋末期至戰國前期之間，《國語·越語下》所載范蠡的思想早於帛書《黃帝四經》的黃老思想，由於二者的相通性，陳鼓應先生指出：「帛書《黃帝四經》和《管子》等共同引用了范蠡的觀點，這是學術史上一個值得探討的問題。由這個事實，我們可以瞭解范蠡與黃老思想的關係，范蠡可能是從老子過渡到黃老的關鍵人物，或者如王博所說，范蠡的思想可能正是黃老之學的雛形。歷史上范蠡由越之齊，以後直接發展出了以《黃帝四經》爲代表的齊國黃老之學。」〔註100〕我們贊同此說。

范蠡重視「因」，《國語·越語下》載：「王曰：『不穀之國家，蠡之國家也，蠡其圖之。』范蠡對曰：『四封之內，百姓之事，時節三樂，不亂民功，不逆天時，五穀睦熟，民乃蕃滋。君臣上下，交得其志，蠡不如種也。四封

〔註96〕 此據陳鼓應先生說，陳鼓應說：「總結地說，帛書《黃帝四經》至遲作成於戰國中期，是一部較《管子》四篇等早出的著作。」（陳鼓應：《關於帛書〈黃帝四經〉成書年代等問題的研究》，陳鼓應《黃帝四經今注今譯：馬王堆漢墓出土帛書》，北京：商務印書館，2007年，第41頁。）

〔註97〕 范蠡生卒年據董治安先生說，董治安：《略談范蠡及其有關文獻記載》，《山東大學學報》1997年第3期。

〔註98〕 唐蘭《馬王堆出土〈老子〉乙本卷前古佚書的研究——兼論其與漢初儒法鬥爭的關係》，《考古學報》1975年第1期。

〔註99〕 李學勤：《范蠡思想與帛書〈黃帝書〉》，《浙江學刊》1990年第1期。

〔註100〕 陳鼓應：《關於帛書〈黃帝四經〉成書年代等問題的研究》，陳鼓應《黃帝四經今注今譯：馬王堆漢墓出土帛書》，北京：商務印書館，2007年，第46頁。

之外，敵國之制，立斷之事，因陰陽之恒，順天地之常，柔而不屈，強而不剛，德虐之行，因以爲常；死生因天地之刑，天因人，聖人因天；人自生之，天地形之，聖人因而成之，是故戰勝而不報，取地而不反，兵勝於外，福生於內，用力甚少，而名聲章明，種亦不如蠡也。』王曰：『諾。』令大夫種爲之。」〔註101〕范蠡在此論說了自己與大夫種在治國方面的長短優劣。范蠡治國注重「因」，擅長「因陰陽之恒，順天地之常」，即遵循陰陽變化的規律，順應天地運行的常理。「死生因天地之刑」，注曰：「死，殺也。刑，法也。殺生必因天地四時之法，推亡固存亦是也。」〔註102〕即無論殺戮還是養生都要因循天地、四時的法則而行事。「天因人，聖人因天」，天因人，人因天，重在一個「因」字。「因」是范蠡治國舉措的一個重要指導思想。

范蠡尤其注重「因時」，《國語・越語下》載越王句踐問范蠡曰：「節事奈何？」范蠡特別強調了「因時」：「時不至，不可強生；事不究，不可強成。自若以處，以度天下，待其來者而正之，因時之所宜而定之。」〔註103〕范蠡認爲凡做事要順應適當的時機而促成之，時機不到不可以勉強而爲之。又《國語・越語下》載范蠡勸諫越王句踐曰：「夫聖人隨時以行，是謂守時，天時不作，弗爲人客；人事不起，弗爲之始。今君王未盈而溢，未盛而驕，不勞而矜其功，天時不作，而先爲人客，人事不起，而創爲之始，此逆於天而不和於人。」〔註104〕范蠡勸諫句踐要「守時」，凡事要「隨時以行」，時當行則行，時當止則止。如果時機不到而爲之，那麼就會因爲天不時、人不和而失敗。

黃老學派的重要著作《黃帝四經》推崇「因」，《十大經・觀》載黃帝曰「弗因則不成」〔註105〕，《十大經・果童》曰「人有其中，物又（有）其刑（形），因之若成」〔註106〕。不「因」不能成事，「因」之就能成事，足見帛書《黃帝四經》對「因」之重視程度。《黃帝四經・稱》曰：「聖人不爲始，不剬（專）己，不豫謀，不爲得，不辭福，因天之則。」〔註107〕陳鼓應先生

〔註101〕徐元誥：《國語集解》，北京：中華書局，2002年，第578～579頁。
〔註102〕徐元誥：《國語集解》，北京：中華書局，2002年，第579頁。
〔註103〕徐元誥：《國語集解》，北京：中華書局，2002年，第578頁。
〔註104〕徐元誥：《國語集解》，北京：中華書局，2002年，第575～576頁。
〔註105〕陳鼓應：《黃帝四經今注今譯：馬王堆漢墓出土帛書》，北京：商務印書館，2007年，第210頁。
〔註106〕陳鼓應：《黃帝四經今注今譯：馬王堆漢墓出土帛書》，北京：商務印書館，2007年，第245頁。
〔註107〕陳鼓應：《黃帝四經今注今譯：馬王堆漢墓出土帛書》，北京：商務印書館，

翻譯說：「做爲聖人，不先動、不偏執一己之見，天時未到便不豫先謀劃、而天時到了也不可失去時機，不謀求索取、而福祥來至也不可放過：總之要因順上天的法則。」〔註108〕這句話概括了黃老學派的重要思想，「因」思想是其中的一個重要方面。

　　帛書《黃帝四經》也十分重視「因時」，《黃帝四經・十大經・兵容》曰：「兵不刑天，兵不可動；不法地，兵不可昔（措）；刑法不人，兵不可成。參□□□□□□□□□之，天地刑之，聖人因而成之。聖人之功，時爲之庸，因時秉〔宜〕，〔兵〕必有成功。聖人不達刑，不襦傳。因天時，與之皆斷；當斷不斷，反受其亂。」〔註109〕「刑法不人」，陳鼓應認爲當作「不法人」。用兵講究「刑天」、「法地」、「法人」，也就是用兵要重視「因」，即因天、因地、因人，尋求天時、地利、人和三者完美結合的境界。其中，「天時」又得到特別的強調，「聖人之功，時爲之庸，因時秉〔宜〕，〔兵〕必有成功」，即聖人之所以能夠成功，是因爲聖人掌握了天時並好好地利用它，順應天時、把握時宜，用兵就能成功。作爲聖人，要刑罰得當、果斷誠信，而更關鍵的是要「因天時」，因順天時，當機立斷，否則，當斷不斷，反受其亂。又《黃帝四經・經法・君正》曰：「天有死生之時，國有死生之正（政）。因天之生也以養生，胃（謂）之文；因天之殺也以伐死，胃（謂）之武；〔文〕武並行，則天下從矣。」〔註110〕「天有死生之時」，順應天之當生之時來養生，稱作「文」；順應天之當殺之時來伐死，稱作「武」，文武並用，天下服從。這裡依然是在強調因順天時。

　　稷下道家進一步發展了「因」思想。「《管子》四篇」（即《內業》《心術上》《心術下》《白心》）被認爲是稷下道家的著作，代表了稷下道家的思想。《管子・心術上》曰：「無爲之道，因也。因也者，無益無損也。以其形，因爲之名，此因之術也。」又曰：「其應，非所設也。其動，非所取也。此言因也。因也者，捨己而以物爲法者也。感而後應，非所設也。緣理而動，非

　　　　2007 年，第 348 頁。
〔註108〕陳鼓應：《黃帝四經今注今譯：馬王堆漢墓出土帛書》，北京：商務印書館，
　　　　2007 年，第 351 頁。
〔註109〕陳鼓應：《黃帝四經今注今譯：馬王堆漢墓出土帛書》，北京：商務印書館，
　　　　2007 年，第 280 頁。
〔註110〕陳鼓應：《黃帝四經今注今譯：馬王堆漢墓出土帛書》，北京：商務印書館，
　　　　2007 年，第 65 頁。

所取也。過在自用，罪在變化。自用則不虛，不虛則忤於物矣。變化則為生，為生則亂矣。故道貴因。因者，因其能者，言所用也。君子之處也，若無知，言至虛也。其應物也，若偶之，言時適也。若影之象形，響之應聲也。故物至則應，過則捨矣。捨矣者，言復所於虛也。」〔註111〕何謂「因」？「因也者，無益無損也」，即不刻意人為地增益或減損來改變，是為「因」；「因也者，捨己而以物為法者也」，即不偏執於一己之見而隨順外物來行動，是為「因」。處理事情，「感而後應」並不是預先設計好的；舉止動作，「緣理而動」並不是有所謀求索取的，這描述的就是「因」。稷下道家「貴因」，剛愎自用就會自滿而不虛心，就會違背事物的情理；主觀妄為就會產生虛偽，就會陷入混亂的境地，所以，稷下道家提出「道貴因」的觀點，也就是因順事物之所能而用之，不自用、不強為，也就是所謂的「無為之道，因也」。

稷下道家「貴因」，在此基礎上又進一步提出了「靜因之道」。《管子·心術上》曰：「人之可殺，以其惡死也。其可不利，以其好利也。是以君子不怵乎好，不迫乎惡。恬愉無為，去智與故。其應也，非所設也。其動也，非所取也。過在自用，罪在變化。是故有道之君，其處也若無知，其應物也若偶之，靜因之道也。」〔註112〕什麼是「靜因之道」？「其處也若無知，其應物也若偶之，靜因之道也」，即處世保持無知至虛的狀態，應物則契合自然之道，這就是「靜因之道」。「靜因之道」的關鍵是「因」：「其應也，非所設也。其動也，非所取也」，因也；「恬愉無為，去智與故」，因也。

稷下學士慎到也提倡「因」。慎到兼具道家、法家雙重身份，《史記·孟子荀卿列傳》曰：「（慎到）學黃老道德之術。」〔註113〕唐楊倞注《荀子·解蔽》曰：「慎子本黃、老，歸刑名。」〔註114〕《管子》四篇，蒙文通先生認為《心術》上下、《內業》「義合於慎到，實《管書》之有取於慎子。」〔註115〕裘錫圭先生指出：「《管子》裏的《心術上》和《白心》，近人多認為是稷下學士中宋鈃、尹文一派的著作。其實，這兩篇都是道法家的作品，很可能

〔註111〕黎翔鳳：《管子校注》，北京：中華書局，2004年，第771、776頁。
〔註112〕黎翔鳳：《管子校注》，北京：中華書局，2004年，第764頁。
〔註113〕司馬遷：《史記》，北京：中華書局，1959年，第2347頁。
〔註114〕王先謙：《荀子集解》，北京：中華書局，1988年，第392頁。
〔註115〕蒙文通：《楊朱學派考》，蒙文通《蒙文通文集》第一卷《古學甄微》，成都：巴蜀書社，1987年，第252頁。

就出於稷下學士中的慎到、田駢一派之手。」〔註 116〕李學勤先生從楚簡《慎子曰恭儉》中尋找材料進一步論證了《管子》四篇是慎到、田駢一派的作品〔註 117〕。如果三位先生所說是正確的〔註 118〕，那麼我們在上所論稷下道家《心術上》有關「因」的論述就已經包含了慎到的思想。

慎到（約前 350～前 275）的著作，《史記‧孟子荀卿列傳》曰：「慎到著十二論。」〔註 119〕《漢書‧藝文志》著錄：「《慎子》四十二篇。」〔註 120〕今傳清代錢熙祚輯校本最爲可信。《慎子》有《因循》篇講「因」的問題。《慎子‧因循》曰：「天道因則大，化則細。因也者，因人之情也。人莫不自爲也，化而使之爲我，則莫可得而用矣。是故先王見不受祿者不臣，祿不厚者，不與入難。人不得其所以自爲也，則上不取用焉。故用人之自爲，不用人之爲我，則莫不可得而用矣。此之謂因。」〔註 121〕慎到講究「因」，指出天道能「因」則廣大，人爲地改變則細小。在用人方面，慎到指出「因也者，因人之情也」。慎到認爲人都有爲己的本性，人爲己是人之常情，在用人方面就要利用人爲己的這一性情特點來用人。因循人的性情來用人，天底下就沒有不可以用的人。這就是慎到所謂的「因」。又申不害（約前 400～前 337）也講「因」，《申子‧大體》曰：「凡因之道，身與公無事，無事而天下自極也。」〔註 122〕《史記‧申不害列傳》曰「申子之學本於黃老而主刑名」〔註 123〕，與慎到相似，故附於此。

法家韓非也講「因」。法家從道家出，司馬遷《史記‧老莊申韓列傳》將

〔註 116〕裘錫圭：《馬王堆〈老子〉甲乙本卷前後佚書與「道法家」——兼論〈心術上〉〈白心〉爲慎到田駢學派作品》，裘錫圭《古代文史研究新探》，南京：江蘇古籍出版社，1992 年，第 567 頁。

〔註 117〕李學勤：《談楚簡〈慎子〉》，《中國文化》2007 年第 2 期。

〔註 118〕郭沫若先生《宋鈃尹文遺著考》一文則指出：「《心術》和《內業》兩篇，毫無疑問是宋鈃尹文一派的遺著。」（郭沫若：《青銅時代》，北京：科學出版社，1957 年，第 263 頁。）然而，張岱年先生《管子的〈心術〉等篇非宋尹著作考》一文又反駁了郭沫若先生的觀點。（張岱年：《管子的〈心術〉等篇非宋尹著作考》，陳鼓應主編《道家文化研究》第 2 輯，上海：上海古籍出版社，1992 年，第 320～325 頁。）

〔註 119〕司馬遷：《史記》，北京：中華書局，1959 年，第 2347 頁。

〔註 120〕班固：《漢書》，北京：中華書局，1962 年，第 1735 頁。

〔註 121〕慎到撰，錢熙祚校：《慎子》，上海：商務印書館，1939 年，第 4 頁。

〔註 122〕《群書治要》卷 36 引，魏徵等《群書治要》，上海：商務印書館，1936 年，第 630 頁。

〔註 123〕司馬遷：《史記》，北京：中華書局，1959 年，第 2146 頁。

申不害、韓非與老子、莊子同傳有其深意。《韓非子・主道》〔註124〕曰:「明君之道,使智者盡其慮,而君因以斷事,故君不窮於智;賢者敕其材,君因而任之,故君不窮於能;有功則君有其賢,有過則臣任其罪,故君不窮於名。是故不賢而為賢者師,不智而為智者正。臣有其勞,君有其成功,此之謂賢主之經也。」〔註125〕《主道》認為「君」貴「因」,「君」要「因」智者之慮「以斷事」、「因」賢者之才「而任之」。申不害《申子》有《大體》篇,《韓非子》也有《大體》篇,《申子・大體》講「因」,《韓非子・大體》〔註126〕也講「因」:「古之牧天下者,不使匠石極巧以敗太山之體,不使賁育盡威以傷萬民之性。因道全法,君子樂而大奸止;澹然閒靜,因天命,持大體。故使人無離法之罪,魚無失水之禍。如此,故天下少不可。」〔註127〕司馬遷《史記・韓非列傳》評價韓非曰:「喜刑名法術之學,而其歸本於黃老。」〔註128〕韓非本於黃老思想,也主張「守成理,因自然」〔註129〕,認為治理天下者不應該「使匠石極巧以敗太山之體」、「使賁育盡威以傷萬民之性」,而應該「因道全法」、「因天命,持大體」。韓非也講「因」,只是韓非的「因」較多地和「法」具有著聯繫。

　　莊子思想與黃老學派的思想有較大區別,比如,二者皆講「無為」,黃老的「無為」是「有為」;莊子的「無為」就是「無為」,是逍遙無為、自由自在。黃老學派的「因」是「無為之道」,無為而有為,是因循自然、順應外物而有所作為。莊子的思想與此不同,所以,《莊子》內七篇講「因」比較少。雖然也有諸如「依乎天理,批大卻,導大窾,因其固然」〔註130〕、「常因自然而不益生」〔註131〕等語句,但是終究沒有多少發揮。

〔註124〕馬世年先生考證認為《韓非子》中的《主道篇》是韓非所作。(馬世年:《〈韓非子〉真偽表》,馬世年《〈韓非子〉的成書及其文學研究》,西北師範大學2005年博士學位論文,第64～65頁。)我們從此說。

〔註125〕王先慎:《韓非子集解》,北京:中華書局,1998年,第27～28頁。

〔註126〕馬世年先生考證認為《韓非子》中的《大體篇》是韓非所作。(馬世年:《〈韓非子〉真偽表》,馬世年《〈韓非子〉的成書及其文學研究》,西北師範大學2005年博士學位論文,第64～65頁。)我們從此說。

〔註127〕王先慎:《韓非子集解》,北京:中華書局,1998年,第210頁。

〔註128〕司馬遷:《史記》,北京:中華書局,1959年,第2146頁。

〔註129〕《韓非子・大體》,王先慎:《韓非子集解》,北京:中華書局,1998年,第209～210頁。

〔註130〕《莊子・養生主》,郭慶藩:《莊子集釋》,北京:中華書局,1961年,第119頁。

〔註131〕《莊子・德充符》,郭慶藩:《莊子集釋》,北京:中華書局,1961年,第221頁。

《呂氏春秋・應同》曰：「黃帝曰：『芒芒昧昧，因天之威，與元同氣。』」〔註132〕威：則，法則〔註133〕。「因天之威」，即因循天的法則，在此《呂氏春秋》直接把「因」思想的根源追溯至黃帝。

《呂氏春秋・執一》曰：「田駢以道術說齊。齊王應之曰：『寡人所有者齊國也，願聞齊國之政。』田駢對曰：『臣之言，無政而可以得政。譬之若林木，無材而可以得材。願王之自取齊國之政也。駢猶淺言之也，博言之，豈獨齊國之政哉？變化應來而皆有章，因性任物而莫不宜當，彭祖以壽，三代以昌，五帝以昭，神農以鴻。』」〔註134〕田駢（約前350～前275）是稷下學士和慎到時間相當。與慎到一樣，田駢也講究「因」，認為應對變化要遵循客觀規律，能夠做到「因性任物」就會事事恰當。上述稷下道家著作《管子・心術上》提出「貴因」、「靜因之道」的觀點。蒙文通、裘錫圭、李學勤三位先生認為《心術》等《管子》四篇是慎到、田駢一派的著作。從重「因」這方面說，《呂氏春秋》在此又為三位先生的觀點提供一證。

《呂氏春秋》的「因」思想從黃老學派而來，但又對黃老學派的「因」思想有所發展，表現出了自己的「新」特色。

二、「因者，君術也；為者，臣道也」——君臣有分職

「因循」思想是道家的重要哲學思想，「因」是道家重要的哲學概念。《呂氏春秋》則將道家抽象的哲學概念運用於政治之中。

在治理國家上，《呂氏春秋》認為「因」是君主的治國之術，《呂氏春秋・知度》曰：「人主自智而愚人，自巧而拙人，若此則愚拙者請矣，巧智者詔矣。詔多則請者愈多矣，請者愈多，且無不請也。主雖巧智，未無不知也。以未無不知，應無不請，其道固窮。為人主而數窮於其下，將何以君人乎？窮而不知其窮，其患又將反以自多，是之謂重塞之主，無存國矣。故有道之主，因而不為，責而不詔，去想去意，靜虛以待，不伐之言，不奪之事，督名審實，官使自司，以不知為道，以奈何為實。」〔註135〕君主自智、自巧存在諸多弊病，君主自智、自巧，愚拙之臣就會事事請示於君主，君主即使真的靈

〔註132〕陳奇猷：《呂氏春秋新校釋》，上海：上海古籍出版社，2002年，第683頁。
〔註133〕張雙棣、張萬彬、殷國光、陳濤：《呂氏春秋譯注》，長春：吉林文史出版社，1993年，第352頁。
〔註134〕陳奇猷：《呂氏春秋新校釋》，上海：上海古籍出版社，2002年，第1144頁。
〔註135〕陳奇猷：《呂氏春秋新校釋》，上海：上海古籍出版社，2002年，第1103頁。

巧睿智，也不可能事事皆通，最終將導致治術窮盡、國家滅亡的後果。所以，《呂氏春秋》主張君主「因而不為」，也就是「要求臣子做事有成效，自己卻不發佈指示。去掉想像，去掉猜度，清靜地等待時機。不代替臣子講話，不搶奪臣子的事情做。審察名分和實際，官府之事讓臣子自己管理。以不求知為根本，把詢問臣子怎麼辦作為寶物」〔註136〕。

又《呂氏春秋・任數》曰：「申不害聞之，曰：『何以知其聾？以其耳之聰也。何以知其盲？以其目之明也。何以知其狂？以其言之當也。故曰去聽無以聞則聰，去視無以見則明，去智無以知則公。去三者不任則治，三者任則亂。』以此言耳目心智之不足恃也。耳目心智，其所以知識甚闕，其所以聞見甚淺。以淺闕博居天下、安殊俗、治萬民，其說固不行……故至智棄智，至仁忘仁，至德不德。無言無思，靜以待時，時至而應，心暇者勝。凡應之理，清淨公素，而正始卒；焉此治紀，無唱有和，無先有隨。古之王者，其所為少，其所因多。因者，君術也；為者，臣道也。為則擾矣，因則靜矣。因冬為寒，因夏為暑，君奚事哉？故曰君道無知無為，而賢於有知有為，則得之矣。」〔註137〕據上所論，我們知道申不害也講究「因」，《申子・大體》有言：「凡因之道，身與公無事，無事而天下自極也。」〔註138〕《呂氏春秋》所載申不害主張去聽、去視、去智，「去三者不任則治」的思想與其所講「因之道」一致。

《呂氏春秋》對申不害之言進行了發揮，提出「因者，君術也；為者，臣道也」的觀點。《呂氏春秋》指出古代聖王「所為少，所因多」，認為君主應該捨棄智慧、忘掉仁義、不要道德、無言無思，清靜地等待時機，時機到了再採取行動，採取行動要遵循清靜無為、公正樸素、「多因少為」的原則。君主親自做事情就會煩擾不堪，善於因循就會和諧清靜，所以《呂氏春秋》說「君道無知無為，而賢於有知有為」。

我們認為「因者，君術也；為者，臣道也」的觀點是《呂氏春秋》首先提出來的，但是，也有人認為這句話是申不害的話。蒙文通先生說：「《治要》

〔註136〕張雙棣、張萬彬、殷國光、陳濤：《呂氏春秋譯注》，長春：吉林文史出版社，1993年，第578頁。

〔註137〕陳奇猷：《呂氏春秋新校釋》，上海：上海古籍出版社，2002年，第1075～1076頁。

〔註138〕《群書治要》卷36引，魏徵等《群書治要》，上海：商務印書館，1936年，第630頁。

引《申子》言：『鼓不與於五音，而爲五音主；有道者不爲五官之事，而爲治主。君知其道也，臣知其事也。十言十當、百爲百當者，人臣之事也，非君人之道也。』於是申子之言，遂合於黃老之義，非商君以來之所能及也。《呂氏春秋・任數》稱申不害之言曰：『無唱有和，無先有隨。古之王者，其所爲少，其所因多。因者，君術也；爲者，臣道也。爲則擾矣，因則靜矣。因冬爲寒，因夏爲暑，君奚事哉？故曰君道無知無爲，而賢於有知有爲，則得之矣。』此因循之用也。」〔註139〕

　　雖然「因者，君術也；爲者，臣道也」與《申子・大體》所言「君知其道也，臣知其事也」的意思有些相近，但是，我們認爲「因者，君術也；爲者，臣道也」的觀點是《呂氏春秋》提出來的，是對申不害的思想進行發展的結果，不是《呂氏春秋》對申不害語言的直接引用。首先，沒有古代文獻指出「因者，君術也；爲者，臣道也」這句話是出自《申子》或者是申不害所說。其次，《呂氏春秋》引申不害的語言到「三者任則亂」爲止，「以此言耳目心智之不足恃也」一句是《呂氏春秋》對申不害的語言所做的小結，以下則是《呂氏春秋》自己的發揮，是《呂氏春秋》自己的語言。最後，《呂氏春秋集釋》、《呂氏春秋新校釋》、《呂氏春秋注疏》、《呂氏春秋譯注》等幾部重要的《呂氏春秋》整理本皆認爲申不害的語言只是從「何以知其聲」至「三者任則亂」一段〔註140〕，根本不包括蒙文通所引「因者，君術也；爲者，臣道也」部分。

　　「因者，君術也；爲者，臣道也」，君主清靜無爲，臣子勤政有爲，其實說的是一種職業分工。《任數》篇這一觀點被安置在《呂氏春秋・審分覽》，就昭示了它是與「審分」思想緊密聯繫在一起的。這一觀點就是黃老學派的「貴因」思想與法家「審分」思想相結合的產物。在「職分」確定以後，君主要做的是因循自然、無爲而治，臣子要做的是盡職盡責、勤政有爲。

〔註139〕蒙文通：《法家流變考》，蒙文通《蒙文通文集》第一卷《古學甄微》，成都：巴蜀書社，1987年，第291〜292頁。

〔註140〕許維遹：《呂氏春秋集釋》，北京：中華書局，2009年，第446頁；王利器：《呂氏春秋注疏》，成都：巴蜀書社，2002年，第1988頁；張雙棣、張萬彬、殷國光、陳濤：《呂氏春秋譯注》，長春：吉林文史出版社，1993年，第559頁。

三、因則無敵，貴其因也

　　稷下道家著作《管子‧心術上》提出「道貴因」的觀點〔註 141〕，《呂氏春秋》繼承了這一觀點，並進一步豐富發展了「貴因」思想。《呂氏春秋‧決勝》曰：「凡兵，貴其因也。因也者，因敵之險以爲己固，因敵之謀以爲己事。能審因而加勝，則不可窮矣。」〔註 142〕《呂氏春秋》認爲用兵要「貴因」，所謂「因」，就是利用敵人的險要來作爲自己堅固的堡壘，利用敵人的謀略來促成自己的事情。用兵如果能做到「貴因」、「審因」，就不會打敗仗了。

　　《呂氏春秋》有《貴因》篇專講「貴因」思想。《貴因》曰：「三代所寶莫如因，因則無敵。禹通三江、五湖，決伊闕，溝迴陸，注之東海，因水之力也。舜一徙成邑，再徙成都，三徙成國，而堯授之禪位，因人之心也。湯、武以千乘制夏、商，因民之欲也。如秦者立而至，有車也；適越者坐而至，有舟也。秦、越，遠塗也，竫立安坐而至者，因其械也。」〔註 143〕《慎子遺文》曰：「行海者，坐而至越，有舟也。行陸者，立而至秦，有車也。秦、越，遠途也，安坐而至者械也。」〔註 144〕據此知《呂氏春秋》的「貴因」思想當對慎子的「因循」思想（《慎子‧因循》篇）有所繼承，《貴因》篇的撰寫當對《慎子》一書有所參考。

　　《呂氏春秋》重視「因」，認爲「因則無敵」，大禹治水，疏通三江五湖，鑿開伊闕山使水流入東海，是因順了水的力量；舜遷徙三次就形成了國家，堯把帝位禪讓給他，是因順了民心；湯、武以千乘之國戰勝了夏、商，是因順了人民的願望；安靜地站著、坐著就可以到達遙遠的秦國和越國，是憑藉了車、船等交通工具。堯、舜、禹會成功，全都是「因」在起作用，所以，《呂氏春秋》指出「三代所寶莫如因」，認爲「因」是三代的至寶。

　　然而，《呂氏春秋》的「因」在內涵上較黃老學派又有所變化，又被賦予了新的內容。《貴因》曰：「夫審天者，察列星而知四時，因也。推曆者，視月行而知晦朔，因也。禹之裸國，裸入衣出，因也。墨子見荊王，錦衣吹笙，因也。孔子道彌子瑕見釐夫人，因也。湯、武遭亂世，臨苦民，揚

〔註 141〕黎翔鳳：《管子校注》，北京：中華書局，2004 年，第 776 頁。
〔註 142〕陳奇猷：《呂氏春秋新校釋》，上海：上海古籍出版社，2002 年，第 458 頁。
〔註 143〕陳奇猷：《呂氏春秋新校釋》，上海：上海古籍出版社，2002 年，第 933～934 頁。
〔註 144〕慎到撰，錢熙祚校：《慎子》，上海：商務印書館，1939 年，第 9 頁。

其義，成其功，因也。故因則功，專則拙。因者無敵。國雖大，民雖眾，何益？」〔註145〕在此，審天者、推曆者、禹、墨子、孔子都有一個預設的目的在那裡，都是爲了實現預期的目標而「因」。禹要進入裸國，就裸體進去，出來再穿衣服，《呂氏春秋》說這就是「因」；墨子本來尚儉非樂，爲了迎合楚王的愛好就錦衣吹笙地去見楚王，《呂氏春秋》說這就是「因」；孔子爲了拜見釐夫人就交接衛靈公的寵臣彌子瑕，《呂氏春秋》說這就是「因」。

在此，《呂氏春秋》所說的「因」的內涵發生了變化。黃老學派的「因」是沒有預謀、沒有索取的因循，《黃帝四經・稱》曰「聖人不爲始，不剸（專）己，不豫謀，不爲得，不辭福，因天之則」〔註146〕，《管子・心術上》曰「其應，非所設也。其動，非所取也。此言因也」〔註147〕。在此《呂氏春秋》的「因」則是有預謀、有索取的因循，是爲了達到目的的因循，甚至是爲達目的不擇手段、違背本心的因循，「因」被賦予了新的內涵，帶上了強烈的功利性色彩。《管子・心術上》曰：「無爲之道，因也。」〔註148〕黃老學派的「因」是「無爲之道」，「無爲」通過「因」實現「有爲」，通過因循天道自然來達到「有爲」。如果說黃老學派的「因」偏重對自然規律的遵循的話，那麼《呂氏春秋》的「因」則又增加了對工具手段的運用。

四、智者舉事，必因其時

「時」是「因」的一個重要內容，「因時」，即順應時機而動，是黃老學派的重要思想。《呂氏春秋》也強調「因時」，《呂氏春秋・仲秋》曰「凡舉事無逆天數，必順其時，乃因其類」〔註149〕，《呂氏春秋・不廣》曰「智者之舉事必因時」〔註150〕，《呂氏春秋・召類》曰「聖人不能爲時，而能以事適時。事適於時者其功大」〔註151〕。

由於對「因時」思想的強調，《呂氏春秋》有《首時》篇和《審時》篇專

〔註145〕陳奇猷：《呂氏春秋新校釋》，上海：上海古籍出版社，2002 年，第 935 頁。
〔註146〕陳鼓應：《黃帝四經今注今譯：馬王堆漢墓出土帛書》，北京：商務印書館，2007 年，第 348 頁。
〔註147〕黎翔鳳：《管子校注》，北京：中華書局，2004 年，第 776 頁。
〔註148〕黎翔鳳：《管子校注》，北京：中華書局，2004 年，第 771 頁。
〔註149〕陳奇猷：《呂氏春秋新校釋》，上海：上海古籍出版社，2002 年，第 427 頁。
〔註150〕陳奇猷：《呂氏春秋新校釋》，上海：上海古籍出版社，2002 年，第 925 頁。
〔註151〕陳奇猷：《呂氏春秋新校釋》，上海：上海古籍出版社，2002 年，第 1369 頁。

門探討了「時」的問題。《首時》曰:「有湯武之賢而無桀紂之時不成,有桀紂之時而無湯武之賢亦不成。聖人之見時,若步之與影不可離。故有道之士未遇時,隱匿分竄,勤以待時。時至,有從布衣而爲天子者,有從千乘而得天下者,有從卑賤而佐三王者,有從匹夫而報萬乘者,故聖人之所貴唯時也。水凍方固,后稷不種,后稷之種必待春,故人雖智而不遇時無功。方葉之茂美,終日采之而不知,秋霜既下,眾林皆羸。事之難易,不在小大,務在知時。」〔註152〕《首時》篇強調了時機的重要,聖人和時機的關係就好像身與影一樣緊密聯繫不可分割。時機沒來的時候,有道之士就藏匿起來,勤苦準備,等待時機的到來;時機一旦到來,有道之士就順應時機來促成自己的功業:有的從一介布衣而成爲天子,有的從千乘的諸侯而得到天下,有的從卑微的賤民而成爲三王的輔佐之臣,有的從普通民眾而成爲能向萬乘之主報仇的英雄。這都得益於「因時」,即順應時機而爲之,所以,《呂氏春秋》指出「聖人之所貴唯時也」,「事之難易,不在小大,務在知時」。

「水凍方固,后稷不種,后稷之種必待春」說的是種植農作物也要掌握好適當的時機,也就是「農時」。《審時》篇主要講的就是審察農時並順應農時來耕作的道理。

「有湯武之賢而無桀紂之時不成,有桀紂之時而無湯武之賢亦不成」說的是「時」與「人」的結合。雖然說「時」是第一位的,但也不能完全不考慮「人」的因素,也應該「愼人」。《呂氏春秋》追求的是「時」與「人」的完美結合,《呂氏春秋·愼人》曰:「功名大立,天也;爲是故,因不愼其人不可。夫舜遇堯,天也;舜耕於歷山,陶於河濱,釣於雷澤,天下說之,秀士從之,人也。夫禹遇舜,天也;禹周於天下,以求賢者,事利黔首,水潦川澤之湛滯壅塞可通者,禹盡爲之,人也。夫湯遇桀,武遇紂,天也;湯武修身積善爲義,以憂苦於民,人也。舜之耕漁,其賢不肖與爲天子同。其未遇時也,以其徒屬,堀地財,取水利,編蒲葦,結罘網,手足胼胝不居,然後免於凍餒之患。其遇時也,登爲天子,賢士歸之,萬民譽之,丈夫女子,振振殷殷,無不戴說。舜自爲詩曰『普天之下,莫非王土,率土之濱,莫非王臣』,所以見盡有之也。盡有之,賢非加也;盡無之,賢非損也;時使然也。」〔註153〕赫赫功業的建立靠的是天時,因此,就不愼重地考慮人爲努力也是不

〔註152〕陳奇猷:《呂氏春秋新校釋》,上海:上海古籍出版社,2002 年,第 773 頁。
〔註153〕陳奇猷:《呂氏春秋新校釋》,上海:上海古籍出版社,2002 年,第 809 頁。

行的。舜、禹、湯、武的成功源自天時和人爲地結合：舜遇堯、禹遇舜、湯遇桀、武遇紂，這是天時；舜耕種、製陶、釣魚，禹求賢者、利黔首、通溝渠，湯武積善爲義、憂苦於民，這是人爲。

郭店楚簡有《窮達以時》篇〔註154〕，曰：「有天有人，天人有分。察天人之分，而知所行矣。有其人，亡其世，雖賢弗行矣。苟有其世，何難之有哉？」〔註155〕《窮達以時》也講「天時」和「人爲」，認爲天時和人爲是並存的都不可捨棄，但是，二者之中最重要還是「天時」，指出「有其人，亡其世，雖賢弗行矣。苟有其世，何難之有哉？」《窮達以時》題目本身就揭示了其對「天時」的重視。

天時、人爲二者之中，《呂氏春秋》也認爲天時更重要。舜在耕種和捕魚的時候與當天子的時候，舜本身的賢與不肖情況是一樣的，也就是說人爲的能力基本是不變的。在人爲一定的情況下，天時就顯得尤爲重要了，所以，《呂氏春秋》說「盡有之，賢非加也；盡無之，賢非損也；時使然也」。

綜上，我們可以對本節做一小結。《呂氏春秋》的「因」思想從黃老學派而來，但又有自己的發展，表現出自己的「新」特色。第一，《呂氏春秋》提出了「因者，君術也；爲者，臣道也」的觀點，是對黃老學派的「貴因」思想與法家「審分」思想的糅合，是一種職業分工，是在強調「無爲而治」、「君無爲而臣有爲」。第二，在黃老學派「道貴因」觀點的基礎上，《呂氏春秋》進一步豐富發展了「貴因」思想。黃老學派的「因」是沒有預謀、沒有索取的因循，《呂氏春秋》的「因」又把有預謀、有索取的因循也包括在內，具有強烈的功利性色彩。第三，由於對「因時」思想的強調，《呂氏春秋》提出「首時」的觀點，認爲在「天時」和「人爲」之中「天時」更重要。

在「圓道」思想之後，「因循」思想是《呂氏春秋》利用的又一道家哲學思想。在「道」之後，「因」是《呂氏春秋》治國思想的又一哲學依據。《呂氏春秋》的「因」思想與前人相比最「新」之處是提出了「因者，君

〔註154〕 李學勤、裘錫圭、李伯謙、彭浩、劉祖信等先生一致認爲「郭店一號墓約下葬於公元前四世紀末期」。（王博：《美國達慕思大學郭店〈老子〉國際學術討論會紀要》，陳鼓應主編《道家文化研究》第17輯，北京：生活·讀書·新知三聯書店，1999年，第2頁。）
〔註155〕 李零：《郭店楚簡校讀記》（增訂本），北京：中國人民大學出版社，2007年，第111頁。

術也；爲者，臣道也」的治國思想，即「君無爲而治」的治國思想。「因者，君術也」，即爲君之道在於貴「因」，因循自然、無爲而治；「爲者，臣道也」，即爲臣之道在於忠於職守、盡職盡責、勤政有爲。「君無爲而臣有爲」是《呂氏春秋》的治國思想，哲學上的「因」即講究因循自然、清靜無爲，「君無爲」和「因」在思想上是相通的，可以說「因」是「君無爲」主張的哲學依據，而「因者，君術也；爲者，臣道也」則是「君無爲而臣有爲」這一政治思想的哲學表達形式，是哲學高度的理論依據。牟鍾鑒先生說：「從哲學理論上對『無爲』大力改造者首推《呂氏春秋》。該書也將『無爲』作爲一種督名審實的君道，但它又提出『因』的概念將『無爲』的含義擴展深化。」〔註 156〕

《呂氏春秋・君守》曰：「奚仲作車，蒼頡作書，后稷作稼，皋陶作刑，昆吾作陶，夏鮌作城，此六人者所作當矣，然而非主道者，故曰作者憂，因者平。惟彼君道，得命之情，故任天下而不強，此之謂全人。」〔註 157〕奚仲作車、蒼頡作書、后稷作稼、皋陶作刑、昆吾作陶、夏鮌作城，他們六人所作的都非常好，但是做具體的事情並不是爲君之道。爲君之道不是承擔具體事務的「作」而「憂」，而是「得命之情」的「因」而「平」。

《呂氏春秋・勿躬》曰：「大橈作甲子，黔如作虜首，容成作曆，羲和作占日，尚儀作占月，后益作占歲，胡曹作衣，夷羿作弓，祝融作市，儀狄作酒，高元作室，虞姁作舟，伯益作井，赤冀作臼，乘雅作駕，寒哀作御，王冰作服牛，史皇作圖，巫彭作醫，巫咸作筮，此二十官者，聖人之所以治天下也。聖王不能二十官之事，然而使二十官盡其巧、畢其能，聖王在上故也。聖王之所不能也、所以能之也，所不知也、所以知之也。養其神、修其德而化矣，豈必勞形愁弊耳目哉？」〔註 158〕「二十官」可謂賢能，是聖王治理天下的依靠。聖王不必要勞形費神、身心疲憊地親自去做二十官之事，聖王需要做的是養神修德、感化二十官而讓二十官爲己做事，即所謂「聖王之所不能也、所以能之也，所不知也、所以知之也」。「勿躬」，是針對君王而言的，即君王不必、也不能親身做事，而要因循自然無爲而治。

〔註 156〕 牟鍾鑒：《〈呂氏春秋〉與〈淮南子〉思想研究》，濟南：齊魯書社，1987 年，第 190 頁。

〔註 157〕 陳奇猷：《呂氏春秋新校釋》，上海：上海古籍出版社，2002 年，第 1061 頁。

〔註 158〕 陳奇猷：《呂氏春秋新校釋》，上海：上海古籍出版社，2002 年，第 1088 頁。

第三節　《呂氏春秋》的重生思想

一、思想探源

　　作爲道家之始的《老子》已經具有重生思想。王弼本《老子》第十二章曰：「五色令人目盲，五音令人耳聾，五味令人口爽，馳騁畋獵令人心發狂，難得之貨令人行妨。是以聖人爲腹不爲目，故去彼取此。」〔註159〕五色、五音、五味、馳騁畋獵、難得之貨給人的身心造成傷害，所以，人要根據實際需要來謹愼地選擇，不能一味追求感官的愉悅。又王弼本《老子》第五十章曰：「蓋聞善攝生者，陸行不遇兕虎，入軍不被甲兵。兕無所投其角，虎無所措其爪，兵無所容其刃，夫何故？以其無死地。」〔註160〕「善攝生者」沒有「死地」，所以，兕角、虎爪、兵刃都不能傷害到他。老子是在告訴大家要注重「攝生」。那麼如何來「攝生」呢？王弼本《老子》第六十七章曰：「我有三寶，持而保之。一曰慈，二曰儉，三曰不敢爲天下先。慈，故能勇；儉，故能廣；不敢爲天下先，故能成器長。今捨慈且勇，捨儉且廣，捨後且先，死矣。」〔註161〕老子給了三個「保生」的法寶：慈、儉、不敢爲天下先。如果「捨慈且勇、捨儉且廣、捨後且先」，就只有死路一條。又王弼本《老子》第七十六章曰：「人之生也柔弱，其死也堅強。萬物草木之生也柔脆，其死也枯槁。故堅強者死之徒，柔弱者生之徒。」〔註162〕人活著的時候身體是柔弱的，死了以後身體變得僵硬是「堅強」的；草木活著的時候是柔軟脆弱的，死了就變得乾枯堅硬了，老子由此得出「柔弱者生之徒」的道理，認爲「生」之道在於貴柔弱。

　　老子之後楊朱的思想主張重生。楊朱的材料流傳下來的很少，蔡元培先生甚至懷疑楊朱的存在，認爲：「孟子之所謂楊朱實即莊周。其理由是古音『莊』與『楊』『周』與『朱』俱相近，如荀卿之亦作孫卿也。」〔註163〕懷疑楊朱的存在是沒有道理的，楊朱和楊朱學派都在歷史上確實存在過。楊朱（約前395～前335），又稱爲楊氏、楊子、陽子居、陽子、陽生，生活在戰國前中期，

〔註159〕高明：《帛書老子校注》，北京：中華書局，1996年，第273～275頁。
〔註160〕高明：《帛書老子校注》，北京：中華書局，1996年，第67～68頁。
〔註161〕高明：《帛書老子校注》，北京：中華書局，1996年，第160～162頁。
〔註162〕高明：《帛書老子校注》，北京：中華書局，1996年，第197～199頁。
〔註163〕蔡元培：《楊朱即莊周說》，羅根澤主編《古史辨》第四冊，上海，上海古籍出版社，1982年，第539頁。

大約在墨子之後，孟子、莊子之前，魏國人〔註164〕。楊朱有一妻一妾，三畝田園（《列子・楊朱》），有弟弟名爲楊布（《韓非子・說林下》《列子・力命》），有朋友名爲季梁（《列子・仲尼》《列子・力命》）。

　　《孟子・滕文公下》曰：「聖王不作，諸侯放恣，處士橫議，楊朱、墨翟之言盈天下。」〔註165〕「楊朱之言盈天下」，則楊朱當有著述，然《漢書・藝文志》不著錄，當佚。我們認爲《列子・楊朱》有關楊朱的記載是研究楊朱學派的可靠材料。近世學者多認爲今本《列子》不是劉向所著錄的原書而是僞書，懷疑是注者張湛僞造，其中有值得商榷之處。《列子》不完全是列子本人寫成，是列子學派的資料彙編，當產生於戰國末期，王博先生認爲：「《呂氏春秋》的作者們曾讀過它。」〔註166〕劉向校書曾整理過此書，劉向《列子新書目錄》曰：「孝景皇帝時貴黃老術，此書頗行於世。及後遺落，散在民間，未有傳者。」〔註167〕據此知《列子》在漢景帝時盛行於世，後漸衰落，流傳在民間，經劉向重新整理定爲八篇：《天瑞》《黃帝》《周穆王》《仲尼》《湯問》《力命》《楊朱》《說符》。《列子》得劉向整理又傳於世，至東晉時又出現了散落的情況。東晉張湛注釋《列子》，其《列子序》曰：「先君所錄書中有《列子》八篇。及至江南，僅有存者。《列子》唯餘《楊朱》、《說符》、目錄三卷。比亂，正輿爲揚州刺史，先來過江，復在其家得四卷。尋從輔嗣女婿趙季子家得六卷。參校有無，始得全備。」〔註168〕據此知《楊朱》《說符》兩篇並不曾散佚，這兩篇肯定是眞實可靠的材料，我們贊同王博先生的觀點，「認爲《列子》中有關楊朱的記載應是我們研究楊朱之學的重要依據」〔註169〕。陳廣忠先生撰寫《爲張湛辨誣——〈列子〉非僞書考之一》《〈列子〉三辨——〈列子〉非僞書考之二》《從古詞語看〈列子〉非僞——〈列子〉非僞書考之三》三篇文章考證《列子》非僞書〔註170〕，我們認爲有說服力。胡家聰先

〔註164〕此從清人于鬯說，于鬯：《香草續校書》，北京：中華書局，1963 年，第 408 頁。
〔註165〕舊題孫奭：《孟子注疏》，《十三經注疏》，北京：中華書局，1980 年，第 2714 頁。
〔註166〕王博：《論楊朱之學》，陳鼓應主編《道家文化研究》第 15 輯，北京：生活・讀書・新知三聯書店，1999 年，第 143 頁。
〔註167〕楊伯峻：《列子集釋》，北京：中華書局，1979 年，第 278 頁。
〔註168〕楊伯峻：《列子集釋》，北京：中華書局，1979 年，第 279 頁。
〔註169〕王博：《論楊朱之學》，陳鼓應主編《道家文化研究》第 15 輯，北京：生活・讀書・新知三聯書店，1999 年，第 143 頁。
〔註170〕三篇文章皆見陳鼓應主編《道家文化研究》第 10 輯，上海：上海古籍出版社，

生依據劉向《敘錄》證明《列子》不是僞書〔註171〕，又從列學傳承方面來證明《列子》不是僞書，指出：「《列子》並非僞書，而是先秦有列學傳承的學派著作。」〔註172〕

《孟子·盡心上》載孟子曰：「楊子取『爲我』，拔一毛而利天下，不爲也。墨子『兼愛』，摩頂放踵利天下，爲之。」〔註173〕孟子把楊朱的「爲我」理解爲自私自利與墨子的「兼愛」自苦利天下對立起來，其實，孟子誤解了楊朱。楊朱的「爲我」表達的是一種重生輕物思想，即一毛雖然微小，卻是我身體、生命的一部分；天下雖然大，卻是我身外之物。對此，《列子·楊朱》有很好的闡述：「楊朱曰：『伯成子高不以一毫利物，捨國而隱耕。大禹不以一身自利，一體偏枯。古之人損一毫利天下不與也，悉天下奉一身不取也。人人不損一毫，人人不利天下，天下治矣。』禽子問楊朱曰：『去子體之一毛以濟一世，汝爲之乎？』楊子曰：『世因非一毛之所濟。』禽子曰：『假濟，爲之乎？』楊子弗應。禽子出語孟孫陽。孟孫陽曰：『子不達夫子之心，吾請言之。有侵若肌膚獲萬金者，若爲之乎？』曰：『爲之。』孟孫陽曰：『有斷若一節得一國，子爲之乎？』禽子默然有間。孟孫陽曰：『一毛微於肌膚，肌膚微於一節，省矣。然則積一毛以成肌膚，積肌膚以成一節。一毛固一體萬分中之一物，奈何輕之乎？』禽子曰：『吾不能所以答子。然則以子之言問老聃關尹，則子言當矣；以吾言問大禹墨翟，則吾言當矣。』孟孫陽因顧與其徒說他事。」〔註174〕孟孫陽是楊朱的弟子，孟孫陽所說「一毛固一體萬分中之一物，奈何輕之」是對楊朱「不拔一毛」的權威解釋，即「重生」，重視身體、重視生命。

雖然孟子對楊朱的「爲我」有所誤解，但是孟子將楊朱和墨翟的思想對立起來也是有其道理的。《淮南子·要略》曰：「墨子學儒者之業，受孔子之術，以爲其禮煩擾而不說，厚葬靡財而貧民，〔久〕服傷生而害事，故背周道

1996 年，第 267～299 頁。

〔註171〕 胡家聰：《稷下爭鳴與黃老新學》，北京：中國社會科學出版社，1998 年，第319～322 頁。

〔註172〕 胡家聰：《〈列子·天瑞〉中「天、地、人」一體的常生常化論——兼論列子學系稷下黃老學之先導》，陳鼓應主編《道家文化研究》第 15 輯，北京：生活·讀書·新知三聯書店，1999 年，第 151 頁。

〔註173〕 舊題孫奭：《孟子注疏》，《十三經注疏》，北京：中華書局，1980 年，第 2768 頁。

〔註174〕 楊伯峻：《列子集釋》，北京：中華書局，1979 年，第 230～231 頁。

而用夏政。」〔註175〕墨家「用夏政」，以自苦而利天下的大禹爲榜樣。楊朱曰「大禹不以一身自利，一體偏枯」，楊朱對大禹的嘲諷其實就是對墨家的批判。本段的「禽子」是指禽滑釐，禽滑釐是墨子的弟子。禽滑釐對楊朱的追問就體現了墨家思想與楊朱思想的對立，雖然經過孟孫陽的解釋，但是墨、楊二家並沒有達成共識，禽滑釐所言「以子之言問老聃關尹，則子言當矣；以吾言問大禹墨翟，則吾言當矣」正體現了二家的對立和分歧。

又《淮南子·氾論訓》曰：「夫絃歌鼓舞以爲樂，盤旋揖讓以修禮，厚葬久喪以送死，孔子之所立也，而墨子非之。兼愛尚賢，右鬼非命，墨子之所立也，而楊子非之。全性保眞，不以物累形，楊子之所立也，而孟子非之。」〔註176〕楊朱主張「全性保眞，不以物累形」的觀點，這與墨子所主張的兼愛、尚賢、右鬼、非命等觀點確實是不相容的。爲求得立足之地，楊朱批判墨家的思想是可以理解的。王博先生甚至認爲：「楊朱之學本針對墨子之術而發，正如墨子之術本針對孔子之學而發一樣。」〔註177〕此說或可作爲思考楊朱之學產生根源的一個角度。

楊朱雖然重生，但是楊朱卻不追求長生不死。《列子·楊朱》曰：「孟孫陽問楊朱曰：『有人於此，貴生愛身，以蘄不死，可乎？』曰：『理無不死。』『以蘄久生，可乎？』曰：『理無久生。生非貴之所能存，身非愛之所能厚。且久生奚爲？五情好惡，古猶今也；四體安危，古猶今也；世事苦樂，古猶今也；變易治亂，古猶今也。既聞之矣，既見之矣，既更之矣，百年猶厭其多，況久生之苦也乎？』孟孫陽曰：『若然，速亡愈於久生；則踐鋒刃，入湯火，得所志矣。』楊子曰：『不然；既生，則廢而任之，究其所欲，以俟於死。將死，則廢而任之，究其所之，以放於盡。無不廢，無不任，何遽遲速於其間乎？』」〔註178〕楊朱的弟子孟孫陽問楊朱：人珍貴生命愛惜身體而祈求久生不死，可以嗎？楊朱的回答是否定的。首先，楊朱認爲人沒有久生不死的道理，凡人皆死。其次，楊朱認爲在「五情好惡」、「四體安危」、「世事苦樂」、「變易治亂」等方面古今都一樣，既然都已經聽過了、見過了、感受過了，又何必要久生呢？但是，楊朱也不主張速死。楊朱對待生死的態度是：生死

〔註175〕劉文典：《淮南鴻烈集解》，北京：中華書局，1989年，第709頁。

〔註176〕劉文典：《淮南鴻烈集解》，北京：中華書局，1989年，第436頁。

〔註177〕王博：《論楊朱之學》，陳鼓應主編《道家文化研究》第15輯，北京：生活·讀書·新知三聯書店，1999年，第146頁。

〔註178〕楊伯峻：《列子集釋》，北京：中華書局，1979年，第229～230頁。

皆任之，順其自然。但是，在「生」與「物」的關係上，楊朱的態度是重生輕物。

「全性保眞，不以物累形」說的就是重生輕物，這是楊朱學派的主張。《管子・立政・九敗》曰：「全生之說勝，則廉恥不立。私議自貴之說勝，則上令不行。」〔註 179〕全生、貴己是楊朱學派的學說，《管子》在此當是針對楊朱學派而言。《管子・立政九敗解》曰：「人君唯無好全生，則群臣皆全其生，而生又養生。養何也？曰：滋味也，聲色也，然後爲養生。然則從欲妄行，男女無別，反於禽獸。然則禮義廉恥不立，人君無以自守也。故曰：全生之說勝，則廉恥不立。人君唯無聽私議自貴，則民退靜隱伏，窟穴就山，非世間上，輕爵祿而賤有司。然則令不行，禁不止。故曰：私議自貴之說勝，則上令不行。」〔註 180〕《管子》批判楊朱學派的全生、貴己學說，認爲全生學說會發展爲重視聲色、滋味的養生，進一步發展爲縱慾妄爲、混淆男女的禽獸之行，最終導致禮義廉恥的喪失；認爲貴己學說盛行，民眾就會歸隱山林、不食人間煙火，就會輕視官爵俸祿、蔑視國家政府，最終導致「令不行，禁不止」的局面。《韓非子・顯學》曰：「今有人於此，義不入危城，不處軍旅，不以天下大利易其脛一毛，世主必從而禮之，貴其智而高其行，以爲輕物重生之士也。夫上所以陳良田大宅，設爵祿，所以易民死命也；今上尊貴輕物重生之士，而索民之出死而重殉上事，不可得也。」〔註 181〕「不以天下大利易其脛一毛」是楊朱的思想。韓非對楊朱思想的概括與孟子對楊朱思想的概括「拔一毛而利天下不爲也」如出一轍。與孟子一樣，韓非也對楊朱學派持批判的態度。韓非從法家尙功輕死的角度批評「輕物重生之士」不肯爲王事拼死效力。

子華子、詹何也有「重生」思想。子華子（約前 380～前 320），《經典釋文》曰：「子華子，司馬云：魏人也。」〔註 182〕《莊子・讓王》載：「韓魏相與爭侵地。子華子見昭僖侯，昭僖侯有憂色。子華子曰：『今使天下書銘於君之前，書之言曰：「左手攫之則右手廢，右手攫之則左手廢，然而攫之者必有天下。」君能攫之乎？』昭僖侯曰：『寡人不攫也。』子華子曰：『甚善！自是觀之，兩臂重於天下也，身亦重於兩臂。韓之輕於天下亦遠矣，今之所爭

〔註 179〕 黎翔鳳：《管子校注》，北京：中華書局，2004 年，第 79 頁。
〔註 180〕 黎翔鳳：《管子校注》，北京：中華書局，2004 年，第 1193 頁。
〔註 181〕 王先愼：《韓非子集解》，北京：中華書局，1998 年，第 459 頁。
〔註 182〕 陸德明：《經典釋文》，上海：上海古籍出版社，1985 年，第 1561 頁。

者，其輕於韓又遠。君固愁身傷生以憂戚不得也！』僖侯曰：『善哉！教寡人者眾矣，未嘗得聞此言也。』子華子可謂知輕重矣。」〔註183〕昭僖侯，即韓昭侯（在位時間為前 362～前 333），晁福林先生推測子華子拜見韓昭侯在公元前 360 年〔註184〕，可備一說。子華子曰「兩臂重於天下也，身亦重於兩臂」，認為身體比天下更重要，這是重生輕物的思想，與楊朱的重生思想十分相近。這段文獻又見於《呂氏春秋・審為》，文字略有差異〔註185〕。

　　詹何（約前 350～前 270），《列子・湯問》張湛注曰：「詹何，楚人，以善釣聞於國。」詹何曾以釣魚之術為楚王說為國之政〔註186〕。《莊子・讓王》載：「中山公子牟謂瞻子曰：『身在江海之上，心居乎魏闕之下，奈何？』瞻子曰：『重生。重生則利輕。』中山公子牟曰：『雖知之，未能自勝也。』瞻子曰：『不能自勝則從，神無惡乎？不能自勝而強不從者，此之謂重傷。重傷之人，無壽類矣。』」〔註187〕《呂氏春秋・審為》亦載此段文字，「瞻子」作「詹子」〔註188〕，「瞻」、「詹」二字通。又《呂氏春秋・執一》載「楚王問為國於詹子」，高誘注曰：「詹何，隱者。」〔註189〕知詹子、瞻子即為詹何。詹何也有重生思想。魏牟問詹何：身隱逸在江海之上，心卻想念魏闕之下的榮華富貴，怎麼辦？詹何告訴他「重生」，重視自己的身體和生命就會看輕外界的名利，如果控制不住自己的情慾，那就順從它，總之，不要「傷生」。詹何的「重生輕利」思想與楊朱的重生輕物思想十分相近。

　　莊子也有重生思想。李季林先生說：「《莊子》把楊朱的重生、全生思想發展為養生，把楊朱的貴己、為我思想發展為無己；貴己與無己、為我與坐忘，形式上對立、矛盾，實質上卻是一致的、同一的；『無己』不是目的，其目的是『保身、全生、養親、盡年』，深層次上，不外乎還是『為我』。因為，只有做到無己，才能虛心以應物、虛己以遊世，達到全生、保命，進而天地一體、萬物一齊、逍遙自在的人生境界。」〔註190〕我們同意這一看法。莊子

〔註183〕郭慶藩：《莊子集釋》，北京：中華書局，1961 年，第 969～970 頁。

〔註184〕晁福林：《子華子考析》，《史學月刊》2002 年第 1 期。

〔註185〕陳奇猷：《呂氏春秋新校釋》，上海：上海古籍出版社，2002 年，第 1464 頁。

〔註186〕楊伯峻：《列子集釋》，北京：中華書局，1979 年，第 172～173 頁。

〔註187〕郭慶藩：《莊子集釋》，北京：中華書局，1961 年，第 979～980 頁。

〔註188〕陳奇猷：《呂氏春秋新校釋》，上海：上海古籍出版社，2002 年，第 1464 頁。

〔註189〕《呂氏春秋・執一》注〔八〕，陳奇猷《呂氏春秋新校釋》，上海：上海古籍出版社，2002 年，第 1146 頁。

〔註190〕李季林：《莊子「無己」與楊朱「貴己」的比較》，《貴州社會科學》1996 年

的「無己」其實是「爲我」，是「重生」。《莊子》有《養生主》篇專講「養生」。《養生主》曰：「緣督以爲經，可以保身，可以全生，可以養親，可以盡年。」〔註191〕「緣督」，陳鼓應先生注曰：「含有順著自然之道的意思。」〔註192〕順著自然之道並將它作爲常法，就可以保身、全生、養親、盡年，是爲「養生主」。

《呂氏春秋·不二》對楊朱的重生輕物思想進行了概括，曰：「陽生貴己。」〔註193〕「貴己」，即重視自己的身體和生命，就是「重生」。《呂氏春秋》有《重己》《貴生》二篇，在此「重」、「貴」同義，可以互換，也就是「《重生》」、「《貴己》」二篇。

《貴生》曰：「聖人深慮天下，莫貴於生。夫耳目鼻口，生之役也。耳雖欲聲，目雖欲色，鼻雖欲芬香，口雖欲滋味，害於生則止。在四官者不欲，利於生者則弗爲。由此觀之，耳目鼻口，不得擅行，必有所制。譬之若官職，不得擅爲，必有所制。此貴生之術也。」〔註194〕《呂氏春秋》指出聖人考慮天底下所有的事，只有生命最爲寶貴。耳、目、鼻、口都受到生命的驅使，耳、目、鼻、口的欲望如果對生命有害就會被禁止；即使是耳、目、鼻、口都不願意做的事情，只要對生命有利也會去做，因爲生命最寶貴。耳、目、鼻、口不能自作主張，必須有所節制，對生命有利就去做，否則，就不做。這就是「貴生之術」。

子華子有重生思想，《呂氏春秋》對子華子的重生思想有所繼承。《貴生》曰：「子華子曰：『全生爲上，虧生次之，死次之，迫生爲下。』故所謂尊生者，全生之謂。所謂全生者，六欲皆得其宜也。所謂虧生者，六欲分得其宜也。虧生則於其尊之者薄矣。其虧彌甚者也，其尊彌薄。所謂死者，無有所以知，復其未生也。所謂迫生者，六欲莫得其宜也，皆獲其所甚惡者，服是也，辱是也。辱莫大於不義，故不義，迫生也，而迫生非獨不義也，故曰迫生不若死。奚以知其然也？耳聞所惡，不若無聞；目見所惡，不若無見。故雷則揜耳，電則揜目，此其比也。凡六欲者，皆知其所甚惡，而必不得免，不若無有所以知，無有所以知者，死之謂也，故迫生不若死。嗜肉者，非腐

第 1 期。

〔註191〕郭慶藩：《莊子集釋》，北京：中華書局，1961 年，第 115 頁。

〔註192〕陳鼓應：《莊子今注今譯》，北京：中華書局，1983 年，第 95 頁。

〔註193〕陳奇猷：《呂氏春秋新校釋》，上海：上海古籍出版社，2002 年，第 1134 頁。

〔註194〕陳奇猷：《呂氏春秋新校釋》，上海：上海古籍出版社，2002 年，第 75 頁。

鼠之謂也；嗜酒者，非敗酒之謂也；尊生者，非迫生之謂也。」〔註195〕在前所述，子華子見韓昭侯，子華子曰「兩臂重於天下也，身亦重於兩臂」，勸說韓昭侯要「重生」。子華子又曰「全生為上，虧生次之，死次之，迫生為下」，強調「全生為上」，依然是其重生思想的表現。

　　子華子又將「生」分為三個層次：全生、虧生、迫生。《呂氏春秋》對子華子的這一思想進行了發揮。《呂氏春秋》首先指出「故所謂尊生者，全生之謂」，即「重生」是指最上等的「全生」，不是虧生、迫生。全生是指六欲都能得到適宜的滿足；虧生是指六欲之中只有部分能得到適宜的滿足；迫生是指六欲都不能得到適宜的滿足，是屈服、是侮辱、是做不義之事。

　　「辱莫大於不義，故不義，迫生也，而迫生非獨不義也，故曰迫生不若死」，《呂氏春秋》用「不義」來解釋「迫生」，進而來說明「迫生不若死」的道理。「義」是儒家的道德倫理判斷標準，《呂氏春秋》對道家「重生」問題的探討又糅合了儒家的思想。「尊生者，非迫生之謂也」，從此可以看出《呂氏春秋》的「重生」思想不包括屈辱的活著、不包括苟且偷生。

　　《呂氏春秋》的重生思想從道家而來，同時，《呂氏春秋》又有所發展，表現出了自己的「新」特色。

二、君重生，無為而治

　　楊朱、莊子的「重生」是「為我」，追求「不以物累形」。《呂氏春秋》在此基礎上將重生思想與治理天下緊密相連，著重探討了天子、君王的修身養性與治理天下、治理國家的關係。

　　《呂氏春秋·貴生》曰：「堯以天下讓於子州支父。子州支父對曰：『以我為天子猶可也。雖然，我適有幽憂之病，方將治之，未暇在天下也。』天下，重物也，而不以害其生，又況於它物乎？惟不以天下害其生者也，可以託天下。」〔註196〕堯讓天下給子州支父，子州支父的回答體現了重生輕物的思想，子州支父說：我做天子是可以的，不過，我現在有疾病在身，正準備治病，沒有空閒來治理天下。說的就是不以物害生的意思。由此，《呂氏春秋》得出的結論是：「道之真，以持身；其緒餘，以為國家；其土苴，以治天下。由此

觀之，帝王之功，聖人之餘事也，非所以完身養生之道也。」〔註197〕即治理天下不是修身養生之道。但是，《呂氏春秋》又說出了一層新的意思：「惟不以天下害其生者也，可以託天下。」即只有重視生命、修身養性的人才能治理好天下。這樣，《呂氏春秋》將重生思想與治理天下緊密地聯繫在了一起。

《呂氏春秋・先己》曰：「湯問於伊尹曰：『欲取天下若何？』伊尹對曰：『欲取天下，天下不可取。可取，身將先取。』凡事之本，必先治身，嗇其大寶。用其新，棄其陳，腠理遂通。精氣日新，邪氣盡去，及其天年。此之謂眞人。昔者先聖王，成其身而天下成，治其身而天下治。故善響者不於響於聲，善影者不於影於形，爲天下者不於天下於身。《詩》曰『淑人君子，其儀不忒。其儀不忒，正是四國』，言正諸身也。故反其道而身善矣；行義則人善矣；樂備君道，而百官已治矣，萬民已利矣。三者之成也，在於無爲。無爲之道曰勝天，義曰利身，君曰勿身。」〔註198〕伊尹認爲「欲取天下，身將先取」，做事的根本，首先是修身養性，保養好自己的身體，吐故納新促進新陳代謝，保持肌理的順暢。精氣常新，盡去邪惡之氣，才能盡享天年。這是治理天下的第一步，是爲「先己」。「先聖王，成其身而天下成，治其身而天下治」，身修而天下治，如何修身？修身之道在於「無爲」、在於「勝天」，即順應自然，無爲而無不爲。這樣就會出現「身善」、「人善」、「百官治」、「萬民利」的盛世。在此，《呂氏春秋》的重生思想帶著濃厚的政治色彩。

《呂氏春秋・任數》曰：「因者，君術也；爲者，臣道也。」〔註199〕同樣，此處的「重生」也是針對君主而言的，「重生」要求「君」清靜無爲，「君」只有「無爲而治」才能眞正實現「重生」。因而，以「無爲」爲途徑的「重生」也是針對君主而言的〔註200〕。

又《呂氏春秋・本生》曰：「始生之者，天也；養成之者，人也。能養天之所生而勿攖之謂天子。天子之動也，以全天爲故者也。此官之所自立也。立官者以全生也。今世之惑主，多官而反以害生，則失所爲立之矣。譬之若

〔註197〕《呂氏春秋・貴生》，陳奇猷：《呂氏春秋新校釋》，上海：上海古籍出版社，2002年，第76頁。

〔註198〕陳奇猷：《呂氏春秋新校釋》，上海：上海古籍出版社，2002年，第146～147頁。

〔註199〕陳奇猷：《呂氏春秋新校釋》，上海：上海古籍出版社，2002年，第1076頁。

〔註200〕徐復觀先生也說：「《呂氏春秋》上所說的養生，主要指的是人君。」（徐復觀：《兩漢思想史》（第二卷），上海：華東師範大學出版社，2001年，第22頁。）

修兵者，以備寇也，今修兵而反以自攻，則亦失所爲修之矣。」〔註201〕天子的舉動以保全自己的天性爲首要任務，這也是設立官職的原因。天子無爲，臣子有爲。臣子有爲才能替天子承擔治理天下的重任，天子才能修身養性，保全自己的天性。然而，當今糊塗的君主多設官職反而勞神傷形不利於自己的修身養性，這也就失去了設立官職的本意。《呂氏春秋》在此強調的依然是君主修身養性無爲而治的思想。

《呂氏春秋》對「修身」的論述也吸收了儒家思想。《論語‧衛靈公》載孔子曰：「君子求諸己，小人求諸人。」〔註202〕孔子指出凡事首先「求諸己」。《呂氏春秋‧論人》曰：「主道約，君守近。太上反諸己，其次求諸人。其索之彌遠者，其推之彌疏；其求之彌疆者，失之彌遠。」〔註203〕《呂氏春秋》所謂「太上反諸己，其次求諸人」與孔子「求諸己」的思想一脈相承，強調從自身說事，強調修身。又《呂氏春秋‧必己》曰：「外物豈可必哉？君子之自行也，敬人而不必見敬，愛人而不必見愛。敬愛人者，己也；見敬愛者，人也。君子必在己者，不必在人者也，必在己無不遇矣。」〔註204〕《呂氏春秋》認爲「外物不可必」，凡事「必在己」，就可以無所不通、事事順利。

《呂氏春秋‧執一》曰：「楚王問爲國於詹子。詹子對曰：『何聞爲身，不聞爲國。』詹子豈以國可無爲哉？以爲爲國之本在於爲身，身爲而家爲，家爲而國爲，國爲而天下爲。故曰以身爲家，以家爲國，以國爲天下。此四者，異位同本。故聖人之事，廣之則極宇宙、窮日月，約之則無出乎身者也。」〔註205〕詹何有重生思想，強調「爲身」，《呂氏春秋》的「爲身治國」思想又吸收了儒家的營養。《呂氏春秋》指出「爲國之本在於爲身，身爲而家爲，家爲而國爲，國爲而天下爲」，這與《大學》所云「身修而後家齊，家齊而後國治，國治而後天下平」〔註206〕如出一轍。

三、重生養性

楊朱的重生思想主要強調對生命的重視和對身體的保護，《呂氏春秋》的

〔註201〕陳奇猷：《呂氏春秋新校釋》，上海：上海古籍出版社，2002年，第21頁。
〔註202〕邢昺：《論語注疏》，《十三經注疏》，北京：中華書局，1980年，第2518頁。
〔註203〕陳奇猷：《呂氏春秋新校釋》，上海：上海古籍出版社，2002年，第161頁。
〔註204〕陳奇猷：《呂氏春秋新校釋》，上海：上海古籍出版社，2002年，第837頁。
〔註205〕陳奇猷：《呂氏春秋新校釋》，上海：上海古籍出版社，2002年，第1144頁。
〔註206〕朱熹：《四書章句集注》，北京：中華書局，1983年，第4頁。

重生思想則又增加了對人的本性的重視，注重養性。《呂氏春秋·本生》曰：「出則以車，入則以輦，務以自佚，命之曰招蹷之機。肥肉厚酒，務以自強，命之曰爛腸之食。靡曼皓齒，鄭、衛之音，務以自樂，命之曰伐性之斧。三患者，貴富之所致也。故古之人有不肯貴富者矣，由重生故也，非誇以名也，爲其實也。」〔註207〕出門坐車，入門坐輦，一味地追求安逸，這樣只會給腿腳招來疾病；吃肉喝酒，一味地追求吃喝，這樣只會給腸胃招來疾病；沉迷於美色、淫音，一味地追求享樂，這樣只會給人的情性帶來損傷。「三患」之中，「伐性之斧」是《呂氏春秋》的重生思想對人的本性方面的思索。

重視順應人的本性是《呂氏春秋》重生思想的重要內容。《呂氏春秋·本生》曰：「水之性清，土者抇之，故不得清。人之性壽，物者抇之，故不得壽。物也者，所以養性也，非所以性養也。今世之人，惑者多以性養物，則不知輕重也。不知輕重，則重者爲輕，輕者爲重矣。若此，則每動無不敗。以此爲君悖，以此爲臣亂，以此爲子狂。三者國有一焉，無幸必亡。今有聲於此，耳聽之必慊，已聽之則使人聾，必弗聽。有色於此，目視之必慊，已視之則使人盲，必弗視。有味於此，口食之必慊，已食之則使人瘖，必弗食。是故聖人之於聲色滋味也，利於性則取之，害於性則捨之，此全性之道也。」〔註208〕水的本性是清澈的，泥土讓水變得渾濁，水就得不到清澈。人的本性是長壽的，外物迷惑人的性情，人就得不到長壽。用物來「養性」而不是用性來「養物」，「以性養物」之人本末倒置，顛倒了輕重，所以得不到長壽。「順性則聰明壽長」〔註209〕，用物養性，順應人的本性才能耳聰目明健康長壽。耳朵渴望聽到愜意的聲音、眼睛渴望看到愜意的顏色、嘴巴渴望嘗到愜意的食物，如果耳朵所聽到、眼睛所看到的、嘴巴所嘗到的對人的本性能造成傷害，那麼就不聽、不看、不嘗。這體現了人欲與人性相矛盾的一面，當人欲與人性存在矛盾的時候，則人欲就會受到人性的限制，「利於性則取之，害於性則捨之」，這就是「全性之道」。

《呂氏春秋·侈樂》曰：「宋之衰也，作爲千鍾。齊之衰也，作爲大呂。楚之衰也，作爲巫音。侈則侈矣，自有道者觀之，則失樂之情。失樂之情，

〔註207〕陳奇猷：《呂氏春秋新校釋》，上海：上海古籍出版社，2002年，第22頁。
〔註208〕陳奇猷：《呂氏春秋新校釋》，上海：上海古籍出版社，2002年，第21頁。
〔註209〕《呂氏春秋·先己》，陳奇猷：《呂氏春秋新校釋》，上海：上海古籍出版社，2002年，第147頁。

其樂不樂。樂不樂者,其民必怨,其生必傷。其生之與樂也,若冰之於炎日,反以自兵。此生乎不知樂之情,而以侈為務故也。樂之有情,譬之若肌膚形體之有情性也,有情性則必有性養矣。寒溫勞逸饑飽,此六者非適也。凡養也者,瞻非適而以之適者也。能以久處其適,則生長矣。」〔註210〕「侈樂」確實壯觀,卻失去了音樂本來的意義。失去了音樂本來的意義,音樂就不會給人帶來快樂。君主追求「侈樂」,就會給自己的生命帶來傷害,就會使民眾抱怨。音樂就像肌膚形體一樣有自己的「情性」,有「情性」也就必定有「性養」。如何「養性」?「養也者,瞻非適而以之適者也」,即凡事情皆做到恰如其分,講究「適」。凡事皆「適」,則能「養性」;能「養性」,身體就會健康成長,生命就會長久。

《呂氏春秋·重己》曰:「室大則多陰,臺高則多陽,多陰則蹙,多陽則痿,此陰陽不適之患也。是故先王不處大室,不為高臺,味不眾珍,衣不燀熱。燀熱則理塞,理塞則氣不達;味眾珍則胃充,胃充則中大鞔;中大鞔而氣不達,以此長生可得乎?昔先聖王之為苑囿園池也,足以觀望勞形而已矣;其為宮室臺榭也,足以辟燥濕而已矣;其為輿馬衣裘也,足以逸身暖骸而已矣;其為飲食酏醴也,足以適味充虛而已矣;其為聲色音樂也,足以安性自娛而已矣。五者,聖王之所以養性也,非好儉而惡費也,節乎性也。」〔註211〕因為大室、高臺、味眾珍、衣燀熱都對「長生」有害,所以,先代聖王「不處大室,不為高臺,味不眾珍,衣不燀熱」。聖王「養性」的原則是:苑囿園池,足以極目遠眺、活動筋骨就行了;宮室臺榭,足以避免潮濕就行了;輿馬衣裘,足以暖身安體就行了;飲食酏醴,足以適合口味、填飽肚子就行了;聲色音樂,足以娛樂性情就可以了。

四、養生之道

重生,怎樣「重生」?如何愛惜身體、保護生命?這牽扯到養生的問題,如何「養生」?《呂氏春秋》有自己的思考。《呂氏春秋·開春》曰:「飲食居處適則九竅百節千脈皆通利矣。」〔註212〕飲食起居適宜、有規律,人體器

〔註210〕陳奇猷:《呂氏春秋新校釋》,上海:上海古籍出版社,2002 年,第 269 頁。

〔註211〕陳奇猷:《呂氏春秋新校釋》,上海:上海古籍出版社,2002 年,第 35～36 頁。

〔註212〕陳奇猷:《呂氏春秋新校釋》,上海:上海古籍出版社,2002 年,第 1435 頁。

官、關節、筋脈就會順暢,有利於養生。

　　《呂氏春秋・盡數》曰:「天生陰陽寒暑燥濕,四時之化,萬物之變,莫不爲利,莫不爲害。聖人察陰陽之宜,辨萬物之利以便生,故精神安乎形,而年壽得長焉。長也者,非短而續之也,畢其數也。畢數之務,在乎去害。何謂去害?大甘、大酸、大苦、大辛、大咸,五者充形則生害矣。大喜、大怒、大憂、大恐、大哀,五者接神則生害矣。大寒、大熱、大燥、大濕、大風、大霖、大霧,七者動精則生害矣。故凡養生,莫若知本,知本則疾無由至矣。」〔註213〕陳奇猷先生注曰:「盡數者,盡其天年也。」〔註214〕盡數,即終其壽數,享盡天年。如何才能「盡數」?「畢數之務,在乎去害」,關鍵在於「去害」。大甘、大酸、大苦、大辛、大咸充滿身體,大喜、大怒、大憂、大恐、大哀交接精神,大寒、大熱、大燥、大濕、大風、大霖、大霧搖動精氣都會給生命帶來傷害。去除這些危害,人才能終其壽數,享盡天年。所以,《呂氏春秋》指出「凡養生,莫若知本,知本則疾無由至矣」,即懂得「去害」這個根本,疾病就不會再來傷害人的身體了,這樣,才能「養生」。

　　《呂氏春秋》的「孝」思想有孝敬父母的「孝養」之道,也是養生之道。《呂氏春秋・孝行》曰:「養有五道:修宮室,安床第,節飲食,養體之道也。樹五色,施五采,列文章,養目之道也。正六律,和五聲,雜八音,養耳之道也。熟五穀,烹六畜,和煎調,養口之道也。和顏色,說言語,敬進退,養志之道也。此五者,代進而厚用之,可謂善養矣。」〔註215〕《呂氏春秋》列出了具體的養生五道:修整房屋,使床鋪舒適,節制飲食,是養體之道;器物塗以五色,裝飾設置五彩,並羅列各種花紋,是養目之道;調正六律,協和五聲,協調八音,是養耳之道;把食物做熟,把肉煮熟,調和味道,是養口之道;和顏悅色,言語動聽,恭敬禮貌,是養志之道。

　　又《呂氏春秋・盡數》曰:「凡食無強厚,味無以烈味、重酒,是以謂之疾首。食能以時,身必無災。凡食之道,無饑無飽,是之謂五藏之葆。口必甘味,和精端容,將之以神氣。百節虞歡,咸進受氣。飲必小咽,端直無

〔註213〕陳奇猷:《呂氏春秋新校釋》,上海:上海古籍出版社,2002年,第138～139頁。

〔註214〕《呂氏春秋・盡數》注〔一〕,陳奇猷《呂氏春秋新校釋》,上海:上海古籍出版社,2002年,第140頁。

〔註215〕陳奇猷:《呂氏春秋新校釋》,上海:上海古籍出版社,2002年,第737頁。

戾。今世上卜筮禱祠，故疾病愈來。譬之若射者，射而不中，反修於招，何益於中？夫以湯止沸，沸愈不止，去其火則止矣。故巫醫毒藥，逐除治之，故古之人賤之也，為其末也。」〔註216〕這一段是《呂氏春秋》告訴世人日常生活之中養生的原則：飲食清淡，不喝烈酒，按時飲食，飲食適當，無饑無飽，食物可口，精神愉悅，細嚼慢嚥，坐姿端正。《論語‧鄉黨》曰：「食不厭精，膾不厭細，食饐而餲，魚餒而肉敗不食，色惡不食，臭惡不食，失飪不食，不時不食。割不正，不食。不得其醬，不食。肉雖多，不使勝食氣。唯酒無量，不及亂。沽酒市脯，不食。不撤姜食，不多食。祭於公，不宿肉。祭肉不出三日。出三日，不食之矣。食不語，寢不言。」〔註217〕這是孔子制定的日常生活規範，雖然有的也有利於養生，但孔子較多的是在強調「禮」。《呂氏春秋》所「制定」的日常生活原則完全出於養生的目的，諸如「食無強厚，味無以烈」、「食能以時，身必無災」、「凡食之道，無饑無飽」、「飲必小咽，端直無戾」等仍然可以指導我們今天的飲食，對我們今天的養生依然具有指導意義。

綜上，我們可以對本節做一小結。《呂氏春秋》的重生思想從道家楊朱等人的重生輕物思想而來，同時，又有自己的發展，表現出了自己的「新」特色。第一，《呂氏春秋》將「重生」與「治國」聯繫在一起，認為在「重生」與「治國」的關係上，「君」要「重生」無為而治，這與《呂氏春秋》所提倡的「因者，君術也；為者，臣道也」的思想是相通的。第二，《呂氏春秋》的「重生」思想強調「養性」。第三，《呂氏春秋》還探討了具體的養生問題，提供了日常生活之中養生的方法和原則。

《呂氏春秋》「重生」思想的最「新」之處在於將修身養性與治理天下聯繫在一起。承擔繁重的事務積極地建功立業，不是養生之道，然而「惟不以天下害其生者也，可以託天下」，君王要做的不是參與具體的建功立業而是修身養性，把建功立業的事情讓臣下來做。「天子之動也，以全天為故者也，此官之所自立也」，順應自然、保全天性是天子舉動的準則，保全天子的自然天性也是天子設立官職的原因。只有讓各個官職下的大臣盡職盡責幫助天子治理國家，天子才能不為繁重的事務所累從而保全自然天性、修身養性。這依

〔註216〕陳奇猷：《呂氏春秋新校釋》，上海：上海古籍出版社，2002年，第139～140頁。

〔註217〕邢昺：《論語注疏》，《十三經注疏》，北京：中華書局，1980年，第2495頁。

然是《呂氏春秋》「君無爲而臣有爲」治國思想的反映，是在主張君主修身養性無爲而治，將繁重的、具體的事務交給臣下來做。

第四節　《呂氏春秋》的去宥思想——達賢之徑（二）

一、思想探源

　　《呂氏春秋》有《去宥》《去尤》二篇，「宥」、「尤」通，高誘注曰：「宥，利也，又云爲也。」畢沅曰：「注頗難通。疑宥與囿同，謂有所拘礙而識不廣。以下文觀之，猶言蔽耳。」〔註218〕畢沅是對的，「宥」與「囿」同義，指認識上的局限性。「去宥」和「別宥」、「解蔽」表達的是一個意思，即克服認識上的局限。

　　「去宥」思想，古已有之，《尸子・廣澤》曰「料子貴別囿」，汪繼培注引《呂氏春秋・去宥》曰：「『宥』與『囿』通，《呂覽》之說蓋本料子。」〔註219〕又《莊子・天下》曰宋鈃、尹文「接萬物以別宥爲始」〔註220〕，宋鈃、尹文亦重別宥。陳奇猷先生認爲《呂氏春秋》的《去尤》《去宥》二篇是「料子、宋鈃、尹文等流派之言」〔註221〕。料子無考，宋鈃、尹文有關別囿思想的材料也皆已亡佚。宋鈃，《漢書・藝文志》「小說家」著錄《宋子》十八篇，班固注曰「孫卿道宋子，其言黃老意」〔註222〕，以宋鈃爲道家。郭沫若先生也認爲宋鈃、尹文屬於道家。雖然郭沫若先生的看法曾受到質疑，但是，道家的認識論確實十分重視「去宥」。

　　王弼本《老子》第三十八章曰：「前識者，道之華也，而愚之始。是以大丈夫處其厚不居其薄；處其實不居其華。故去彼取此。」〔註223〕《韓非子・解老》曰：「先物行先理動之謂前識，前識者，無緣而忘〔妄〕意度也。」〔註224〕「前識」是在事物、事理出現之前就無憑無據的妄猜臆斷，是先入爲

〔註218〕《呂氏春秋・去宥》注〔二五〕，陳奇猷《呂氏春秋新校釋》，上海：上海古籍出版社，2002年，第1028頁。

〔註219〕尸佼著，汪繼培輯：《尸子》，上海，上海古籍出版社，1989年，第12頁。

〔註220〕郭慶藩：《莊子集釋》，北京：中華書局，1961年，第1082頁。

〔註221〕《呂氏春秋・去尤》注〔一〕，陳奇猷《呂氏春秋新校釋》，上海：上海古籍出版社，2002年，第695頁。

〔註222〕班固：《漢書》，北京：中華書局，1962年，第1744頁。

〔註223〕高明：《帛書老子校注》，北京：中華書局，1996年，第6～7頁。

〔註224〕王先慎：《韓非子集解》，北京：中華書局，1998年，第134頁。

主的主觀偏見。老子認爲「前識」是大道的虛華、愚昧的開始，主張「大丈夫處其厚不居其薄；處其實不居其華」。老子主張消除「前識」，即「去宥」。王弼本《老子》第二十四章曰：「自見者不明，自是者不彰，自伐者無功，自矜者不長。其在道也，曰余食贅行，物或惡之，故有道者不處。」〔註225〕「自見者」、「自是者」、「自伐者」、「自矜者」皆是心中有「宥」之人，都不能全面地認識事物取得好的結果。

　　怎麼消除心中之「宥」？怎麼「去宥」？王弼本《老子》第四十九章曰：「聖人無常心。」〔註226〕「聖人無常心」，就是聖人不帶有成見之心，「爲天下渾其心」，善、不善、信、不信，同等視之〔註227〕。王弼本《老子》第二十七章曰：「聖人常善救人，故無棄人；常善救物，故無棄物，是謂襲明。」〔註228〕釋德清曰：「承其本明，因之以通其蔽耳，故曰襲明。」〔註229〕王弼本《老子》第五十五章曰：「知常曰明。」〔註230〕懂得恒常不變的本質和規律「道」，就叫作「明」。「襲明」就是因循恒常不變的「道」，這樣可以消除其他障礙的干擾、減少心中的成見。「襲明」是「去宥」的方法之一。

　　老子另一種「去宥」的方法是「靜觀」。老子認爲欲望會干擾人的認識活動，王弼本《老子》第十二章曰：「五色令人目盲，五音令人耳聾，五味令人口爽，馳騁畋獵令人心發狂，難得之貨令人行妨。是以聖人爲腹不爲目，故去彼取此。」〔註231〕「目盲」、「耳聾」、「口爽」、「心發狂」、「行妨」這些會給認識活動帶來很大的負面影響，造成認識上的偏差。所以，老子主張消除欲望、滌淨心靈。王弼本《老子》第十六章曰：「致虛極，守靜篤。萬物並作，吾以觀復。夫物芸芸，各復歸其根。歸根曰靜；是謂覆命。覆命曰常，知常曰明；不知常，妄作，凶。知常容，容乃公，公乃王，王乃天，天乃道，道乃久。沒身不殆。」〔註232〕「致虛極，守靜篤」就是消除心中所有的雜念使心靈達到無欲、無知極度虛靜的自然狀態。人在這樣的心靈狀態下「靜觀」世間萬物的運動變化，才能眞正認識萬物之「根」，即「道」。老子的認識論

〔註225〕高明：《帛書老子校注》，北京：中華書局，1996年，第334～336頁。
〔註226〕高明：《帛書老子校注》，北京：中華書局，1996年，第58頁。
〔註227〕高明：《帛書老子校注》，北京：中華書局，1996年，第58～63頁。
〔註228〕高明：《帛書老子校注》，北京：中華書局，1996年，第365頁。
〔註229〕釋德清：《老子道德經解》，清光緒十二年刻本。
〔註230〕高明：《帛書老子校注》，北京：中華書局，1996年，第96頁。
〔註231〕高明：《帛書老子校注》，北京：中華書局，1996年，第273～275頁。
〔註232〕高明：《帛書老子校注》，北京：中華書局，1996年，第298～302頁。

與「道」緊密聯繫，爲了實現對「道」的體認，老子主張克服認識上的局限，其方法是「襲明」、「靜觀」。

帛書《黃帝四經》對「去宥」思想也有所涉及，《黃帝四經‧經法‧名理》曰：「若（諾）者言之符也，已者言之絕也。已若（諾）不信，則知大惑矣。已若（諾）必信，則處於度之內也。」〔註233〕「已若（諾）不信，則知大惑矣」，「知」，「認識」的意思，陳鼓應先生翻譯說：「已經承諾了卻失信，這即是認識的最大迷惑。」〔註234〕「不信」被認爲是認識的大迷惑，即「宥」。如何「去宥」？《黃帝四經‧經法‧名理》曰：「是非有分，以法斷之；虛靜謹聽，以法爲符。審察名理斷冬（終）始，是胃（謂）廏（究）理。唯公無私，見知不惑，乃知奮起。故執道者之觀於天下〔也〕，見正道循理，能與曲直，能與冬（終）始……故唯執道者能虛靜公正，乃見〔正道〕，乃得名理之誠。」〔註235〕「去宥」的方法是「虛靜謹聽，以法爲符」，「唯公無私，見知不惑」，即以虛靜謹愼的態度來觀照事物，以法度爲依據來處理問題，並堅持公正不偏執一己之私。只有這樣才能全面正確地認識事物，才能體認「道」，即「唯執道者能虛靜公正，乃見〔正道〕，乃得名理之誠」。這是帛書《黃帝四經》的「去宥」思想。

稷下學者宋鈃、尹文主張「別宥」，《莊子‧天下》曰：「不累於俗，不飾於物，不苟於人，不忮於眾，願天下之安寧以活民命，人我之養畢足而止，以此白心，古之道術有在於是者。宋鈃尹文聞其風而悅之，作爲華山之冠以自表，接萬物以別宥爲始。」〔註236〕《管子》中的《心術》上下篇、《白心》《內業》四篇文章（即「《管子》四篇」）究竟是不是宋鈃、尹文的遺著？學術界對此頗有爭議。我們贊同胡家聰先生的看法，胡家聰說：「這四篇作品屬於稷下道家學派著作是無疑的，但它們究竟是宋鈃、尹文派的作品，還是愼到、田駢派的作品，似不必作過多的爭論，而應把重點放在思想內容的深入探討上。」〔註237〕「《管子》四篇」是稷下道家的作品。稷下道家也探討了

〔註233〕陳鼓應：《黃帝四經今注今譯：馬王堆漢墓出土帛書》，北京：商務印書館，2007年，第183頁。

〔註234〕陳鼓應：《黃帝四經今注今譯：馬王堆漢墓出土帛書》，北京：商務印書館，2007年，第187頁。

〔註235〕陳鼓應：《黃帝四經今注今譯：馬王堆漢墓出土帛書》，北京：商務印書館，2007年，第187～188頁。

〔註236〕郭慶藩：《莊子集釋》，北京：中華書局，1961年，第1082頁。

〔註237〕胡家聰：《稷下道家從老子哲學繼承並推衍了什麼？——〈心術上〉和〈內業〉

「去宥」的問題，我們對稷下道家「去宥」思想的討論即以「《管子》四篇」為依據。

《管子·心術上》曰：「心之在體，君之位也。九竅之有職，官之分也。心處其道，九竅循理。嗜欲充益，目不見色，耳不聞聲。故曰：上離其道，下失其事。」〔註238〕《管子》認為「心」是人進行思維的器官，所以認為「心」在人的身體裏面處在君主的位置，管制著其他的身體器官。九竅各司其職，就像百官各盡其職一樣。「心」安處其道，則九竅各循其理，各盡其責。如果「心」中充滿了嗜好、欲望，那麼其他的器官也就不會很好地盡其職責了。「心」有欲望，「目不見色，耳不聞聲」，就不能很好地認識事物。欲望是「宥」，限制了人對事物的正確認識，限制了人對「道」的體認。怎樣才能「去宥」不受限制？《管子》給的方法是「虛欲」，「虛其欲，神將入舍」〔註239〕。去除心中欲念，「道」才會入住心舍，人才能體認「道」，才能認識世界。

《管子·內業》曰：「凡心之刑，自充自盈，自生自成。其所以失之，必以憂樂喜怒欲利。能去憂樂喜怒欲利，心乃反濟。彼心之情，利安以寧。勿煩勿亂，和乃自成。」又曰：「凡道無所，善心安愛。心靜氣理，道乃可止……修心靜音（意），道乃可得。」又曰：「凡人之生也，必以其歡。憂則失紀，怒則失端。憂悲喜怒，道乃無處……心能執靜，道將自定。得道之人，理丞而屯泄，匈中無敗。節欲之道，萬物不害。」〔註240〕「心」具有「自充自盈，自生自成」的本性，「心」之所以會失去本性，是因為憂、樂、喜、怒、欲、利的入侵。古人認為「心」是思維的器官，性喜安然寧靜。安然寧靜有利於思考，心煩意亂則影響人對事物的認識和判斷。憂、樂、喜、怒、欲、利皆是影響人認識外界事物之「宥」，「憂悲喜怒，道乃無處」，心中存在憂、悲、喜、怒，「道」則無處容身。如何「去宥」？《管子》曰「心能執靜，道將自定」，「執靜」可以「去宥」。《管子》認為「彼道之情，惡音與聲」，「靜則得之，躁則失之」，即人心體認「道」的時候厭惡嘈雜的聲音，內心安靜才能得道，內心躁亂不能得道，所以，《管子》指出「心靜氣理，道乃可止」、「修心靜音（意），道乃可得」、「心能執靜，道將自定」。綜上，我們知道《管子》

的研究》，《社會科學戰線》1983 年第 4 期。
〔註238〕 黎翔鳳：《管子校注》，北京：中華書局，2004 年，第 759 頁。
〔註239〕 黎翔鳳：《管子校注》，北京：中華書局，2004 年，第 759 頁。
〔註240〕 黎翔鳳：《管子校注》，北京：中華書局，2004 年，第 931～932、935、950 頁。

給出了兩種「去宥」方法，一種是「虛欲」，一種是「執靜」。

《莊子》也有「去宥」思想。《莊子・秋水》記載河伯見北海若，北海若曰：「井蛙不可以語於海者，拘於虛也；夏蟲不可以語於冰者，篤於時也；曲士不可以語於道者，束於教也。今爾出於崖涘，觀於大海，乃知爾醜，爾將可與語大理矣。」〔註241〕河伯在看到大海之前認為自己是最大的，看到了大海才發現自己的渺小。河伯的狂妄自大是因為河伯受到視野的限制，不能正確地認識自己。北海若指出井底之蛙認識不到大海是受了空間的限制，夏天的蟲子認識不到冰是受了時間的限制，一曲之士不能認識「道」是受了成見的限制。此皆為「宥」。又《莊子・齊物論》曰：「夫隨其成心而師之，誰獨且無師乎？奚必知代而心自取者有之？愚者與有焉。未成乎心而有是非，是今日適越而昔至也。是以無有為有。無有為有，雖有神禹，且不能知，吾獨且奈何哉！」〔註242〕「成心」，成見之心，成玄英疏曰：「夫域情滯著，執一家之偏見者，謂之成心。夫隨順封執之心，師之以為準的，世皆如此，故誰獨無師乎。」〔註243〕人有成見之心，就會以己之「成見」為標準來判斷是非曲直，如《莊子・齊物論》所說，由於各以「成見」為標準，議論紛紛，各自為是，最終導致「道隱於小成，言隱於榮華」，儒、墨兩家的是非之爭就是因為他們各帶成見「是其所非而非其所是」所造成的〔註244〕。心存成見就不能真正地體認「道」。

那麼，怎樣才能消除心中的成見來體認「道」呢？《莊子》提供的方法一是「心齋」，一是「坐忘」。何謂「心齋」？《莊子・人間世》曰：「若一志，無聽之以耳而聽之以心，無聽之以心而聽之以氣！聽止於耳，心止於符。氣也者，虛而待物者也。唯道集虛。虛者，心齋也。」〔註245〕「心齋」，不是不飲酒、不吃肉的「祭祀之齋」，而是排除心中雜念、去除心中成見使心處於空明、靈潔、虛靜的境界，即所謂「唯道集虛。虛者，心齋也」。何謂「坐忘」？《莊子・大宗師》曰：「墮肢體，黜聰明，離形去知，同於大通，此謂坐忘。」〔註246〕成玄英疏曰：「大通，猶大道也。道能通生萬物，故謂道

〔註241〕郭慶藩：《莊子集釋》，北京：中華書局，1961年，第563頁。
〔註242〕郭慶藩：《莊子集釋》，北京：中華書局，1961年，第56頁。
〔註243〕郭慶藩：《莊子集釋》，北京：中華書局，1961年，第61頁。
〔註244〕郭慶藩：《莊子集釋》，北京：中華書局，1961年，第63頁。
〔註245〕郭慶藩：《莊子集釋》，北京：中華書局，1961年，第147頁。
〔註246〕郭慶藩：《莊子集釋》，北京：中華書局，1961年，第284頁。

爲大通也。外則離析於形體，一一虛假，此解墮肢體也。內則除去心識，怳然無知，此解黜聰明也。既而枯木死灰，冥同大道，如此之益，謂之坐忘也。」〔註247〕忘掉自己的肢體，消除內心的智識，與大道融通爲一，就是坐忘。綜上，我們知道《莊子》給出了兩種「去宥」方法，一是「心齋」，一是「坐忘」。

荀子也有「去宥」思想，稱爲「解蔽」。「去宥」思想一般被認爲是道家思想，《老子》、帛書《黃帝四經》、「《管子》四篇」、《莊子》都有「去宥」思想足證此言不虛。荀子的思想其實與道家思想頗有關係，對此前人多有論述〔註248〕。荀子的「去宥」思想當是來自於道家，胡家聰先生《論儒家荀況思想與道家哲學的關係》一文指出「『別宥』與『解蔽』的涵義相同，是從道家哲學生發出來的」，「『別宥』，意即辨別思想上所受的『蔽宥』，『宥』通『囿』，辨明『蔽宥』就要解除它，也即是『解蔽』」〔註249〕，此說很有道理。

《荀子·解蔽》專講「去宥」。《解蔽》開篇曰「凡人之患，蔽於一曲而闇於大理」〔註250〕，指出「蔽於一曲」是人常有的毛病。人之「蔽」有哪些？《解蔽》曰：「故爲蔽：欲爲蔽，惡爲蔽，始爲蔽，終爲蔽，遠爲蔽，近爲蔽，博爲蔽，淺爲蔽，古爲蔽，今爲蔽。凡萬物異則莫不相爲蔽，此心術之公患也。」〔註251〕事物的特徵都不止一個方面，不能只看到一個方面而忽略

〔註247〕郭慶藩：《莊子集釋》，北京：中華書局，1961年，第285頁。

〔註248〕趙吉惠《論荀學是稷下黃老之學》一文認爲荀學不是儒學而是道家黃老之學，（趙吉惠：《論荀學是稷下黃老之學》，陳鼓應主編《道家文化研究》第4輯，上海：上海古籍出版社，1994年，第103～117頁。）余明光《荀子思想與黃老之學》一文認爲荀子很大一部分思想淵源於道家黃老思想，（余明光：《荀子思想與黃老之學》，陳鼓應主編《道家文化研究》第6輯，上海：上海古籍出版社，1995年，第160～174頁。）胡家聰《論儒家荀況思想與道家哲學的關係》一文認爲荀子的自然觀和認識論是吸收、改造道家哲學得出的結論，（胡家聰：《論儒家荀況思想與道家哲學的關係》，陳鼓應主編《道家文化研究》第6輯，上海：上海古籍出版社，1995年，第175～182頁。）胡家聰《道家尹文與儒家荀況思想有若干相通之處——兼論稷下學術中心的思想交流》一文認爲荀子思想與道家尹文的思想有不少相通之處。（胡家聰：《道家尹文與儒家荀況思想有若干相通之處——兼論稷下學術中心的思想交流》，陳鼓應主編《道家文化研究》第14輯，北京，生活·讀書·新知三聯書店，1998年，第279～289頁。）

〔註249〕胡家聰：《論儒家荀況思想與道家哲學的關係》，陳鼓應主編《道家文化研究》第6輯，上海：上海古籍出版社，1995年，第179頁。

〔註250〕王先謙：《荀子集解》，北京：中華書局，1988年，第386頁。

〔註251〕王先謙：《荀子集解》，北京：中華書局，1988年，第387～388頁。

其他。如果只看到一面，那麼就是「蔽於一曲」。《解蔽》指出「凡萬物異則莫不相爲蔽」，即萬物之間存在的差異容易使人只認識到一個方面，導致片面性，這是「心術之公患」。

戰國時期，學術出現了百花齊放、百家爭鳴的繁盛局面。爭鳴之中，諸子百家多以己之所是而攻人之非，其中不乏「蔽於一曲」之士。《莊子・天下》認爲諸子百家各有所長，但「多得一察焉以自好」，並不全面，「一曲之士也」〔註252〕。《荀子・解蔽》也認爲很多學者的學說都「蔽於一曲」，《解蔽》曰：「昔賓孟之蔽者，亂家是也。墨子蔽於用而不知文，宋子蔽於欲而不知得，慎子蔽於法而不知賢，申子蔽於埶而不知知，惠子蔽於辭而不知實，莊子蔽於天而不知人。」〔註253〕荀子認爲墨子的學說蔽於實用而不知道文飾，宋子的學說蔽於任欲而不知道得欲的方法，慎子的學說蔽於法律而不知道重視賢人，申子的學說蔽於權勢而不知道重視才智，惠子的學說蔽於虛辭而不知道實理，莊子的學說蔽於自然之道而不知道人際關係。荀子認爲墨子、宋子、慎子、申子、惠子、莊子六家的學說「皆道之一隅」，有所「蔽」也。

怎麼「解蔽」呢？《荀子・解蔽》曰：「人何以知道？曰：心。心何以知？曰：虛壹而靜。」〔註254〕荀子的解蔽方法是「虛壹而靜」，即虛、壹、靜。「心未嘗不臧也，然而有所謂虛」，心裏不是沒有先前的記憶和知識，不用已有的記憶和知識來妨害對新事物的認識，就是「虛」；「心未嘗不兩也，然而有所謂一」，人對事物是「兼而知之」的，不用對某一事物的認識來妨害對另一事物的認識，就是「壹」；「心未嘗不動也，然而有所謂靜」，不用胡思亂想來妨害對事物的認識，就是「靜」。荀子的「虛壹而靜」是建立在有「臧」、有「兩」、有「動」基礎之上的，是建立在辯證基礎之上的。荀子認爲能做到「虛壹而靜」就能解蔽，指出「虛壹而靜，謂之大清明」，則「制割大理而宇宙理矣」〔註255〕。這是荀子的「去宥」方法。

二、去宥達賢

《呂氏春秋》認爲人之欲惡容易影響人對事物的判斷，造成認識上的片

〔註252〕郭慶藩：《莊子集釋》，北京：中華書局，1961 年，第 1069 頁。
〔註253〕王先謙：《荀子集解》，北京：中華書局，1988 年，第 391～393 頁。
〔註254〕王先謙：《荀子集解》，北京：中華書局，1988 年，第 395 頁。
〔註255〕王先謙：《荀子集解》，北京：中華書局，1988 年，第 395～397 頁。

面性，即「宥」。《呂氏春秋・誣徒》曰：「人之情，惡異於己者，此師徒相與造怨尤也。人之情，不能親其所怨，不能譽其所惡，學業之敗也，道術之廢也，從此生矣……人之情，愛同於己者，譽同於己者，助同於己者，學業之章明也，道術之大行也，從此生矣。」〔註256〕人之情性，喜歡與自己相同的人，厭惡與自己不同的人；人之情性，樂於幫助與自己心志相同的人，不能與自己所怨恨的人親近；人之情性，喜歡讚譽與自己情趣相同的人，不能讚譽自己所厭惡的人。這些都是人心中之「宥」，必將影響「學業」和「道術」。又《呂氏春秋・安死》曰：「《詩》曰『不敢暴虎，不敢馮河，人知其一，莫知其他』，此言不知鄰類也。故反以相非，反以相是。其所非方其所是也，其所是方其所非也。」〔註257〕人不知鄰類，只知其一，蔽於其一，就容易導致「反以相非，反以相是」的結果。

　　《呂氏春秋》有《去尤》《去宥》二篇專講「去宥」問題。《去尤》曰：「世之聽者，多有所尤，多有所尤則聽必悖矣。所以尤者多故，其要必因人所喜，與因人所惡。東面望者不見西牆，南鄉視者不睹北方，意有所在也。」〔註258〕《呂氏春秋》認為依靠聽聞來做判斷的人，多存在偏見，其所作的判斷也必定是悖謬的。《呂氏春秋》認為使人產生偏見的原因很多，其中最主要的原因必定是人有所喜好和有所憎惡。朝東方看的人看不到西牆，向南方看的人看不見北方，因為他們的心意是專於一方的。

　　《去尤》曰：「人有亡鈇者，意其鄰之子，視其行步竊鈇也，顏色竊鈇也，言語竊鈇也，動作態度無為而不竊鈇也。相其谷而得其鈇，他日復見其鄰之子，動作態度無似竊鈇者。其鄰之子非變也，己則變矣。變也者無他，有所尤也。邾之故法，為甲裳以帛。公息忌謂邾君曰：『不若以組。凡甲之所以為固者，以滿竅也。今竅滿矣，而任力者半耳。且組則不然，竅滿則盡任力矣。』邾君以為然，曰：『將何所以得組也？』公息忌對曰：『上用之則民為之矣。』邾君曰：『善。』下令，令官為甲必以組。公息忌知說之行也，因令其家皆為組。人有傷之者曰：『公息忌之所以欲用組者，其家多為組也。』邾君不說，於是復下令，令官為甲無以組。此邾君之有所尤也。為甲以組而便，公息忌雖多為組何傷也？以組不便，公息忌雖無組，亦何益也？為組與

〔註256〕陳奇猷：《呂氏春秋新校釋》，上海：上海古籍出版社，2002年，第224頁。
〔註257〕陳奇猷：《呂氏春秋新校釋》，上海：上海古籍出版社，2002年，第544頁。
〔註258〕陳奇猷：《呂氏春秋新校釋》，上海：上海古籍出版社，2002年，第693頁。

不爲組，不足以累公息忌之說。用組之心，不可不察也。魯有惡者，其父出而見商咄，反而告其鄰曰：『商咄不若吾子矣。』且其子至惡也，商咄至美也。彼以至美不如至惡，尤乎愛也。故知美之惡，知惡之美，然後能知美惡矣。莊子曰：『以瓦投者翔，以鉤投者戰，以黃金投者殆。其祥一也，而有所殆者，必外有所重者也。外有所重者，泄蓋內掘。』魯人可謂外有重矣。」〔註259〕在此，《呂氏春秋》講了三個有關「成見」的故事。第一，有人丟失了斧子，「意其鄰之子」，猜測是鄰居的孩子偷的。因爲有了這個先入爲主的成見在心裏，所以，丟斧子的人看到這個孩子無論其行步、顏色、言語、動作、態度都像偷斧子的人。丟斧子的人在山谷中找到了自己的斧子之後，怎麼看原先所懷疑的那個孩子都不像偷斧子的人。其中的原因，《呂氏春秋》指出是「有所尤也」。第二，郈君不審查公息忌有關「爲甲以組」之說是眞是假，聽憑公息忌「家多爲組」一說就「令官爲甲無以組」，如《呂氏春秋》所說「此郈君之有所尤也」。第三，魯人以至美之商咄不如其至惡之子，《呂氏春秋》指出魯人「尤乎愛也」。丟斧子的人、郈君、魯人皆是心中有「尤」之人，所以，他們都做出了荒唐的舉動。

人心中有「尤」，就不會理智地去思考，往往會在作出清醒的判斷之前就自以爲是地倉促行事。《呂氏春秋·疑似》曰：「梁北有黎丘部，有奇鬼焉，喜効人之子姪昆弟之狀。邑丈人有之市而醉歸者，黎丘之鬼効其子之狀，扶而道苦之。丈人歸，酒醒而誚其子，曰：『吾爲汝父也，豈謂不慈哉？我醉，汝道苦我，何故？』其子泣而觸地曰：『孽矣！無此事也。昔也往責於東邑人可問也。』其父信之，曰：『嘻！是必夫奇鬼也，我固嘗聞之矣。』明日端復飲於市，欲遇而刺殺之。明旦之市而醉，其眞子恐其父之不能反也，遂逝迎之。丈人望其眞子，拔劍而刺之。丈人智惑於似其子者，而殺於眞子。」〔註260〕黎丘丈人蔽於己見：是必夫奇鬼也，我固嘗聞之矣。由於這一先入爲主之成見，黎丘丈人在見到他的兒子的時候根本不去仔細考慮眞假，就認爲必定是黎丘之鬼，就倉促行事「拔劍而刺之」，殺死了自己的兒子。

又《去宥》記載荊威王、鄰父之鄰者、齊人欲得金者之「宥」曰：「荊威王學書於沈尹華，昭釐惡之。威王好制。有中謝佐制者，爲昭釐謂威王曰：『國

〔註259〕陳奇猷：《呂氏春秋新校釋》，上海：上海古籍出版社，2002 年，第 693～694頁。

〔註260〕陳奇猷：《呂氏春秋新校釋》，上海：上海古籍出版社，2002 年，第 1507～1508頁。

人皆曰：王乃沈尹華之弟子也。』王不說，因疏沈尹華……鄰父有與人鄰者，有枯梧樹。其鄰之父言梧樹之不善也，鄰人遽伐之。鄰父因請而以爲薪。其人不說曰：『鄰者若此其險也，豈可爲之鄰哉？』此有所宥也。夫請以爲薪與弗請，此不可以疑枯梧樹之善與不善也。齊人有欲得金者，清旦，被衣冠，往鬻金者之所，見人操金，攫而奪之。吏搏而束縛之，問曰：『人皆在焉，子攫人之金，何故？』對吏曰：『殊不見人，徒見金耳。』此眞大有所宥也。」〔註261〕荊威王蔽於中謝中傷之言而疏遠沈尹華。《呂氏春秋》不但批評荊威王之「宥」，而且批評了中謝，《去宥》曰：「中謝，細人也，一言而令威王不聞先王之術，文學之士不得進，令昭釐得行其私。故細人之言，不可不察也。且數怒人主，以爲奸人除路；奸路已除而惡壅卻，豈不難哉？夫激矢則遠，激水則旱，激主則悖，悖則無君子矣。夫不可激者，其唯先有度。」〔註262〕《去宥》批評像中謝這樣的小人之言往往能爲奸人鳴鑼開道而阻斷賢人之仕途，所以《呂氏春秋》提醒君王「細人之言，不可不察也」。荊威王表現的是君王之「宥」，鄰父之鄰者、齊人欲得金者表現的則是普通人之「宥」。鄰父之鄰者之「宥」在於：鄰父請不請把枯梧樹作爲材薪，這不能作爲懷疑枯梧樹是好還是不好的依據。齊人欲得金者之「宥」在於：只看到金子而沒有看到人。

《去宥》總結說：「夫人有所宥者，固以晝爲昏，以白爲黑，以堯爲桀，宥之爲敗亦大矣。亡國之主，其皆甚有所宥邪？故凡人必別宥然後知，別宥則能全其天矣。」〔註263〕「有所宥」之人顚倒是非，會把白天看作黑夜，會把白的看作黑的，會把堯看作桀。「宥」給人帶來的損失是巨大的，所以，《呂氏春秋》指出：「凡人必別宥然後知，別宥則能全其天矣。」「別宥然後知」是對宋銒、尹文「接萬物以別宥爲始」思想的繼承和發展。

「凡人必別宥然後知，別宥則能全其天矣」，去除心中的偏見，才能認識事物的眞相，才能掌握智慧的眞諦。去宥達賢，去宥才能達到賢明的境界。

三、去宥之法

怎麼「去宥」？怎麼消除認識上的局限性來實現對「道」的體認呢？《呂

〔註261〕陳奇猷：《呂氏春秋新校釋》，上海：上海古籍出版社，2002 年，第 1023～1024頁。

〔註262〕陳奇猷：《呂氏春秋新校釋》，上海：上海古籍出版社，2002 年，第 1023 頁。

〔註263〕陳奇猷：《呂氏春秋新校釋》，上海：上海古籍出版社，2002 年，第 1024 頁。

氏春秋‧論人》曰：「太上反諸己，其次求諸人。其索之彌遠者，其推之彌疏；其求之彌疆者，失之彌遠。何謂反諸己也？適耳目，節嗜欲，釋智謀，去巧故，而遊意乎無窮之次，事心乎自然之塗，若此則無以害其天矣。無以害其天則知精，知精則知神，知神之謂得一。」〔註264〕節制嗜好和欲望，消除智巧和謀略，使心意遨遊於無窮無際、無拘無束的空間，任心意暢行於自然無為的路途上。這樣，就沒有什麼可以傷害自己的天性了，沒有什麼可以傷害自己的天性，就可以認識事物的精微，認識到事物的精微，就可以認識事理的玄妙，認識到事理的玄妙叫作得道。「節嗜欲，釋智謀」可以幫助我們體認「道」，是《呂氏春秋》「去宥」的方法之一。

又《呂氏春秋‧君守》曰：「得道者必靜。靜者無知，知乃無知，可以言君道也。故曰中欲不出謂之扃，外欲不入謂之閉。既扃而又閉：天之用密，有准不以平，有繩不以正；天之大靜，既靜而又寧，可以為天下正。身以盛心，心以盛智，智乎深藏，而實莫得窺乎。《鴻範》曰：『惟天陰騭下民。』陰之者，所以發之也。故曰不出於戶而知天下，不窺於牖而知天道。其出彌遠者，其知彌少，故博聞之人、強識之士闕矣，事耳目、深思慮之務敗矣，堅白之察、無厚之辯外矣。」〔註265〕「得道者必靜」，《呂氏春秋》的另一種「去宥」方法是「靜」。「靜者無知」，知道就像不知道一樣，才可以論道。中欲不出，外欲不入，天性因此得以清靜。天性既清靜又安寧，才可以得道，才可以為天下主。「身以盛心，心以盛智」，智慧深深地藏在人的內心之中，所以，《呂氏春秋》主張「求諸己」。「不出於戶而知天下，不窺於牖而知天道。其出彌遠者，其知彌少」，這與《老子》第四十七章所云「不出戶，知天下；不窺牖，見天道。其出彌遠，其知彌少」一脈相承。

綜上，我們可以對本節做一小結。本文所論的「宥」，是指認識上的局限性，「去宥」就是克服認識上的局限性，與「別宥」、「解蔽」具有相同的意思。「去宥」思想一般被認為是道家的思想，《老子》、帛書《黃帝四經》、「《管子》四篇」、《莊子》都講「去宥」。《老子》主張克服認識上的局限，其方法是「襲明」、「靜觀」。帛書《黃帝四經》的「去宥」方法是「虛靜謹聽，以法

〔註264〕陳奇猷：《呂氏春秋新校釋》，上海：上海古籍出版社，2002年，第161～162頁。
〔註265〕陳奇猷：《呂氏春秋新校釋》，上海：上海古籍出版社，2002年，第1059～1060頁。

為符」，「唯公無私，見知不惑」。「《管子》四篇」的「去宥」方法是「虛欲」、「執靜」。《莊子》的「去宥」方法是「心齋」、「坐忘」。在方法論上受到道家思想影響的荀子也有「去宥」思想，荀子主張「解蔽」，解蔽的方法是「虛壹而靜」。

　　《呂氏春秋》的認識論主張消除認識上的局限性。《呂氏春秋》專設《去尤》《去宥》二篇來講「去宥」問題。《去尤》認為使人產生偏見的最主要原因是人有所喜好和有所憎惡，這妨害著人們對事物的判斷和認識。《去宥》指出心中帶有偏見的人往往會混淆是非、顛倒黑白，把白天看作黑夜，把白的當作黑的，把堯說成是桀，所以，《去宥》強調「凡人必別宥然後知」。《呂氏春秋》「去宥」的方法是「節嗜欲，釋智謀」、「寧靜」。

　　認識論而言，一般都主張消除認識上的局限性，方法也大致相同，無外乎排除心中雜念、保持內心安靜，《呂氏春秋》和《老子》、帛書《黃帝四經》、「《管子》四篇」、《莊子》《荀子》差不多，沒多少「新」變化。

　　與《老子》、帛書《黃帝四經》、「《管子》四篇」、《莊子》《荀子》在一般意義上探討普遍的「去宥」不同，《呂氏春秋》旨在探討「王治」，《呂氏春秋》探討的「去宥」偏重君王的「去宥」，這是《呂氏春秋》之「新」。在上《去尤》《去宥》所探討的君王就有「邾君」、「荊威王」，《呂氏春秋》還重點探討了秦先王之「宥」。

　　《去宥》：「東方之墨者謝子將西見秦惠王。惠王問秦之墨者唐姑果。唐姑果恐王之親謝子賢於己也，對曰：『謝子，東方之辯士也，其為人甚險，將奮於說以取少主也。』王因藏怒以待之。謝子至，說王，王弗聽。謝子不說，遂辭而行。凡聽言，以求善也。所言苟善，雖奮於取少主，何損？所言不善，雖不奮於取少主，何益？不以善為之愨，而徒以取少主為之悖，惠王失所以為聽矣。用志若是，見客雖勞，耳目雖弊，猶不得所謂也。此史定所以得行其邪也，此史定所以得飾鬼以人，罪殺不辜，群臣擾亂，國幾大危也。人之老也，形益衰，而智益盛。今惠王之老也，形與智皆衰邪！」〔註266〕秦惠王聽秦之墨者唐姑果之言，藏怒以待東方之墨者謝子，不能聽謝子之言。秦惠王蔽於唐姑果之言，不以謝子之善言為誠信而僅僅以謝子想取悅於太子為悖逆。這樣，秦惠王就失去了聽取意見的意義，正如《去尤》所說：「世之聽者，多有所尤，多有所尤則聽必悖矣。」《去宥》批評秦惠王這一悖謬舉動曰：「用

〔註266〕陳奇猷：《呂氏春秋新校釋》，上海：上海古籍出版社，2002年，第1023頁。

志若是，見客雖勞，耳目雖弊，猶不得所謂也。此史定所以得行其邪也，此史定所以得餝鬼以人，罪殺不辜，群臣擾亂，國幾大危也。人之老也，形益衰，而智益盛。今惠王之老也，形與智皆衰邪！」《呂氏春秋》認爲秦惠王隨著年齡的增長，形體和智力都衰敗了，以至於做出如此昏庸之事。又《呂氏春秋·悔過》載秦繆公興兵不遠千里攻打鄭國。秦繆公看不到「行數千里、又絕諸侯之地以襲國」的弊端而興兵攻打鄭國，蹇叔能看到其中的弊端而加以勸阻，但是秦繆公蔽於「自智」而不聽勸諫，最終秦師大敗。秦師大敗，如《悔過》所說是因爲秦繆公「智亦有所不至。所不至，說者雖辯，爲道雖精，不能見矣」〔註267〕。

　　《知接》曰：「亡國非無智士也，非無賢者也，其主無由接故也。無由接之患，自以爲智，智必不接。今不接而自以爲智，悖。若此則國無以存矣，主無以安矣。智無以接而自知弗智，則不聞亡國，不聞危君。」〔註268〕君主「自以爲智」，必不能聽從勸諫，最終導致君主目光短淺、智不遠接。《知接》載齊桓公蔽於「自智」不聽管仲臨終的勸諫而親近易牙、豎刀、常之巫、衛公子啓方，最終四者爲亂，導致齊桓公死後「蟲流出於戶，上蓋以楊門之扇，三月不葬」的惡果。之所以會出現這樣的結果，如《知接》所說是因爲「桓公非輕難而惡管子也，無由接見也」〔註269〕。又《呂氏春秋·謹聽》曰：「亡國之主反此，乃自賢而少人，少人則說者持容而不極，聽者自多而不得，雖有天下何益焉？是乃冥之昭，亂之定，毀之成，危之寧，故殷、周以亡，比干以死，諺而不足以舉。故人主之性，莫過乎所疑，而過於其所不疑；不過乎所不知，而過於其所以知。故雖不疑，雖已知，必察之以法，揆之以量，驗之以數。若此則是非無所失，而舉措無所過矣。」〔註270〕亡國之主一般蔽於「自賢」、「自多」，即以爲自己賢能而看不起別人，以爲自己知道很多而不聽別人的勸諫。人主之性往往蔽於「其所不疑」、「其所已知」而犯下過錯。人往往會被其深信不疑的道理和已經獲得的知識所限制，因而不能正確地判斷是非、認識事物。

〔註267〕陳奇猷：《呂氏春秋新校釋》，上海：上海古籍出版社，2002年，第989～990頁。

〔註268〕陳奇猷：《呂氏春秋新校釋》，上海：上海古籍出版社，2002年，第978頁。

〔註269〕陳奇猷：《呂氏春秋新校釋》，上海：上海古籍出版社，2002年，第978～980頁。

〔註270〕陳奇猷：《呂氏春秋新校釋》，上海：上海古籍出版社，2002年，第709頁。

　　君王即使再聰慧睿智，也有其智力達不到的地方。君王如果自智、自賢、自多，就不能聽取別人的意見，即使不對，也會一意孤行，必然釀成大錯。從這個意義上來說，《呂氏春秋・任數》「君道無知無爲，而賢於有知有爲」的說法確實是很有道理的。所以，《呂氏春秋・君守》說「得道者必靜。靜者無知，知乃無知，可以言君道也」，即虛靜才能「去宥」而得道，虛靜無知才是爲君之道。

　　賢人政治，需要賢人，去宥則是達賢之徑。